Vegetarisch / vegan & vollwertig kochen

Ute-Marion Wilkesmann

Dort-Hagenhausen-Verlag

INHALT

Prolog 4
Einleitung 5
Merkmale der indischen Küche 5
Erklärung für Veganer 8
Erklärungen zu diesem Buch 10
Praktisches zu den Gerichten 13
Allgemeines 18
Noch Fragen? 19

Rezepte

- Basics 20
- Gewürze 34
- Chutneys 50
- Brote 62
- Snacks 88
- Suppen 100
- Getreide 110
- Gemüse & Co 138
- Hülsenfrüchte 178
- Süßspeisen 206
- Getränke 220

Anhang 228

PROLOG

Warum indisch?

Vor etwa drei Jahren hatte ich eine Phase, in der ich kein Gemüse kochen wollte. In Anlehnung an die Schnitzerkost habe ich nur Getreide, Kartoffeln, Pilze und Hülsenfrüchte erhitzt, Gemüse und Obst nur unerhitzt zu mir genommen. Diese Ernährung war übrigens wesentlich abwechslungsreicher, als ich selbst erst gedacht hätte.

Indisches Essen kannte ich bis dahin nur von wenigen indischen Restaurants und englisch-indischen Take-aways. Sicherlich recht lecker, aber nichts, was ich unbedingt in meiner Küche ausprobieren wollte, vor allem weil es auch meist sehr scharf war. Ich bin keine Freundin der fünf Chilischoten an einem Essen.

Nun war es wieder soweit: Die Freunde, mit denen ich mich regelmäßig im Wechsel treffe, waren an der Reihe. Was sollten sie kochen? Ich rechnete mit einer Kartoffelpfanne oder Brot mit viel Salat. „Also", sagte Christiane mir, „es gibt eine Überraschung!"

Die Überraschung war: indisches Essen. Ich stand wie angewurzelt in der Küche und sah mit Spannung zu, wie Christiane den Reis und die Gewürze anbriet, Augenbohnen schwenkte und gebratene Gewürze über unsere Rohkost-Vorspeise streute. Ich war fasziniert und, nachdem ich reichlich davon gegessen hatte, restlos begeistert. Was für ein leckeres Essen! Was für eine ganz neue Art, das Kochen anzugehen. Gerade diese Seasonings (Gewürze und Kräuter, die in wenig Öl angebraten werden und so dem Essen einen ganz typischen Geschmack verleihen) konnte ich mir sofort auch als Bereicherung meines eigenen Essens vorstellen.

Wieder zu Hause angekommen, wusste ich: Das will ich auch in meine eigene Küche einführen. Ich wiederholte erst einmal Christianes Essen, dann begann ich, mir indische Kochbücher zu kaufen. Das ist typisch dafür, wenn ich mich für ein Thema interessiere: Ich kaufe entsprechende Literatur in großer Zahl und ackere mich durch.

Die indische Küche, das stellte ich schnell fest, lässt sich ohne größere Probleme auf eine vegetarisch-vollwertige Küche umstellen. Es gibt auch mehrere vegetarisch-indische Kochbücher. Wirklich vollwertig-tiereiweißfrei-indisch habe ich keines gefunden, denn die veganen Rezepte sind wiederum nicht wirklich vollwertig.

So begann ich also eine Phase des indischen Kochens. Da ich experimentierfreudig in der Küche bin, dauerte es auch nicht lange, bis ich mich von den indischen Vorbildern etwas löste. Ich kann auch ein typisch deutsches Gemüse auf indische Weise zubereiten: Ist das jetzt ein indisches Essen oder nicht?

EINLEITUNG

Ich erhebe keinen Anspruch darauf, dass ich perfekt indisch koche. Das will ich auch gar nicht. Wenn wir uns in der neueren deutschen Kochgeschichte umsehen, so geht es immer darum, fremde Einflüsse aufzunehmen und z.B. für die hiesigen Pflanzen und Essgewohnheiten anzupassen. So ist das mit dem griechischen Essen und vor allem auch mit dem italienischen Essen gewesen. Die deutsche Küche, die Angebote in Restaurants, wären ganz anders, wenn da nicht der italienische Einfluss mit Tomaten, Knoblauch, Pizzen und Pasta gewesen wäre.

Warum also nicht auch die deutsche Küche dem indischen Einfluss öffnen? Dies war und ist mein Ziel. Ich mache nicht denjenigen deutschen Köchen Konkurrenz, die eine perfekte indische Küche präsentieren. Mein Ziel liegt woanders: Die Stärken der indischen Küche auf die deutsche, vor allem auf die vollwertige und tiereiweißfreie (bis auf Honig vegane) Ernährung zu erweitern, davon zu lernen und die Essenspalette zu bereichern. Berührungspunkte gibt es genug: Von Fladenbroten bis zu der sehr eifrigen Nutzung von Hülsenfrüchten, die in Deutschland ja leider bis auf Erbsen- und Bohnensuppe ein fast stiefmütterliches Dasein führen. Der Arbeitstitel für das Buch lautete daher auch lange Zeit „Indischer Einfluss auf die deutsche Vollwertküche". Hmmm, ein echter Arbeitstitel, er sagt alles, aber bleibt uns im Halse stecken.

Merkmale der indischen Küche

Schärfe

Da sind einmal die scharfen Zutaten wie üppig verwendete Chili- und Peperonischoten. Peperoni sind übrigens auch erst mit den Portugiesen nach Indien gekommen, eine Info, die mich überrascht hat. Ich habe die Mahlzeiten mäßig scharf zubereitet. Wer die original indische Schärfe bevorzugt, wird von sich aus schon die Menge der Chilischoten oder ähnlichem erhöhen. Meine Rezepte sind da dem deutschen Geschmack angepasst.

Auch habe ich festgestellt, dass Gerichte weniger scharf sind, wenn ich die Chilis zwar mit anbrate, dann aber aus der Pfanne nehme.

Idli | Gemüse mit Rosakichercreme | Chinakohlsalat

Gewürze

Die indische Küche ist nicht nur reich an Gewürzen, sie ist besonders reich an Gewürzmischungen, die in jeder Familie speziell hergestellt werden. Das ist dem deutschen Kochen völlig fremd. Vielleicht benutzt der eine dank eigenem Garten ein anderes Kraut als ich, aber wer bereitet seine Gewürze hier selbst zu? Dieser Aspekt hat mich begeistert. Aufbauend auf den indischen Originalrezepten habe ich dann auch eigene Kreationen geschaffen.

Da sei auch gleich eine kleine Erläuterung zu dem uns bekannten „Curry" angebracht. Bis dato hatte ich mir gar keine Gedanken gemacht, was das bedeutet, was es ist. Als erstes durfte ich lernen, dass „Curry" im Indischen kein Gewürz bezeichnet, sondern eine Mahlzeit, die mit bestimmten Gewürzmischungen abgeschmeckt wird. Ein Kartoffel-Curry, ein Linsen-Curry … wie immer sie heißen mögen, sind eigene Mahlzeiten. Dann lernte ich auch bald, dass es recht einfach ist, Currypulver selbst herzustellen und zu variieren.

Seasonings

Einen deutschen Begriff gibt es dafür meines Wissens nicht. Seasoning bezeichnet eine Gewürzabfolge, die ohne oder in wenig Öl in einer Pfanne angebraten wird. (Gelegentlich habe ich dafür auch das Wort „Tempering" gelesen.) Dann wird die Mahlzeit in diesem

Würzöl weiter zubereitet oder das Seasoning wird am Ende auf die Speise gegeben. Ganz einfach – und eine große Bereicherung der Geschmackspalette!

Ghee / Joghurt

Eine größere Herausforderung war für mich die Verwendung von Ghee und Joghurt. Beides esse ich als tiereiweißfreie Vollwertlerin nicht (tiereiweißfrei nach Bruker, siehe Erklärung am Ende des Buches). Ghee habe ich immer durch Öl (Erdnussöl z.B., das wir stark erhitzen können) ersetzt. Ich habe mir auch einmal Ghee gekauft und zwei Gerichte damit gekocht: Es hat mir einfach nicht geschmeckt. Wer den Geschmack des Ghee nicht missen möchte, kann einfach Öl durch Ghee ersetzen.

Joghurt könnte ich theoretisch durch saure Sahne ersetzen. Da ich aber zunehmend weniger Tierprodukte verzehre, habe ich nach einer anderen Lösung gesucht. Mit der Zeit gelang es mir, eine Art „Getreide-Nuss-Joghurt" zu produzieren, das in Mahlzeiten das „normale" Joghurt sehr gut vertreten kann.

Geräte

Es gibt spezielle indische Küchengeräte wie Tava (eine flache Pfanne), die ich auch durch normale „Gerätschaften" ersetzen kann. Das ist einfach, weil ich nicht indisch, sondern „indisch inspiriert" koche. Daher brauche ich auch keinen Idli-Topf, sondern kann meine Idlis in einem normalen Dampfkocher zubereiten. Als einzige echte indische Gerätschaften habe ich mir einen dieser indischen dünnen Teigroller über einen englischen Versandhandel gekauft. Ich benutze ihn auch für viele andere Dinge, weil ich ihn viel handlicher als die üblichen dicken und schweren Teigrollen finde.

Mahlzeitenabfolge

Im Gegensatz zu den europäischen Gepflogenheiten kommen in Indien alle Gänge gleichzeitig auf den Tisch. Das habe ich nicht übernommen, und daher ist meine Einteilung des Buchs auch eher klassisch-europäisch.

Für den Start in die indische Küche eignet sich folgendes Rezept auf S. 10, das ich „Einstiegsdroge" nenne. Es vereint einige typische Merkmale der indischen Küche, verwendet keine einzige ungewohnte Zutat – und schmeckt dennoch schon „anders". Außerdem sehen wir hier auch gleich die wichtige Beilage jedes indischen Essens: das Fladenbrot.

Erklärung für Veganer

Die meisten Veganer kommen über die Tierliebe zu ihrer Essweise. Viele Vollwertler gehen fast denselben Weg, da sie sich an der Gesundheit orientieren und die neuen amerikanische Erkenntnisse berücksichtigen. Forschungen aus den USA lassen immer klarer erkennen, dass tierisches Eiweiß der Gesundheit schadet.

Dieses Buch enthält noch einige wenige Rezepte, die dem Begriff „tiereiweißfrei nach Bruker" entsprechen, denn die Rezepte sind ja für einen breiten Leserkreis konzipiert. Ich gebe dazu Alternativen an, auch die Austauschtabelle am Ende des Buchs hilft demjenigen weiter, der ein solches Rezept vegan nachkochen möchte.

Ein anderer Aspekt ist der Honig. Vollwertler und Veganer bekommen sich bei diesem süßen Thema schon einmal gerne in die Haare. Für Vollwertler ist Honig das einzige legitime Süßungsmittel, für einige Veganer ist er tabu. Ich kenne mehrere Menschen, die bis zum Verweigern von Lederschuhen und Wollpullovern konsequent zum Veganismus stehen, aber dennoch Honig bejahen. Wer unverrückbar gegen den Honig ist, dem empfehle ich auch hier die Austauschtabelle bzw. den Austausch von Honig durch rohen Agavennektar oder eine Dattelsoße, die nicht ganz so schädlich sind wie Industriezucker. Wenn Sie noch schwanken, wo Sie im Veganismus stehen, bedenken Sie einmal folgende Punkte:

- Ich kenne mehrere Imker persönlich. Sie pflegen und schützen ihre Bienenvölker, und als Gegenleistung nehmen sie sich einen Teil des Honigs. Die Imkerin, bei der ich meinen Honig kaufe, füttert im Winter die Bienen wieder mit Honig. „Ich hoffe, dass die Bienen genau wie wir Menschen durch den Verzehr von Honig statt Industriezucker bessere Abwehrkräfte aufbauen." Ohne die vielen Imker, die sich liebevoll um ihre Völker kümmern, würde das Bienensterben noch dramatischer verlaufen.

Einleitung

- Honig ist das einzige Süßungsmittel, das wertvolle Inhaltsstoffe besitzt und zugleich ein regionales Produkt ist. Womit soll ich sonst süßen? Datteln, Agavennektar und Bananen beispielsweise kommen von weit her, die Transportwege belasten die Umwelt. Auch sind Datteln in den Mengen, die man zum Süßen einer Speise benötigt, deutlich teurer als ein Honig von einem verantwortungsvollen Imker. (Von Billighonigen spreche ich nie.) Alle anderen Süßungsmittel sind gesundheitlich-vollwertig nicht vertretbar. Wer will, kann sie benutzen, aber ich werde sie nicht vorschlagen.
- Trockenfrüchte und vor allem Bananen schmecken durch und verändern unter anderem die Konsistenz eines Gebäcks.

Darüber hinaus empfehle ich, einmal persönlich mit einem Imker zu sprechen, der seine Bienen verantwortungsvoll pflegt. Ein solches Gespräch ist besser als jede Internet-Aufklärung oder Forumsdiskussion.

Datteln

Erklärungen zu diesem Buch

Mir war es besonders wichtig, auf möglichst kleinem Raum eine große Anzahl von Rezepten unterzubringen. Natürlich ist es toll, wenn man in riesigem Format ein Rezept pro Doppelseite mit wunderschönen Fotos vorfindet. Das ist toll für mein Wohnzimmer, aber in die Küche nehme ich so ein Buch nicht mit. Ich habe über 400 Rezepte für dieses Buch gekocht (und dann gegessen …), und ich wollte mich von keinem Rezept trennen. Das heißt, das Buch ist kompakt. Zu vielen Rezepten gibt es Fotos. Aber auch Rezepte, für die ich kein Bild zur Verfügung hatte, habe ich aufgenommen. Der stichwortartige Hinweis im Titel eines Rezepts „Video auf Webseite" bedeutet, dass ich dieses Rezept in einem Rezeptfilm in YouTube vorgestellt habe und dass über meine Webseite *www.vollwertkochbuch.de* dieses Video zu finden ist.

Einsteiger-Rezept

⌀ Fladen

50 g Dinkel
1 TL Sonnenblumenöl
2 EL Wasser
2 Prisen Kräutersalz
etwas Mehl zum Ausrollen
2 TL Öl

Dinkel fein mahlen. Mit den anderen Zutaten zu einem weichen Teig verkneten, zu einer Kugel gerollt etwa 15 Min. ruhen lassen, nochmals gut durchkneten und dann zu einem Fladen von ca. 12-13 cm ausrollen. Eine entsprechende Pfanne ohne Fett sehr heiß werden lassen, evtl. Mehl vom Fladen abklopfen und den Fladen in die Pfanne geben. 2 Min. braten, dann den Rand mit Öl bestreichen und umdrehen. Hitze etwas herunterdrehen. Nochmals wiederholen. Wenn auf beiden Seiten dunkelbraune Flecken zu sehen ist, ist der Fladen fertig.

⌀ Gemüsepfanne

125 g Wasser
1 größere Topinamburknolle (100 g)
1 Kartoffel (90 g)
2 EL Linsen (35 g)
1 EL Zitronensaft
2 EL Sonnenblumenöl
1 gestr. TL Kräutersalz

Wasser in die Pfanne geben. Topinambur und Kartoffel unter fließendem Wasser abbürsten (bei Topinambur nicht unbedingt nötig), in Scheiben schneiden und mit den Linsen in die Pfanne geben. Kurz durchmischen. Deckel auflegen, auf höchster Einstellung zum Kochen bringen. Sobald Dampf unter dem Deckel entweicht, auf kleinste Einstellung drehen und 15 Min. dünsten. (Wenn noch 8 Min. übrig sind, die Pfanne fürs Brot erhitzen). Zitronensaft, Öl und Salz unterrühren. Auf einen Teller füllen und mit dem Brot servieren.

Aufgeteilt ist das Buch in die Kapitel:

- *Einleitung* (da befinden Sie sich gerade)
- *Praktische Tipps* (Hinweise zu Geräten, immer wiederkehrenden Abfolgen)
- *Rezepte:*
  Basics: Hier finden sich Rezepte, die im Folgenden wiederholt als „Zutat" auftauchen. Sie sind an sich nicht unbedingt indisch, aber wichtig für den indischen Rahmen, wie z.B. Cashew-Joghurt, Nussmuse und andere eigene Kreationen.
  Gewürze: Nicht nur selbst gemachtes „Curry" in verschiedenen Variationen, auch etwas kompliziertere trockene oder pastöse Gewürzmischungen stelle ich in diesem Kapitel vor.
  Chutneys & Dips: In der indischen Küche sind Chutneys als Beilagen besonders wichtig. Dies ist ein Kapitel, das jeder in seiner eigenen Küche beliebig erweitern kann.
  Brote: Fast zu jedem indischen Essen gehört ein Fladenbrot. Die meisten Fladenbrote werden in der Pfanne gebraten. Da Brot auch in der Vollwerternährung eine große Rolle spielt, ist das Kapitel – im Vergleich zu indischen Kochbüchern – etwas stärker ausgebaut. Hinzugenommen habe ich auch herzhafte Gebäcke, die nur durch die Gewürze „indisch" geworden sind. Damit lässt sich wieder einmal zeigen, wie die indische Art des Kochens uns beeinflussen kann, ohne dass wir gleich unsere gesamte Küche umstellen müssen.
  Snacks: Salate, Vorspeisen und Rohkost sind als solche keine so wichtigen Bestandteile der indischen wie der vollwertigen Küche. Aber auch hier können wir den indischen Einfluss nutzen, um unsere Speisen zu variieren.
  Suppen spielen in der indischen Küche keine herausragende Rolle. Demgemäß ist auch dieses Kapitel eher kurz.
  Getreide: In keinem indischen Kochbuch werden Sie ein Kapitel „Getreide" finden. Hier ist der Bogen, den ich in der Küche zwischen indischem und deutsch-vollwertigem Essen schlage, besonders deutlich. Getreide umfasst auch solche Dinge wie Nudeln. „Pasta in Indien? Das ist nicht typisch", könnte jemand einwenden. Richtig – aber wie heißt das Buch doch gleich: „Indisch inspiriert kochen". Und da die Nudel fest zur deutschen Küche gehört, finden wir sie hier. Dem Original entspricht der Reis, der ebenfalls in diesem Kapitel untergebracht ist.
  Gemüse & Co./Hülsenfrüchte: Diese beiden Kapitel sind nur schwer zu trennen, denn ein Gemüsegericht enthält oft auch Linsen oder vielleicht Reis. Ein Mungbohnentopf besteht nicht nur

Scharfer Kohlrabi | Wurzelsalat | Buchweizen-Gemüsesuppe

aus Mungbohnen. Ich habe die Aufteilung so gewählt, dass ich das Rezept in das Kapitel gestellt habe, wo die entsprechende Zutat das Charakteristikum des entsprechenden Rezepts ist.

Süßspeisen: Kuchen und Plätzchen gibt es in Indien praktisch nicht, Süßigkeiten schon. Desserts sind nicht wie in westlichen Ländern ein eigener Gang, da in Indien alle Gänge gemeinsam aufgetischt werden. Weil Süßigkeiten in der Vollwertküche genau wie in der indischen Küche nicht unbedingt die erste Geige spielen, ist auch dieses Kapitel eher knapp gehalten.

Getränke: Korrekterweise müsste dieses Kapitel den Namen tragen „Indische Fantasie-Getränke". Hier ist alles nur dem indischen Einfluss unterlegt, da die indischen Getränke, die ich im Internet oder in Büchern gefunden habe, entweder zu süß, zu milchlastig oder zu tee-haltig für die Vollwertküche sind.

- *Austauschtabelle:* eine Übersicht über exotische und austauschbare Zutaten sowie in diesem Buch vorgestellte Rezepte
- *Vollwert in wenigen Worten:* für den, der wissen will, was das heißt.
- *Quellenangaben für Fotos*
- *Literaturliste:* eine Zusammenstellung der Bücher, aus denen ich „indisch Kochen" gelernt habe
- *Über mich:* ein kurzer Lebenslauf und eine Liste meiner Bücher
- *Rezeptregister*

Keramikpfanne

EINLEITUNG

Praktisches zu den Gerichten

✍ Geräte

In meinem Haushalt verwende ich verschiedene Geräte. Da meine Rezepte immer Protokolle sind – d.h. ich schreibe genau auf, was ich wie mache –, habe ich früher auch immer die Geräte aufgeführt, die ich benutze. Dies haben manche Leser missverstanden, so als könnten sie meine Rezepte nur mit diesen Geräten nachempfinden. Ich weise dann gerne darauf hin, dass praktisch alle Kochbuchautoren Profigeräte verwenden, das aber nicht erwähnen und uns arme Leser im Glauben lassen, wir könnten mit einem Haushaltspürierstab glatte Cremes zaubern. Aus diesem Grund gebe ich im folgenden nur noch Gerätetypen an, nur in wenigen Ausnahmen nenne ich beispielsweise den Thermomix. Für mich in der Küche unverzichtbar ist der preiswerte Mr. Magic (baugleich mit Magic Maxx oder auch Personal Blender). Im Text schreibe ich „kleiner Mixer", denn es gibt mittlerweile auch Aufsätze für große Küchenmaschinen, die die gleiche Leistung erbringen. Wer nur einen Pürierstab besitzt, kann sich damit versuchen. Manches wird einfach nicht so leicht gelingen wie mit einem kleinen Mixer. Eine normale Küchenmaschine mit Hackmesser stellt keinen Ersatz dar, weil es dann größerer Mengen bedarf, die verarbeitet werden müssen, und die Ergebnisse aufgrund des Verhältnisses von Messer- zu Behältergröße niemals gleichwertig sind.

Dann gibt es noch den oben aufgeführten Thermomix. Mittlerweile gibt es auch andere Geräte, die sowohl zerkleinern als auch erhitzen können. Ein Thermomix-Rezept lässt sich fast immer durch die Verwendung von Geräten und Töpfen ersetzen. Wo dies der Fall ist, habe ich das angegeben. Häufig taucht im Buch der Begriff „Hochleistungsmixer" auf. Bis vor kurzem gab es in dieser Rubrik nur einen Handelsnamen. Hochleistungsmixer sind Geräte, die durch Umdrehungsgeschwindigkeiten von 25.000 Umdrehungen pro Minute und mehr Ergebnisse in kurzer Zeit erzielen, von denen wir mit anderen Geräten nur träumen können. In vielen Fällen lassen sich diese nicht gerade preiswerten Mixer durch einen kleinen Mixer, einen Pürierstab oder eine Küchenmaschine ersetzen. Es gibt aber auch Dinge, die werden nur mit den Hochleistungsmixern wirklich schön, wie z.B. Speiseeis ohne Sahne. Ich verzichte aber nicht auf diese Rezepte, nur weil ich ehrlich bin ;-) 95 Prozent der Rezepte in diesem Buch lassen sich auch ohne einen Hochleistungsmixer herstellen. Da ich noch nie jemanden gesehen habe, der ausnahmslos alle Rezepte in einem Kochbuch nacharbeitet, habe ich diese fünf Prozent in Kauf genommen.

In sehr wenigen Rezepten verwende ich ein Dörrgerät. Das Besondere an guten Dörrgeräten ist, dass die Temperatur eingestellt werden kann, z.B. so, dass 42 °C für Rohkost nicht überschritten werden. Wer auf Rohkost keinen Wert legt, kann im entsprechenden Rezept auch in einem Backofen auf kleinster Einstellung trocknen.

Während meiner indischen Kochphase habe ich etwas entdeckt, das ich vorher für völlig überflüssig hielt: den Schnellkochtopf. Er taucht fast in allen indischen Kochbüchern auf, und ich weiß auch warum: Wer nicht schon Tage im Voraus planen will, welche Hülsenfrucht er vielleicht kochen möchte, kommt ohne einen solchen Topf nicht aus. Ich möchte ihn nicht missen, aber zur Zubereitung der Rezepte ist er nicht erforderlich. Wer keinen Schnellkochtopf hat, wird eine längere Einweich-, eventuell Keim- und auch Kochzeit mit einplanen müssen. Nützlich, aber nicht wirklich notwendig, sind Peng-Schüsseln. Dies sind Spezial-Kunststoffschüsseln zum Gehen von Hefeteig. Wenn der Teig ausreichend gegangen ist, springt der Deckel mit einem lauten „Plopp" ab. Ich bin anfangs in der Küche erschrocken, weil ich dachte, mir sei etwas heruntergefallen.

Ebenso praktisch ist die sogenannte Gärfolie: Kunststofffolie, die auf einer Seite mit einem groben Textilnetz bezogen ist. Dadurch kann der Teig, obwohl er gut mit Kunststofffolie abgedeckt ist, atmen. Die Gärfolie kann in der Waschmaschine gereinigt werden.

In meiner Küche verwende ich gerne weiße Keramikpfannen. Sie haben den Vorteil, dass ich mit sehr wenig Fett arbeiten kann, wenn ich will, und ich immer leicht den Gargrad der Lebensmittel erkennen kann. Wer eine gusseiserne Pfanne besitzt, wird mit Sicherheit genauso gute Ergebnisse erzielen. Mein Original-Tava (beschichtet) ist auch nicht besser, als meine Keramikpfannen es sind.

Da ich eine Teigknetmaschine besitze, benutze ich sie auch und erwähne das. Jeder Teig lässt sich aber auch bestens mit einem Handrührgerät oder mit der Hand kneten, es dauert nur etwas länger.

Wenn ich für die Aufbewahrung „Schraubgläser" verwende, ist darauf zu achten, dass der Deckel aus Kunststoff, zumindest aber intakt ist. Rost kann mit Lebensmitteln reagieren!

Als überzeugte Vollwertlerin mahle ich mein Getreide immer selbst. Die Rezepte können Sie genauso gut auch mit fertig gekauftem Mehl herstellen. Sie sollten dann nur austesten, ob die Flüssigkeitsmengen anders sind. Es heißt, dass die gekauften Mehle bzw. Auszugsmehle weniger Flüssigkeit benötigen als selbst gemahlenes Mehl. Da es leichter ist, Flüssigkeit im Nachhinein einzuarbeiten, fangen Sie in einem solchen Fall besser mit 10 Prozent weniger Wasser an.

Einleitung

✿ Zutaten und Zubereitung

Wer über die eine oder andere Zutat stolpert, sollte einmal im Rezeptregister nachschauen, dort sind alle selbst gemachten Dinge aufgeführt. Außerdem habe ich dem Buch eine Austauschtabelle hinzugefügt. Dort sind alle „ungewöhnlichen" Zutaten aufgelistet: entweder mit einem Verweis darauf, dass die entsprechende Zutat sich im Buch als Rezept finden lässt, oder aber mit einer Erklärung, woraus die Zutat besteht und womit wir es möglicherweise ersetzen können. Denn es ist nichts frustrierender, so finde ich immer, wenn ich Lust habe zu kochen, als wenn ich dann erst in die nächste Millionenstadt fahren oder das Internet bemühen muss, um die exotischen Zutaten zu kaufen. Natürlich schmeckt das Essen mit diesen „Austauschzutaten" etwas anders – aber was soll's?

Es gibt einige Zutaten, die für die indische Küche unbedingt vorhanden sein sollten. Sie gehören aber fast schon zur Ausstattung der normalen Küche: Kreuzkümmel (Cumin), Nüsse (Mandeln, Cashewnüsse, Sonnenblumenkerne), getrocknete/frische Chilischoten oder gemahlener Chili/Cayennepfeffer, Erdnussöl zum heißen Braten, ein gutes (kaltgepresstes/natives) Öl für die anderen Zubereitungen, Essig oder Zitronensaft.

Wer keinen Hochleistungsmixer hat, sollte selbst gemachte Pestos mit Öl abdecken, um Schimmelbildung vorzubeugen.

Champignons verwende ich immer frisch. Zum Säubern von Champignons diese bitte nicht waschen (sie saugen Wasser auf), sondern

Bohnensortiment

die anhängende Erde mit einem Pinsel oder Küchenkrepp mit leichter Bewegung abwischen.

⌀ Gemüsepfanne

Die Standardanleitung für eine Gemüsepfanne lautet: „(Eine angegebene Menge) Wasser in eine Pfanne geben. Gemüse hinzufügen und den Deckel auflegen. Pfanne auf den Herd setzen und auf höchster Einstellung zum Kochen bringen, bis Dampf unter dem Deckelrand austritt. Auf kleinste Einstellung drehen und (eine angegebene Zahl) Min. dünsten, ohne den Deckel anzuheben."

Moderne Glasdeckel haben heute leider häufig eine sogenannte Abdampföffnung. Dann sollte die angegebene Wassermenge erhöht werden, weil sonst doch Wasser verdampft und das Gemüse ansetzt. Da es meine Überzeugung ist, dass ich in einem Kochbuch alle Angaben bei dem entsprechenden Rezept finden, und nicht erst blättern muss „Ach wie ging das noch ...", habe ich die Anleitung zur Gemüsepfanne jeweils voll wieder aufgeführt. Manchmal habe ich jedoch aus Platzmangel diese Anleitung gekürzt. Es gilt aber immer dasselbe Prinzip! Wenn ich in einem Rezept bei den Zutaten schreibe „xxx Gramm Mungbohnensprossen", so ist das Gewicht der fertigen Sprossen gemeint. Sonst schreibe ich das Rohwarengewicht dazu!

⌀ Kugel unter Spannung

Für das Gelingen eines Hefeteigs kann die Bildung einer Kugel unter Spannung enorm hilfreich sein. Ich habe mir mal bei einem Profi-Bäcker abgeguckt: Teigling (Teigstück) ein wenig mit den Händen flach drücken. Ringsum alle „Ecken" nach innen in die Mitte schlagen und dort festdrücken. Rund um den Teigling so vorgehen, ruhig auch mehrmals. Es bildet sich dann fast automatisch eine Kugel, die noch durch das Drehen des Teiglings verfestigt wird, wenn man mit den nach oben offenen Händen fest unter die Kugel greift und sie dreht.

⌀ Reis

In der Vollwertküche wird ausschließlich Naturreis verwendet, egal ob es Basmati-, Jasmin- oder Rundkornreis ist. Naturreis gart deutlich länger. Wer es eilig hat, nimmt statt Reis einfach Hirse. Ich habe sonst vier verschiedene Arten, wie ich Naturreis zubereite, in allen Varianten wird das Salz erst nach dem Garen zugegeben:

1. 24 Std. einweichen, zum Kochen bringen, 30 Min. kochen und bei geschlossenem Deckel 10-20 Min. nachquellen lassen.

Einleitung

2. Im Schnellkochtopf 10-12 Min. auf dem zweiten Ring kochen und langsam abdampfen lassen oder im Schnellkochtopf 5-7 Min. kochen und auf der ausgestellten Herdplatte (!) abdampfen lassen.
3. In Öl anbraten, mit Wasser (300 g Wasser auf 100 g Reis) aufkochen und mit aufgelegtem Deckel auf kleiner Einstellung dünsten lassen, bis das Wasser aufgebraucht ist (etwa 40 Min.).
4. Im Reiskochtopf: Pro 100 g Reis 300-320 g Wasser rechnen (je nachdem, wie weich man den Reis gerne hätte) und warten, bis der Topf abschaltet. Dann noch 10-20 Min. warten, es schmeckt aber auch direkt. Ich habe gute Erfahrungen damit gemacht, den Innentopf mit einer winzigen Menge Öl zu bestreichen, dann kocht es nicht über. Im Reistopf können beispielsweise auch Rosinen und Gewürze mit gegart werden.

Hülsenfrüchte

Bei Hülsenfrüchten ist auf das Alter zu achten: je älter die Hülsenfrüchte, umso länger die Kochzeit! Das sollte man immer erst einmal vorsichtig austesten.

- *Linsen:* Linsen können ohne Einweichen gekocht werden: Rote oder gelbe Linsen brauchen zwischen 12 und 16 Min. „Normale" Linsen ca. 40 Min. im Topf, 10 Min. im Schnellkochtopf. Andere Linsen: siehe Anleitung auf der Packung.
- *Mungbohnen:* Sie können ohne Einweichen und mit Einweichen gekocht werden: Ohne Einweichen 40 Min. im normalen Topf oder 10 Min. im Schnellkochtopf.
  Mit Einweichen 20 Min. im normalen Topf (im Schnellkochtopf habe ich dies nicht probiert).
- *Mattenbohnen:* wie „normale" Linsen.
- *Bohnen, Kichererbsen usw.:* 12 Std. einweichen, 24 bis 48 Std. keimen lassen, dann 20-30 Min. kochen. 24 Std. einweichen, 1-2 Std. (je nach Sorte) keimen lassen, 20-50 Min. kochen oder 10 Min. im Schnellkochtopf. 12 Std. einweichen, 10-12 Min. (je nach Sorte) im Schnellkochtopf. Uneingeweicht: ca. 30-35 Min. im Schnellkochtopf.

Mungbohnengemüse

Allgemeines

Verwendete Abkürzungen:

EL = Esslöffel

1 EL Flüssigkeit = etwa 10 g

1 geh. EL festerer Honig = etwa 50 g

TL = Teelöffel

1 gehäufter TL Honig = etwa 20 g Honig

1 TL Salz = 5-7 g

g = Gramm

gefr. = gefroren

gem. = gemahlen

geh. = gehackt (bei Kräutern) oder gehäuft (bei Gewürzen, Salz usw.)

gestr. = gestrichen

getr. = getrocknet

kg = Kilogramm

Knobl.-Ingwerpaste = Knoblauch-Ingwerpaste

MS = Messerspitze

Alle Rezepte sind, wenn nicht anders angegeben, für 1 Person mit kräftigem Appetit gekocht. Es gibt heute viel mehr Single-Haushalte als früher. Außerdem ist es deutlich einfacher, Zahlen zu multiplizieren als zu dividieren: 175 g mal 2 oder 3 habe ich auch schnell im Kopf ausgerechnet, bei 175 g durch 2 oder 3 muss ich länger nachdenken und es ist fehleranfälliger. Bei Süßigkeiten reicht die Menge für 3-4 Personen als Nachspeise oder für 1 Person als Hauptgericht. Salz ist immer Meersalz, jod- und fluorfrei, und ohne Rieselstoffe. Honig ist kalt geschleudert. Als Speiseöle – außer dem Erdnussöl zum Braten – verwende ich ausnahmslos kalt gepresste, native Öle.

Auf Angaben von Arbeitszeiten und Schwierigkeitsgraden habe ich verzichtet, da sie individuell unterschiedlich sind. Außerdem sind meine Rezepte durchweg schnell herzustellen und einfach. Besonders in diesem Buch denke ich, dass auch Anfänger bestens damit zurechtkommen, wenn sie sich an die Angaben halten. Dass alle Rezepte vollwertig und vegetarisch sind, habe ich nicht dazugeschrieben. Die meisten Rezepte sind bis auf wenige Ausnahmen (maximal fünf) vegan, abgesehen von der Verwendung von Honig. Auch hier habe ich auf einen Extrahinweis verzichtet, weil er keine wirkliche Übersichtlichkeit bringt. Veganer lesen bitte den Abschnitt oben oder die entsprechenden Angaben in der Austauschtabelle.

Wie in allen meinen anderen Büchern auch, gebe ich Zutaten grammgenau an. Das hat für Anfänger Vorteile. Denn: Wie groß ist ein großer Apfel? Wie klein eine kleine Möhre? Selbst wenn jemand also einen großen Apfel nimmt, ihn wiegt und feststellt: „Oh, der wiegt ja 200 g, im Rezept der Apfel ist aber nur 100 g schwer", wird er sofort verstehen, dass er dann eben nur einen halben Apfel nimmt. Bei den meisten Rezepten kommt es auch auf 5 oder 10 Gramm mehr oder weniger nicht an – aber die Gewichtsangaben sind eine Hilfe. Wer in der Küche schon geübt ist, macht sich wegen des Gewichts keine großartigen Gedanken, aber die Angaben werden auch nicht stören. Auch Flüssigkeiten gebe ich in Gramm, und nicht in Millilitern usw. an. Das liegt daran, dass Messbecher für den Haushalt erstens meist ungenau sind und zweitens die Füllmenge in der Eile schlecht einzuschätzen ist. Bei manchen Rezepten (Nudelteigen z.B.) ist es aber schon wichtig, nicht einen dicken Schwupps Wasser hinzuzufügen, sondern eben die genaue Menge.

Da meine Rezepte Protokolle sind, kann es schon einmal sein, dass identische Vorgänge dennoch auf leicht unterschiedliche Weise dargestellt werden. Zwar habe ich mich mit meinen Lektoren bemüht,

Einheitlichkeit zu gewährleisten, aber manchmal habe ich es an einigen Stellen auch absichtlich anders gemacht, um Platz für mehr Rezepte zu schaffen.

Wenn in den Rezepten ein Gewürz aufgeführt ist, das es gemahlen oder ungemahlen gibt, so ist immer das ungemahlene Gewürz gemeint, sonst schreibe ich „gem." (= gemahlen) dazu. Dennoch habe ich darauf geachtet, „-körner" oder „-samen" zu schreiben. Falls ich es einmal übersehen habe, gilt das zuvor Gesagte.

Mehr als alle meine anderen Bücher ist dieses Buch eine Grundlage für eigene Experimente. Wer einmal den indischen Geschmack zu schätzen gelernt hat, wird ihn in seiner Küche nicht mehr missen wollen, sei es in Nuancen oder auch im großen Stil.

Noch Fragen?

Bei Fragen zu den Rezepten empfehle ich meine Telefonstunde (in der Regel dienstags von 18:30 bis 19:30 Uhr; Details über meine Webseite http://www.vollwertkochbuch.de). Sollten Fehler in diesem Buch stehen, obwohl ich und auch mehrere Lektoren es sorgfältig durchgesehen haben, freue ich mich, wenn ich Korrekturen erhalte. Eine eventuelle nächste Auflage kann dies bereinigen! An dieser Stelle möchte ich Petra Arnemann, Anna Baranski, Eric Mark Charlton und Barbara Witte ganz herzlich für Ihre Sorgfalt und ihren Einsatz beim Korrekturlesen danken.

Ich wünsche allen Lesern und Leserinnen so viel Freude beim Zubereiten, wie ich sie beim Kochen, Essen und Zusammenstellen dieses Buchs hatte. Und außerdem:

Guten Appetit

Remscheid, Februar 2013
Ute-Marion Wilkesmann

Cassata | Gulab Jamun | Cashewshake

BASICS

Die Basics, frei ins Deutsche übersetzt: Grundlagen-Rezepte, bilden ein besonderes Kapitel in diesem Buch. Die einzelnen Rezepte sind nicht unbedingt typisch indisch, nicht einmal immer indisch beeinflusst. Aber entweder sind sie die vegane Variante klassischer indischer Zutaten (wie z.B. für Joghurt) oder sie stellen eine praktische Ergänzung dar. Für die indische Küche ganz typisch ist hingegen die Knoblauch-Ingwer-Paste, die ich hier in zwei Varianten vorstelle.

Eine wichtige Stellung in der tiereiweißfreien vollwertigen Ernährung nehmen die Nussmuse ein. Mit ihnen erhalten wir cremige Soßen, herrliche Dressings, egal in welcher Richtung wir kochen. Deshalb nehme ich in alle Bücher immer ein paar Variationen auf. Nussmus lässt sich nur mit einem teuren Mixer mit hohen Umdrehungszahlen selbst herstellen. Wer eine solche Anschaffung scheut, kann aber auch das Nussmus einer renommierten Bio-Firma kaufen. Rohkostqualität ist in diesen Rezepten nicht erforderlich, den entsprechenden „Aufpreis" kann man sich daher sparen.

Nussmuse

350 g Sonnenblumenkerne
(Mandeln, Haselnüsse, Walnüsse,
Cashewnüsse, Macadamianüsse,
Paranüsse usw.)
60 g Sonnenblumen- oder Nussöl

✿ Nussmus / Nusspaste

In einem Hochleistungsmixer so lange mixen, bis das Mahlgut fein (= Paste) oder flüssig (= Mus) ist.

Nusspaste lässt sich für die meisten Rezepte einsetzen, in denen Nussmus verwendet wird. Vorteil: Es lassen sich Pasten auch aus ungewöhnlichen Nusssorten wie Pinien- oder Pistazienkernen herstellen, die zu teuer sind, um damit einen großen Mixer zu füllen. Auch ist eine Nusspaste eine gute Alternative für jemanden, der nur einen kleinen Mixer besitzt.

50 g Macadamianussöl
150 g gesalzene geröstete
Cashewnüsse
200 g Cashewnussbruch (ungeröstet, ungesalzen)

✿ Edles CC-Mus

Zutaten in der vorgegebenen Reihenfolge in einen Hochleistungsmixer geben, mit dem Stößel zu einem glatten Mus verarbeiten. Die Flüssigkeit des Muses richtet sich nach der Mixdauer und der zugegebenen Ölmenge. Läuft der Mixer sehr lange, wird die Mischung zu heiß, d.h. sie erreicht fast den Siedepunkt.

50 g Sonnenblumenöl
250 g Mandeln
150 g gesalzene geröstete
Cashewnüsse

✿ Mandelcashewnussmus

In einem Hochleistungsmixer schlagen, bis die Masse ganz glatt und fast flüssig ist. Wie alle Nussmuse: In ein Schraubglas füllen. Deckel aufschrauben und abkühlen lassen. Im Kühlschrank lange haltbar.

100 g Sonnenblumenöl
170 g gesalzene geröstete
Erdnüsse
200 g Sonnenblumenkerne

✿ Sonnen-Erdnussmus

Zutaten in einen Hochleistungsmixer geben und schlagen, bis die Masse fast flüssig ist. Für alle Nussmuse gilt: Wer nur einen kleinen Mixer hat, nimmt kleinere Mengen und im Verhältnis mehr Öl.

55 g Macadamianüsse
55 g Cashewnüsse
100 g Sonnenblumenkerne
100 g Mandeln ungeschält
1-4 TL Sonnenblumenöl

✿ Viernussmus

Zutaten in der aufgeführten Reihenfolge (ohne Öl) in einen Hochleistungsmixer geben. Mit geringer, dann ansteigender Geschwindigkeit vermischen. Mit dem Stößel auf die Masse drücken, während das Gerät auf höchster Stufe läuft. Die Menge des Öls, das hinzugefügt wird, richtet sich nach Frischegrad und Ölgehalt der Nüsse. Ohne Öl gibt es möglicherweise eine Paste (siehe links oben). Das ist lecker, aber eben nicht flüssig.

Öle und Salatsoßen

🫒 Zitronenöl

400 g Öl
3 halbe ungespritzte Zitronen

Öl in eine leere 500-g Flasche (z.B. eine alte Sahneflasche) geben. Eine halbe Zitrone in Scheiben schneiden, halbieren oder vierteln, ins Öl legen. Die übrigen Zitronenhälften (nicht zu dick) schälen, in Scheiben schneiden und ebenfalls in das Öl geben. Flasche gut verschließen, im Kühlschrank aufbewahren (Haltbarkeit mehrere Monate). Sowohl das Öl als auch die Zitronenstücke können verwendet werden.

🫒 Vindaloo-Öl

60 g Vindaloo-Paste (siehe dort)
175 g Öl
175 g Zitronenöl (siehe oben)
110 g in Öl eingelegte Zitronenscheiben (siehe Zitronenöl)

Alle Zutaten in einem starken Mixer zusammen gut durchschlagen, bis alles zerkleinert und homogen ist. In eine Flasche mit Schraubverschluss (z.B. leere Sahneflasche, am besten eine aus Braunglas) füllen und im Kühlschrank aufbewahren. Ist sehr lange (mindestens ein halbes Jahr) haltbar.

🫒 Beinwellöl / Kräuteröl

65 g Beinwellblätter, gewaschen und getrocknet
20 g Salz
150 g Sonnenblumenöl

Beinwell zerkleinern, mit Salz und Öl in einem Mixer schlagen, bis die Masse glatt ist. Im Kühlschrank aufbewahren. Wer dieses Öl für ein Salatdressing verwendet, sollte die große Salzmenge berücksichtigen, die hier zwecks Haltbarkeit zugegeben wurde.
Beinwell ist ein Beispiel – jedes andere Kraut eignet sich genauso gut.

BASICS

Chili-Öl

Zwiebel schälen, achteln und in das Glas füllen (etwas größer als ein Marmeladenglas). Zwei Chilischoten hinzugeben. Die dritte Schote in Ringe schneiden, die Kerne aus den Ringen drücken (und wegwerfen). Ringe und Pfeffer ebenfalls in das Glas geben. Mit Öl auffüllen und im Kühlschrank aufbewahren. Mindestens zwei Wochen ziehen lassen.

1 rote Zwiebel (75 g brutto)
3 frische Chilischoten
1 EL getr. grüner Pfeffer
ca. 400 g Sonnenblumenöl

Ingwer-Öl

Zwiebel schälen und vierteln, Knoblauchzehen schälen. Ungeschälten Ingwer in 2-3 mm dicke Scheiben schneiden. Alles in ein leeres Honigglas geben und mit Öl auffüllen. Mindestens eine Woche durchziehen lassen. Hält sich im Kühlschrank mehrere Monate.

1 kleine Zwiebel (35 g netto)
4 Knoblauchzehen
35 g Ingwer
etwa 400 g Sonnenblumenöl

Vanille-Öl

Vanillestangen in 2-3 cm große Stücke schneiden, in eine 500-g Flasche geben. Mit Öl auffüllen und im Kühlschrank gut durchziehen lassen.

1-2 Stangen Vanille
ca. 450 g Sonnenblumenöl

Süßscharfe Salatsoße

Alle Zutaten in einem Hochleistungsmixer zu einer cremigen Masse schlagen. Hält sich im Kühlschrank in einem Schraubglas mehrere Tage. Wer nur einen kleinen Mixer hat, nimmt kleinere Portionen.

1 kleiner Apfel (100 g) | 1 Knoblauchzehe geschält (5 g) | 7-8 g Ingwer ungeschält | 50 g Peperoni-Essig 50 g Vindaloo-Öl | 1 TL Gemüsesalz 110 g Wasser | 1/4 TL Schwarzkümmel | 1 gestr. TL Korianderkörner | 10 g Mandeln

Salatcreme

Die trockenen Zutaten im Hochleistungsmixer fein mahlen. Die restlichen Zutaten hinzugeben und sehr gut durchschlagen (auf der höchsten Stufe). In Gläser mit Schraubdeckel geben, verschließen und in den Kühlschrank stellen.
Tipps: Das funktioniert natürlich auch mit Olivenöl. Wer Pfeffer und Koriander nur gemahlen hat, nimmt die entsprechende Menge. Wer keine Asiakräutermischung bekommt, nimmt getrocknetes Zitronengras. Die Soße ist dicklich und lässt sich gut mit geschlagenen saftigen Früchten, Wasser oder Sahne verlängern.

2 TL schwarze Pfefferkörner
4 gestr. TL Korianderkörner
2 gestr. EL Salz | 8 TL Asiakräuter (fertig gekaufte Mischung)
2 TL getr. Orangenschale
2 TL Kreuzkümmelsamen
425 g Sonnenblumenöl
425 g Apfelessig | 2-3 EL Honig (100 g) | 2 TL Senf (20 g)
1 TL Vindaloo-Paste (8 g)

Vindaloo-Öl | Zitronenöl | Beinwellöl

Quasi-Milchprodukte

Lange Zeit habe ich die indischen Rezepte gemieden, in denen Joghurt verwendet wurde. Das habe ich bedauert, weil sie häufig sehr lecker klingen. Da mir schon vor einiger Zeit „Milch" und „Sahne" gelungen sind, bin ich einfach wieder in die Experimentierphase eingetreten. Bereits der dritte Versuch war ein voller Erfolg! Die Joghurts schmecken bereits pur lecker!

Bis zu einer Woche habe ich diese Produkte problemlos aufbewahrt.

✍ Quasi-Grundjoghurt

25 g Rundkorn-Naturreis
25 g Sonnenblumenkerne
25 g Apfelessig oder Zitronensaft
1 Prise Salz
10 g Sonnenblumenöl
200 g Wasser

Im Trockenbecher eines Hochleistungsmixers Reis und Kerne fein mahlen. Die restlichen Zutaten hinzufügen und auf höchster Stufe schlagen, bis die Masse stockt (entspricht dem Aufkochen; das sieht man daran, dass die höchste Kante jetzt tiefer ist, und hört es am veränderten Lauf des Messers, das dauert etwa 5 Min.). In ein Schraubglas geben, abkühlen lassen. Im Kühlschrank aufbewahren.

Ohne Hochleistungsmixer: Reis in einer Mühle, Kerne mit einem kleinen Mixer fein mahlen. Mit den anderen Zutaten gut im Mixer durchschlagen und in einem kleinen Topf aufkochen.

✍ Cashewnuss-Joghurt (recht mild)

25 g Chashewnussbruch
25 g Rundkorn-Naturreis
200 g Wasser
ein paar Körner Salz
1 TL Sonnenblumenöl
25 g Zitronensaft

In einem Hochleistungsmixer alle Zutaten zusammen und auf höchster Stufe schlagen, bis die Masse eingedickt ist (weiter: siehe oben).

Ersatzweise geschälte Mandeln statt Cashewnüssen verwenden (= Mandel-Joghurt).

✍ Sonnenmayonnaise

100 g Sonnenblumenkerne
100 g Wasser
2 TL Senf (12 g)
60 g Essig
2 TL Salz
2 TL Honig
1 MS gem. Kurkuma
250 g Sonnenblumenöl

Für diese Mayonnaise braucht man einen wirklich starken Mixer (mehr als 10.000 Umdrehungen). Sonst gibt man das Öl besser in kleineren Portionen hinzu.

Alle Zutaten in den Mixer geben und solange schlagen, bis die Masse glatt ist und keine Körnchen mehr enthält. In ein bis zwei Gläser mit Schraubdeckel füllen und im Kühlschrank aufbewahren.

BASICS

🌱 Hirse-Käsecreme = Kochcreme

In einem Hochleistungsmixer alle Zutaten zusammen und auf höchster Stufe schlagen, bis die Masse eingedickt ist (das sieht man daran, dass die höchste Kante jetzt tiefer ist, und hört es am veränderten Lauf des Messers). In ein Schraubglas geben und abkühlen lassen.
Ohne Hochleistungsmixer: Hirse in einer Mühle, Mandeln mit einem kleinen Mixer fein mahlen. Mit den anderen Zutaten gut im Mixer durchschlagen und in einem kleinen Topf aufkochen.

50 g Hirse
25 g Mandeln
200 g Wasser
1/2 TL Salz
1 EL Apfelessig
1 TL Sonnenblumenöl

🌱 Reis-Schmelzkäse

Zubereitung wie Hirse-Käsecreme.

100 g Reis
20 g Cashewnüsse
200 g Wasser
1 gestr. TL Salz
1 EL Peperoni-Essig
1 Prise Schabzigerklee

Reis-Schmelzkäse

Cremes und Pasten

Vor allem bei Herstellung in Hochleistungsmixern mehrere Wochen haltbar. Auch das Salz wirkt konservierend.

✿ Vindaloo-Paste Nr. 1

5 g getr. Grapefruitschale
2 EL Korianderkörner | 2 EL Kreuzkümmel | 2 EL Bockshornkleesaat
4 TL schwarze Senfkörner
2 TL schwarzer Pfeffer | 2 TL getr. grüner Pfeffer | 2 Lorbeerblätter
2 EL Sonnenblumenkerne
1 EL Kurkuma, | 25 g Essig-Peperoni
10 g Ingwer, ungeschält
250 g Apfelessig | 40 g Honig

Grapefruitschale vormahlen. Koriander, Kreuzkümmel, Bockshornklee, Senf- und Pfefferkörner, Lorbeerblätter und Sonnenblumenkerne in einer kleinen Pfanne bei mittlerer Hitze anrösten, bis sie zu duften beginnen. Mit der Grapefruitschale und Kurkuma fein mahlen. Peperoni, klein geschnittenen Ingwer, Essig und Honig hinzugeben. Im Mixer zu einer Paste verarbeiten. In einem Schraubglas im Kühlschrank aufbewahren.

✿ Vindaloo-Paste Nr. 2

1 EL Korianderkörner | 1 EL Kreuzkümmel | 1 EL Bockshornkleesaat
2 TL schwarze Senfkörner
1 TL schwarzer Pfeffer
1 TL grüner Pfeffer getr. | 1 rote Peperoni (12 g) | 1 TL ger. Zitronenschale | 3-4 getr. Curryblätter
1 TL gem. Kurkuma | 1 TL Honig (10 g)
100 g Apfelessig

Koriander, Kreuzkümmel, Bockshornklee, Senf- und Pfefferkörner in einer kleinen Pfanne bei mittlerer Hitze anrösten, bis sie zu duften beginnen. Diese Gewürze in einem kleinen Mixer fein mahlen. Peperoni mit Kernen klein schneiden und die restlichen Zutaten hinzugeben. Weiter siehe Paste 1.

✿ Knoblauch-Ingwer-Paste

50 g Ingwer ungeschält
50 g Knoblauch geschält
30 g Sonnenblumenöl
1 TL Salz

Ingwer in Scheiben schneiden, größere Knoblauchzehen zerteilen. Mit Öl und Salz mit dem hochstehenden Messer eines kleinen Mixers zu einer Paste schlagen. Dies ist übrigens ein Bestandteil vieler indischer Rezepte und keine „Erfindung" von mir.

BASICS

✆ Knoblauch-Ingwer-Paste fix

Nichts schälen. Vom Knoblauch nur die unteren harten Enden abschneiden und was an Schale „entgegenfällt" abziehen. Ingwer grob vorschneiden. Alle Zutaten in einem Hochleistungsmixer mit dem Stößel verarbeiten, bis eine glatte Masse entsteht.

100 g Ingwer
100 g Knoblauch
100 g Sonnenblumenöl
15 g Salz

✆ Selleriecreme

Gläser mit Schraubdeckel mit kochendem Wasser ausspülen. Knoblauch schälen. Sellerie (wenn sauber, ungeschält; sonst schälen) und Apfel grob vorschneiden. Alle Zutaten in einen starken Mixer geben und bei steigender Geschwindigkeit schlagen, zum Schluss auf der Höchststufe, bis sich eine glatte, weiche Creme ergibt. In die Gläser füllen, Gläser zuschrauben und im Kühlschrank aufbewahren (hält ca. 2 Wochen). Außerhalb der Saison: Rhabarber durch Zitrone ersetzen.

10 g Knoblauch (netto)
200 g Sellerie
1 Apfel (140 g)
30 g Ingwer
50 g Sonnenblumenöl
25 g Apfelessig
10 g Salz
1 Chili in Essig
30 g Rhabarber

✆ Porreecreme

Porree waschen und putzen, d.h. schlechte Stellen abschneiden. Zusammen mit Zucchini grob vorschneiden. Alle Zutaten in der angegebenen Reihenfolge in den großen Becher eines Hochleistungsmixers geben, auf höchster Stufe zu einer weichen Paste verarbeiten. Wie Selleriecreme aufbewahren.

450 g Porree (netto)
130 g Zucchini
130 g Sonnenblumenöl
50 g Mandeln
1 EL Salz (20 g)
100 g Apfelessig

✆ Zitronenkonzentrat

500 g Zitronen schälen. Wenn es dicke Zitronen sind, auch das Weiße möglichst gut entfernen. In etwa 5 mm dicke Scheiben schneiden und 48-60 Std. bei 40 °C trocknen.
In eine Schüssel geben, mit kochendem Wasser übergießen, 30 Min. ziehen lassen. In einem kräftigen Mixer mit der kleinen frischen halbierten Zitrone, Salz und Honig und dem Einweichwasser pürieren. In ein Schraubglas geben und im Kühlschrank aufbewahren.

500 g Zitronen
350 g kochendes Wasser
1 kleine geschälte Zitrone
(50 g netto)
1 TL Salz
100 g Honig

Vindaloo-Paste Nr. 1 | Vindaloo-Paste Nr. 2 | Knoblauch-Ingwer-Paste

Konserviertes, Salz, Sprossen und Keime

Dieses Kapitel ist naturgemäß den Cremes und Pasten sehr ähnlich. Im vorliegenden Kapitel geht es mehr darum, Lebensmittel, die in ständigem Gebrauch sind, immer verfügbar zu haben (zu konservieren) oder auch Aromen einzufangen.

Eingelegter Knoblauch (Essig)

2 Knollen Knoblauch
1-2 TL Salz
Apfelessig

Knoblauchzehen schälen und Schadstellen abschneiden. In ein etwa 200-250 g fassendes Schraubglas füllen, mit Salz bestreuen und mit Essig auffüllen. Glas gut zuschrauben und ein paar Min. auf den Kopf stellen. Im Kühlschrank monatelang haltbar.

Eingelegter Knoblauch (Öl)

3 Knollen Knoblauch
ca. 100-150 g Sonnenblumenöl

Knoblauchzehen schälen und Schadstellen abschneiden. In ein etwa 200-250 g fassendes Schraubglas füllen und mit Öl auffüllen. Glas gut zuschrauben. Im Kühlschrank monatelang haltbar.

Zimthonig

2 Stangen Zimt
75 g Akazienhonig
90 g Waldhonig

Ein kleineres Gläschen mit Schraubdeckel bereitstellen. Zimtstangen halb durchbrechen, in das Glas geben, mit dem Honig auffüllen. Mindestens 2 Wochen durchziehen lassen. Hält sich außerhalb des Kühlschranks.

Gierschhonig

10 g Giersch
4 g Ingwer ungeschält
10 g Zitronenschale
250 g beliebiger Honig

Zutaten in den kleinen Becher eines kleinen Mixers geben und 45 Sek. lang schlagen, zwischendurch mit dem Löffel durchrühren. Im Kühlschrank aufbewahren. Eignet sich auch für das Würzen von Drinks und Obstsalaten oder als kleine aparte Note in einem Salatdressing.

Rauchkräutersalz

125 g getrocknete Kräuter
50 g Salish-Rauchsalz
65 g Maldon-Rauchsalz (bzw. insgesamt 115 g beliebiges Rauchsalz)
500 g Meersalz

Genügend Kräuter (ca. 1,5 kg) im Dörrgerät bei 50 °C ca. 14 Std. trocknen. Mit dem Salz zusammen in einem Mixer fein mahlen.

🌱 Kräutersalz

für Kräuter- und Gemüsesalz:
625 g Meersalz

Zutaten nehmen wie für Rauchkräutersalz. Zutat „Rauchsalz" aber durch Meersalz ersetzen.

🌱 Gemüsesalz

Zutaten nehmen wie für Kräutersalz. Statt Kräuter getrocknete Gemüseteile (Blumenkohlgrün, Kohlrabiblätter und ähnliche „Abfälle") verwenden.

🌱 Orangeat

2-3 unbehandelte Bio-Orangen
300-400 g Akazienhonig (ist am neutralsten)

Orangen waschen und schälen, Fruchtfleisch anderweitig verwenden. Schale mit dem Messer in grobe Stücke schneiden, dann im Zerkleinerer oder einem Mixer klein schlagen oder mit dem Messer / Nicer Dicer o.ä. in kleine Stücke schneiden und mit so viel Honig verrühren (Verhältnis mindestens 1,5 Honig : 1 Schale), dass alles damit gut benetzt ist. Ein Honig- oder Marmeladenglas mit kochendem Wasser ausspülen, Masse hineinfüllen. Das Glas ein paar Tage auf den Kopf stellen. Hält sich im Kühlschrank mehrere Monate (auf zwei Jahre bin ich schon gekommen). Interessante Geschmacksvarianten lassen sich herstellen durch Zugabe von Ingwer, Pfefferminz, Anis u.ä. Genauso lassen sich Pampelmusat, Mandarinat und Zitronat herstellen.

Zitronat & Orangeat

Keime und Sprossen

Die reichliche Verwendung von Keimen und Sprossen ist ein Einfluss aus der Vollwertküche und lässt sich problemlos in das indische Konzept integrieren. Das erste, was aus den Samen wächst, sind die Keime. Wenn sie länger werden und die Blattanlage sichtbar ist, heißen sie Sprossen.

Sprossen/keimen lassen sich Ölsaaten (z.B. Sonnenblumenkerne), Hülsenfrüchte (Linsen, Erbsen, Bohnen), Getreide und andere Samenarten, die im Handel angeboten werden. Ich habe nicht alle ausprobiert und erwähne daher nur die, mit denen ich persönlich Erfahrungen gesammelt habe. Hülsenfrüchte sind nicht alle gekeimt roh genießbar. Bohnen mit Ausnahme von Mungbohnen sind z.B. giftig und dürfen allgemein nur gekocht gegessen werden. Eine Bohnensuppe aus Bohnensprossen ist jedoch in einer halbe Stunde fertig und schmeckt köstlich.

Sprossen geht auch *ohne komplizierte Geräte*. Die einfachste Methode ist (demonstriert an Dinkel):

In einer kleinen Schüssel drei Esslöffel Dinkel gut mit Wasser bedecken und über Nacht einweichen. Morgens die Körner in einem Sieb abspülen und ohne Wasser in der Schüssel stehen lassen. Abends nochmal 1-2 Std. einweichen, dann abspülen und wieder bis zum nächsten Tag stehen lassen.

Dann immer abends und morgens in einem Sieb gut durchspülen und immer abgießen, bis die Keime lang genug sind.

Gerne nehme ich zum Keimen auch *Keimgläser*, dann muss ich nicht immer mit einem Sieb hantieren. Die Methode ist prinzipiell dieselbe: Im Keimglas drei Esslöffel Dinkel gut mit Wasser bedecken und über Nacht einweichen (Glas steht senkrecht). Morgens das Wasser abgießen, durchspülen und Glas schräg stellen. Abends und morgens jeweils durchspülen und Glas wieder schräg stellen.

Die Keime haben genau die richtige Länge, wenn sie etwa genauso lang sind wie der Samen. Es ist nicht das Ziel, lange Samen oder gar Blattanlagen zu bekommen, da dann wieder Nährstoffe verloren gehen, die für die Anlage des Blattwerks verbraucht werden.

GEWÜRZE

Die indische Küche ist vor allem auch wegen ihres Reichtums an Gewürzen bekannt. Was mich besonders fasziniert, ist die Möglichkeit, alle möglichen Gewürze bzw. Gewürzmischungen selbst herstellen zu können. Die in diesem Buch vorgestellten Gewürze, ob trocken, flüssig oder als Paste, basieren alle auf indischen „Originalen", die ich für mich variiert habe.

Natürlich beanspruche ich keinesfalls, dass ich mehr Gewürzmischungen aufweisen kann als die indische Küche, im Gegenteil. Ich habe nur die Chancen genutzt, die sich durch die Anregungen in indischen Kochbüchern ergeben haben. In Indien ist Würzen eine Kunst mit „Bedeutung". Das maße ich mir nicht an, bei mir ist es rein die Freude am Spiel mit den Zutaten.

Was ich bis zur Beschäftigung mit der indischen Küche nicht gewusst habe: Curry ist kein Einzelgewürz oder gar der Extrakt der Currypflanze.

Zwar gibt es Curryblätter, sie sind aber nicht Bestandteil der in Europa als „Curry" bekannten Gewürzmischungen. Curry ist vielmehr eine Sammelbezeichnung für verschiedene Gerichte, Eintöpfe und Soßen bzw. die Gewürzmischungen, mit denen diese Gerichte hergestellt werden.

Trockene Gewürze

✿ Curry scharf *(Video auf Webseite)*

Die ungemahlenen Gewürze in einer keramikbeschichteten oder gusseisernen Pfanne unter Rühren auf mittlerer Einstellung erwärmen, bis sie duften. Wer zu lange röstet, erhält ein bitteres Curry. Kurz vor Ende noch 1 TL Kurkuma für 10 Sek. einrühren.

Etwas abkühlen lassen. In einem kleinen Mixer 30 Sek. lang mahlen, noch 1 TL Kurkuma bzw. andere gemahlene Zutaten hinzugeben und weitere 30 Sek. mahlen.

Hinweis: Im Original wird eine kleine Pfanne aus Gusseisen verwendet. Wer eine normale beschichtete Pfanne nimmt, sollte mit dem Erhitzen vorsichtig sein, sonst löst sich die Beschichtung mit der Zeit. Wer keinen entsprechenden Mixer hat, kann auch einen Mörser verwenden.

Ungemahlen:
1 geh. EL Koriander
1 geh. EL Kreuzkümmel
1 TL weißer Pfeffer
1 TL getr. grüner Pfeffer
1,5 TL gelbe Senfkörner
1 TL Bockshornklee
5 Gewürznelken
2 kleine getr. rote Chili

Gemahlen:
2 TL Kurkuma

✿ Curry extra scharf

Herstellung wie oben beschrieben

Ungemahlen:
1 geh. EL Koriander
1 geh. EL Kreuzkümmel
1 TL weißer Pfeffer
1 TL getr. grüner Pfeffer
1/2 TL schwarze Senfkörner
1 TL gelbe Senfkörner
1 TL Bockshornklee
5 Gewürznelken
3 getrocknete rote Chili

Gemahlen:
2 TL Kurkuma
1/2 TL Zimt
1/2 TL getr. Ingwer
1 MS Vanille

✿ Hanfcurry

Herstellung wie oben beschrieben

Ungemahlen:
1 EL Koriander
1 geh. EL Kreuzkümmel
1 EL Hanfsamen
1 TL schwarzer Pfeffer
1 TL getr. grüner Pfeffer
2 gestr. TL gelbe Senfkörner
1 TL Bockshornklee
5 Gewürznelken
1 getrocknete rote Chili

Gemahlen:
2,5 TL Kurkuma

✿ Lavendelcurry

Herstellung wie auf Seite 36 beschrieben.

Ungemahlen:
1 EL Koriander
1 geh. EL Kreuzkümmel
1 TL weißer Pfeffer
1 TL getr. grüner Pfeffer
1,5 TL gelbe Senfkörner
1 TL Bockshornklee
5 Gewürznelken
1 getrocknete rote Chili

Gemahlen:
2 TL Kurkuma
1 MS Vanille
1 gestr. TL Lavendelblüten

✿ Rosencurry hui-scharf

Herstellung wie auf Seite 36 beschrieben.

Ungemahlen:
1 geh. EL Koriander
1 geh. EL Kreuzkümmel
1 TL schwarzer Pfeffer
1 TL getr. grüner Pfeffer
3 TL gelbe Senfkörner
1 TL Bockshornklee
10 Gewürznelken
10 getrocknete rote Chili
2 EL Rosenblätter getr.

Gemahlen:
2 TL Kurkuma | 1/2 TL Zimt
1/2 TL getr. Ingwer
1 MS Vanille

✿ Würzcurry

Herstellung wie auf Seite 36 beschrieben.

Ungemahlen:
1 geh. EL Koriander
1 EL Kreuzkümmel
1 EL Schwarzkümmel
1 TL weißer Pfeffer
1 TL getr. grüner Pfeffer
1,5 TL gelbe Senfkörner
1 TL Bockshornklee
5 Gewürznelken
1 getrocknete rote Chili

Gemahlen:
2 TL Kurkuma
1/2 TL Zimt
1/2 TL getr. Ingwer
1 MS Vanille

✿ Zimtcurry

Herstellung wie auf Seite 36 beschrieben.

Ungemahlen:
1 EL Koriander
1 geh. EL Kreuzkümmel
1 TL weißer Pfeffer
1 TL getr. grüner Pfeffer
2 TL schwarze Senfkörner
1 TL Bockshornklee
5 Gewürznelken
1 getrocknete rote Chili
2-3 cm Zimtstange

Gemahlen:
3 TL Kurkuma

Zutaten für Würzpfeffer

🌿 Garam masala

3 grüne Kardamomkapseln
1 TL schwarze Pfefferkörner
1 TL Kreuzkümmel
1 dünne kleine Zimtstange
4 Gewürznelken
1 TL Granatapfelkerne

Kardamomkapseln zerstoßen, Samen aus den Kapseln nehmen. In einer kleinen Keramikpfanne alle Gewürze einige Min. ohne Fett auf großer Hitze rösten, bis sie duften. Kurz abkühlen lassen und in einem kleinen Mixer oder mit einem Mörser zu feinem Pulver vermahlen.

🌿 Garam masala kalt

12 braune und
3 grüne Kardamomkapseln
1 Lorbeerblatt
1 EL Kreuzkümmel
1 EL Korianderkörner
1 TL schwarze Pfefferkörner
1 TL Gewürznelken
1 Stück Zimtrinde
½ TL gem. Muskatblüte

Alle Zutaten in einem kleinen Mixer 45 Sek. mahlen. 15 Min. stehen lassen, nochmals 20 Sek. mahlen. Gewürz in ein kleines Schraubglas umfüllen.

Hinweis: Da dieses Garam masala aus ungerösteten Zutaten hergestellt wird, sollte es mitgekocht werden, um sein Aroma zu entfalten. Bereits geröstetes Garam masala dagegen wird erst am Ende des Kochvorgangs hinzugegeben.

GEWÜRZE

Goda masala

Öl in einer kleinen Keramikpfanne erhitzen. Kardamomkapseln zerstoßen, Samen aus den Kapseln nehmen. Alle Zutaten bis auf Mohn und Kokosraspeln im Öl rösten, bis die Gewürznelken „saftig" aussehen. Mohn und Kokosraspeln hinzugeben und unter Rühren leicht bräunen.

In einen kleinen Mixbecher umfüllen, abkühlen lassen. Fein mahlen und luftdicht verschlossen aufbewahren.

1 TL Sonnenblumenöl
3 grüne Kardamomkapseln
1 dünne kleine Zimtstange
2 Gewürznelken
1 Lorbeerblatt
10 schwarze Pfefferkörner
1 TL Koriander
1 TL weißer Mohn
2 TL Kokosraspeln

Sambhar Nr. 1

In einer kleinen Keramikpfanne die Sonnenblumenkerne mit allen Gewürzen (außer Kurkuma) ohne Fett unter Rühren bei schwacher Hitze rösten, bis sie kräftig duften. Kurkuma kurz einrühren, dann umfüllen, zum Beispiel auf einen Teller geben.

Die Pfanne mit einem Stück Haushaltspapier auswischen, Öl erhitzen und Hülsenfrüchte mit dem Quinoa bei etwas stärkerer Temperatur darin rösten, bis die Körner rotbraun erscheinen. Mit den gerösteten Gewürzen mischen und abkühlen lassen. In einem kleinen Mixer fein mahlen. In einem Schraubglas aufbewahren.

1 TL Sonnenblumenkerne
1 TL Fenchelsamen | 1 TL gelbe Senfkörner | 1 TL Hanfsamen
1 TL Bockshornkleesamen
2 TL Kreuzkümmelsamen
1 getr. Chilischote
1 TL schwarze Pfefferkörner
1 TL getr. schwarze Johannisbeeren
1 TL Korianderkörner
2 TL weißer Mohn
¼ Stange Zimt | 1 TL gem. Kurkuma
1 TL Erdnussöl | 3 TL Urad Dal
3 TL gelbe Linsen
1 TL Quinoa

Sambhar Nr. 2

In einer kleinen Keramikpfanne Senf, Hanf, Bockshornklee, Kreuzkümmel, geviertelte Peperoni (mit Kernen), Pfeffer und Koriander ohne Fett unter Rühren bei schwacher Hitze rösten, bis es kräftig duftet. Kurz Kurkuma und Asafoetida einrühren, dann umfüllen. Die Pfanne mit einem Stück Haushaltspapier auswischen, Öl erhitzen und die Hülsenfrüchte bei etwas stärkerer Temperatur darin rösten, bis sie rotbraun sind. Mit den gerösteten Gewürzen mischen und abkühlen lassen. In einem kleinen Mixer fein mahlen. In einem Schraubglas aufbewahren.

1 TL schwarze Senfkörner
1 TL Hanfsamen
1 TL Bockshornkleesamen
2 TL Kreuzkümmelsamen
1 getr. Peperoni
1 TL schwarze Pfefferkörner
1 TL Korianderkörner
1 TL gem. Kurkuma
1/2 TL Asafoetida
3 TL Sonnenblumenöl
3 TL Urad Dal
3 TL rote Linsen

39

✿ Panchphoran

3 TL Kreuzkümmelsamen
2 TL Fenchelsamen
3 TL Schwarzkümmel
1 TL schwarze Senfkörner
2 TL gelbe Senfkörner
3 TL Bockshornkleesamen

Panchphoran ist eine Gewürzmischung aus fünf Gewürzen, die üblicherweise in gleichen Mengen zugegeben werden. Ich habe hier schwarzen und gelben Senf gemischt, daher enthält die Zutatenliste sechs Gewürze.
Gewürze in ein Gläschen geben, mit einem Löffel vermischen. Bei Bedarf entnehmen und rösten.

✿ Panchphoran erweitert

2 TL Fenchelsamen | 1 TL Anissamen
2 TL Bockshornkleesamen
3 TL Hanfsamen | 3 TL braune Senfkörner | 2 TL Kreuzkümmelsamen | 2 TL Schwarzkümmel
3 TL schw. Zwiebelsamen

Gewürze in ein Gläschen geben, mit einem Löffel vermischen. Bei Bedarf entnehmen und rösten.

✿ Peperonisalz

1 getrocknete Peperoni
100 g Salz

Eine feine Methode, einem Essen dezente Schärfe zu verleihen! Peperoni in einem kleinen Mixer grob mahlen, Salz hinzugeben, nochmals kurz durchmixen.

✿ Rosensalz

250 g Salz
2 EL getr. Rosenblüten

Salz und Rosen zusammen im Mixer staubfein mahlen. In einem Glas luftdicht verschlossen aufbewahren.

✿ Würzpfeffer

2 TL Pfefferkörner | 2 TL Anissamen | 1 TL Korianderkörner
1 TL gelbe Senfkörner | 1 getr. Chilischote | 1 TL gem. Kurkuma
1/2 gem. TL Zimt

Die ungemahlenen Gewürze in einem kleinen Mixer 40 Sek. mahlen. Kurkuma und Zimt hinzugeben und nochmals 10 Sek. mahlen. Wer es etwas weniger scharf möchte, lässt die Chilischote weg.

✿ Mangopulver

2 frische grüne Mangos
1 Zitrone
Tipp:
Schmeckt außer in indischen Gerichten auch gut in Salatsoßen, zu Speiseeis und Fruchtsalaten.
Haltbarkeit: mind. 12 Mon.

Eine Mango gut waschen und ungeschält in Streifen vom Stein abschneiden. In einem Hochleistungsmixer mit langsam ansteigender Geschwindigkeit zu einem Brei mixen. Auf Folie ausstreichen und im Dörrgerät bei 40 °C sehr gut trocknen. Zitrone (egal, ob mit oder ohne Weiß) und zweite Mango schälen (Fruchtfleisch anderweitig verwenden), Schalen ebenfalls trocknen. Alles in einem kleinen Mixer zu feinem Pulver mahlen und in gut verschlossenem Schraubglas aufbewahren.

Eingelegtes zum Würzen

✂ Chilis in Öl

ca. 20-25 g Bird Eye Chilis (grün)
100-200 g Sonnenblumen- oder Olivenöl
Haltbarkeit: mind. 2 Mon.

Stängelansatz und „Kappe" von den Chilis abschneiden. Chilis in ein kleines Gläschen mit Schraubverschluss geben. Das Glas mit Öl auffüllen. Im Kühlschrank aufbewahren und die Schoten nach Bedarf entnehmen. Unbedingt auf Schimmelbildung achten! Wenn sich Schimmel zeigt, muss man den gesamten Glasinhalt wegwerfen.

✂ Trockenchilis in Essig

1-2 EL getr. Chilis
etwa 400 g Apfelessig
Haltbarkeit: mind. 6 Mon.

Chilis in ein leeres Honigglas geben und mit Essig auffüllen. Im Kühlschrank aufbewahren und nach Bedarf entnehmen.

✂ Red Pepper in Vinegar

etwa 20-25 g Red Pepper (Chilis)
100-200 g Apfelessig
Haltbarkeit: mind. 6 Mon.

Stängelansatz und „Kappe" der Chilis abschneiden, Chilis in ein kleines Gläschen mit Schraubverschluss geben, die größeren Schoten vorher durchschneiden. Glas mit Essig auffüllen. Im Kühlschrank aufbewahren und nach Bedarf entnehmen.

✂ Essig-Peperoni

100 g Peperoni
etwa 350 g Apfelessig

In den diversen Rezepten bezeichne ich diesen Essig als „Peperoni-Essig".

Peperoni in 1-2 cm lange Stücke schneiden, in ein leeres Honigglas geben und mit Essig auffüllen. Im Kühlschrank aufbewahren und nach Bedarf entnehmen. Der Essig eignet sich hervorragend, um einem Dressing o.ä. mehr oder weniger dezente Schärfe zu verleihen und lässt sich noch feiner dosieren als der schärfere Essig der Chilis. Die Peperoni können auch mitgekocht werden, sie sind meist – je nach Sorte – weniger scharf als Chilis und eignen sich somit besser zum Einstieg in die scharfe Küche. Haltbarkeit im Kühlschrank mehrere Monate.

Red Pepper in Vinegar

GEWÜRZE

✿ Scharfe Pilze

Champignons in ca. 5 mm dicke Scheiben schneiden und trocknen (im Dörrgerät 14 Std. bei 40 °C). Knoblauch schälen, in Scheiben schneiden. Ingwer in Scheiben schneiden. Abwechselnd mit den Pilzen in ein leeres, heiß ausgespültes Honigglas geben. Mit Olivenöl aufgießen, gut verschließen und das Glas im Kühlschrank aufbewahren.

etwa 150 g Champignons
30 g Knoblauch (netto)
Ingwer (Größe etwa einer kleinen Fingerbeere)
etwa 250 g Olivenöl

✿ Eingelegte Auberginen *(Video auf Webseite)*

Auberginenscheiben vierteln, Knoblauch schälen und mit Ingwer in Scheiben schneiden, Peperoni in Stücke brechen. Alles in ein leeres Honigglas schichten, dabei ab und zu nach unten drücken. Mit Öl auffüllen. Warten, bis sich das Öl gesetzt hat, und wieder auffüllen. Glas fest zudrehen und einige Min. auf den Kopf stellen. Umdrehen und im Kühlschrank durchziehen lassen.

80 g Aubergine
20 g Knoblauch (netto)
10 g Ingwer, ungeschält
2 getrocknete Peperoni
ca. 230 g Sonnenblumenöl

✿ Mixed Pickles

Ein leeres Zwei-Liter-Einmachglas mit heißem Wasser ausspülen. Gemüse waschen und in Stücke schneiden. Die Zutaten in der angegebenen Reihenfolge in das Glas geben, dabei die Gurken zwischenschichten. Glas mit Essig und kochendem Wasser aufgießen. 3 x 24 Std. bei Raumtemperatur dunkel (z.B. in einem Schrank) stehen lassen. An einem kühleren Ort, wie etwa in einem Keller, 10 Tage reifen lassen. Nach 10 Tagen heißt es aufpassen, weil je nach Wetter bereits Gärung einsetzt! Besser nach 10 Tagen in kleinere Gläser umfüllen und im Kühlschrank aufbewahren.

18 g Salz
10 g Senfkörner
1 Chilischote getrocknet
1 Lorbeerblatt
etwa 655 g Gemüse, davon etwa die Hälfte Gurken
225 g Apfelessig
900 g kochendes Wasser

✿ Liebstöckelfeigen *(Video auf Webseite)*

Liebstöckel ggf. waschen und trockenschleudern. Mit Salz und 50 g Öl im großen Becher eines kleinen Mixers fein schlagen. Restliche 170 g Öl hinzugeben und nochmals gut durchschlagen. In ein mit kochendem Wasser ausgespültes Glas (mit 500 g Volumen) geben. Geschälten Knoblauch in Scheiben schneiden, Feigen vierteln oder achteln (je nach Größe) und mit der Liebstöckelmasse verrühren. Im Kühlschrank aufbewahren. Haltbarkeit mehr als ein Jahr.

75 g Liebstöckel (inklusive Stängel, wenn sie nicht zu dick sind)
2 TL Salz (10 g)
220 g Öl
200 g getrocknete Feigen
12 g Knoblauch (netto)

43

Flüssig-, Konzentrat-, Pastenwürzen

✄ Petersilienwürze

220 g großblättrige Petersilie mit Stängel
150 g Sellerieblätter mit Stängel (Knollensellerie)
40 g Salz

Alle Zutaten in einen Hochleistungsmixer geben, ggf. mit einem Stößel in wenigen Min. zu einer glatten Paste verarbeiten. In leere Schraubgläser geben, Oberfläche ggf. mit Öl abdecken. Für die Zubereitung in einer Küchenmaschine: Gemüse vorher grob zerteilen.

✄ Novemberwürze

etwa 130 g Kräuter gemischt (frisch aus dem Garten, ein großer Anteil in meiner Zubereitung hatten Kerbel und Liebstöckel: was der Garten noch so hergab; gekaufte Kräuter gehen auch)
150 g Mandeln
200 g Olivenöl
30 g Salz

Kräuter gut waschen und trocknen. Mandeln und Öl mit dem Salz in einem Hochleistungsmixer (für einen kleinen starken Mixer entsprechend kleinere Mengen nehmen) auf kleiner Stufe vermengen, dann auf höchster Stufe pürieren. Kräuter hinzugeben, mit dem Stößel alles zu einer glatten Masse verarbeiten.
In zwei leere Honiggläser füllen. Die Oberfläche gut mit Olivenöl abdecken. Diese Würze ist nicht typisch indisch, verleiht aber allen Gemüsegerichten einen guten Grundgeschmack, ähnlich wie ein „Brühwürfel".

✄ Gemüsebrühextrakt *(Video auf Webseite)*

1000 g Gemüsereste*, frisch oder tiefgekühlt | 125 g Vollmeersalz
* Wie z.B. Strunk vom Kohl, Kartoffel- und Möhrenschalen, Kohlrabigrün usw. Alles, was nicht schlecht ist, aber nicht für den Verzehr erwünscht.

Wenn das Gemüse tiefgefroren ist, 2 bis 3 Std. auftauen lassen. In einem Hochleistungsmixer gut zerkleinern. Gelegentlich muss man das Gemüse nach unten „stupsen", weil die Messer sonst leer laufen. In leere Honiggläser füllen (ergibt bei dieser Menge drei Honiggläser). Verwendung wie Gemüsebrühwürfel oder anderer Gemüseextrakt.

✄ Scharfe Soße

ca. 100 g November-Würze
ca. 360 g Sonnenblumenöl
40-80 g Rosmarin inkl. Stängel
10 getrocknete Chilis
3-4 Zehen Knoblauch

Alles sehr gut in einem Hochleistungsmixer vermischen, sodass Kräuter, Chilis und Knoblauchzehen „unsichtbar" sind. In eine leere Flasche geben.

GEWÜRZE

✿ Chilipaste

Knoblauch schälen. Alle Zutaten in einen Hochleistungsmixer geben. Schlagen, bis sich eine glatte Masse ergibt. In ein nicht zu kleines Gläschen mit Schraubdeckel geben. Im Kühlschrank mehrere Wochen haltbar.

30 g Knoblauch | 40 g Ingwer, ungeschält | 20 g Salz | 2 Red Pepper in Vinegar | 2 TL Korianderkörner
2 TL Kreuzkümmelsamen
1 TL gem. Piment | 2 EL Apfelessig (30 g) | 40 g grüne Rosinen
1/2 Zimtstange | 150 g Olivenöl

✿ Chilipaste grün *(Video auf Webseite)*

Alle trockenen ungemahlenen Zutaten in einem kleinen Mixer mit dem flachen Messer fein mahlen. Die anderen Zutaten hinzufügen, mit dem hochstehenden Messer 1 Min. schlagen.

1 TL Korianderkörner
1 TL Kreuzkümmelsamen
1 TL getr. Granatapfelkerne
2 Gewürznelken | 1/2 Lorbeerblatt
4 frische Chilis (ca. 8-10 g)
2 große Knoblauchzehen (20 g netto)
20 g Ingwer, ungeschält | 10 g Salz
1 EL Apfelessig (20 g) | 25 g grüne Rosinen | 80 g Sonnenblumenöl

Koriandersamen, Korianderpulver, Korianderblätter

⌀ Zitronenschaum *(Video auf Webseite)*

2 Zitronen

Zwei Zitronen schälen (in etwa so, wie man auch Apfelsinen schält), halbieren und den weißen Streifen in der Mitte entfernen. Dann mit einem scharfen Messer jede Hälfte in dünne Scheiben schneiden – dabei lassen sich die Kerne gut „herausfischen". Austretenden Saft und das gesamte Fruchtfleisch in den Mixbecher eines kleinen Mixers geben und sehr gut verschlagen. Es ergibt sich eine schaumige Masse. In einem Gefäß mit Schraubdeckel im Kühlschrank aufbewahren.

⌀ Basilikumkonzentrat

25 g Basilikum
5 g Salz
25 g Sonnenblumenöl

Basilikum inklusive Stängeln mit Salz und Öl in einem kleinen Mixer 50 Sek. lang mixen. In ein kleines, mit heißem Wasser ausgespültes Gläschen mit Schraubdeckel geben, zuschrauben und im Kühlschrank aufbewahren.

⌀ Chili Harrissari *(Video auf Webseite)*

1 TL Kümmel
75 g frische Chilischoten (netto = 35 g)
3 Knoblauchzehen (12 g)
2-3 TL Salz (15 g)
3 EL Sonnenblumenöl (30 g)
1/2 TL Honig (5 g)

Kümmel in einem kleinen Mixer sehr fein schroten. Chilischoten aufschneiden, Kerne entfernen und Stiele abschneiden, den Rest grob zerkleinern und zum Kümmel geben. Knoblauchzehen schälen, dritteln und mit den restlichen Zutaten in den Mixbecher geben. Sehr gut durchmixen. Ein kleines Glas mit heißem Wasser ausspülen, Chilipaste hineingeben. Sie ist sehr scharf! Also aufpassen, dass sie nicht an die Hand gelangt, falls sich dort eine kleine Hautverletzung befinden sollte. Oberfläche mit Öl begießen, damit sich kein Schimmel auf ihr bildet. Datum auf den Deckel schreiben. Im Kühlschrank aufbewahren. Hält im Kühlschrank mehr als 3 Jahre.
Tipp: Ohne Honig ist die Paste vegan. Wer es noch schärfer möchte, belässt die Kerne in den Chilischoten.

⌀ Peperonipaste Fingerschleck

20 g Ingwer, ungeschält | 4 Knoblauchzehen (15 g) | 10 g Salz
2 rote Peperoni (20 g)
1 TL gem. Koriander
1 TL gem. Kreuzkümmel
1 TL gem. Piment
1 EL Apfelessig (15 g)
20 g grüne Rosinen
75 g + 20 g Olivenöl

Alle Zutaten einschließlich der 75 g Olivenöl in den kleineren Becher eines kleinen Mixers geben. Mit dem hochstehenden Messer 1 Min. schlagen. Dabei den Becher gut festhalten, weil sonst die grünen Rosinen aufgrund ihrer Härte zu Unwuchten führen. In ein kleines Gläschen mit Schraubdeckel geben, mit 20 g Olivenöl bedecken, damit sich auf der Oberfläche kein Schimmel bilden kann.

GEWÜRZE

❧ Peperonipaste Trockenfrucht

Alle trockenen ungemahlenen Zutaten in den kleineren Becher eines kleinen Mixers geben und mit dem flachen Messer fein mahlen. Knoblauch schälen und die übrigen Zutaten hinzufügen. Mit dem hochstehenden Messer 1 Minute schlagen, dabei den Becher gut festhalten. In ein kleines Gläschen mit Schraubdeckel geben und im Kühlschrank aufbewahren.

2 große rote getr. Peperoni
2 Lorbeerblätter | 1 TL Korianderkörner | 1 TL Kreuzkümmelsamen
1 TL gem. Piment | 20 g Ingwer, ungeschält | 15 g Knoblauchzehen
10 g Salz | 1 EL Apfelessig (15 g)
20 g Rosinen | 75 g Olivenöl

❧ Scharfe Basilikumpaste Nr. 1

Knoblauch schälen, Datteln entsteinen. Die größeren Zutaten vorschneiden. Alle Zutaten in den kleineren Becher eines kleinen Mixers geben und mit dem hochstehenden Messer 1 Minute schlagen. Dabei gut festhalten. In ein kleines Gläschen mit Schraubdeckel geben.

20 g Knoblauchzehen | 2 Datteln (40 g netto) | 15 g Ingwer, ungeschält
2 grüne Chilis
50 g Basilikumkonzentrat
1,5 TL gem. Kreuzkümmel
1/2 TL gem. Koriander | 1/2 TL Salz
85 g Sonnenblumenöl

❧ Scharfe Basilikumpaste Nr. 2

Knoblauch schälen. Die größeren Zutaten vorschneiden. Alle Zutaten in den kleineren Becher eines kleinen Mixers geben und mit dem hochstehenden Messer 30 Sek. schlagen. Dabei gut festhalten. In ein kleines Gläschen mit Schraubdeckel geben.

15 g Knoblauchzehen | 35 g Ingwer, ungeschält | 2 grüne Chilis
50 g Basilikumkonzentrat | 35 g Honig
10 g Salz | 2 EL Apfelessig | 1/2 TL grüne Pfefferkörner | 60 g Olivenöl

❧ Scharfe Basilikumpaste Nr. 3

Die Paste ist sehr scharf! Knoblauch schälen. Alle Zutaten in den kleinen Becher eines kleinen Mixers geben, mit dem hochstehenden Messer 2 Min. durchschlagen. Nach 1 Min. das Gerät zwischendurch etwa 5-10 Min. abkühlen lassen. In ein mit kochendem Wasser ausgespültes passendes Gläschen mit Schraubdeckel umfüllen. Im Kühlschrank aufbewahren.

20 g Knoblauch (netto)
30 g Ingwer, ungeschält
12 g rote Chili (netto) | 12 g Salz
50 g Basilikumkonzentrat
30 g Apfelessig | 30 g Rosinen
85 g Sonnenblumenöl

Schwarzes Salz (Kala Namak)

Scharfe Basilikumpaste Nr. 4

30 g getr. Granatapfelkerne
20 g Knoblauch (netto)
15 g Ingwer, ungeschält
2 grüne Chilischoten (6 g) | 10 g Salz
55 g Basilikumkonzentrat
20 g Apfelessig | 20 g Rosinen
80 g Sonnenblumenöl

Granatapfelkerne in einem kleinen Mixer mit dem flachen Messer fein mahlen. Knoblauch schälen. Die anderen Zutaten hinzugeben, mit dem hochstehenden Messer 2 Min. durchschlagen, nach 1 Min. das Gerät erst einmal etwa 5-10 Min. abkühlen lassen, dann die 2. Minute schlagen. In ein mit kochendem Wasser ausgespültes passendes Gläschen mit Schraubdeckel geben. Im Kühlschrank aufbewahren.

Scharfe Basilikumpaste Nr. 5

1 TL Kreuzkümmelsamen
4 Lorbeerblätter | 1 TL Ajowan
1 Kardamomkapsel
1/2 Stange Zimt | 15 g Knoblauch (netto) | 20 g Ingwer, ungeschält
3 grüne Chilischoten
55 g Basilikumkonzentrat
30 g Apfelessig | 20 g grüne Rosinen
80 g Sonnenblumenöl

Trockene Zutaten in einem kleinen Mixer mit dem flachen Messer fein mahlen. Knoblauch schälen und mit den anderen Zutaten hinzugeben, mit dem hochstehenden Messer 2 Min. durchschlagen, nach 1 Min. das Gerät erst einmal etwa 5-10 Min. abkühlen lassen, dann die 2. Min. schlagen. In ein mit kochendem Wasser ausgespültes passendes Gläschen mit Schraubdeckel geben. Im Kühlschrank aufbewahren. Da kein Salz zugegeben wurde, ist die Paste nicht so lange haltbar, also eher 2-3 Wochen.

Scharfe Basilikumpaste Nr. 6

2 Gewürznelken | 2 Kardamomkapseln | 20 g Knoblauch (netto)
1 TL gem. Kreuzkümmel
1 große Dattel (netto 20 g)
15 g Ingwer, ungeschält
2 grüne Chili | 55 g Basilikumkonzentrat | 1 EL Apfelessig
1 gestr. TL Salz
80 g Sonnenblumenöl

Gewürznelken und Kardamom in der Schale in einem kleinen Mixer fein mahlen. Knoblauch schälen, Dattel entsteinen und mit den anderen Zutaten hinzugeben. Mit dem hochstehenden Messer 2 Min. durchschlagen, nach 1 Min. das Gerät erst einmal etwa 5-10 Min. abkühlen lassen, dann die 2. Min. schlagen. In ein mit kochendem Wasser ausgespültes passendes Gläschen mit Schraubdeckel geben. Im Kühlschrank aufbewahren.

GEWÜRZE

Wildkräuterpesto

Knoblauch schälen. Alle Zutaten in einen Hochleistungsmixer geben. Wenn nötig mit einem Stopfen oder Stößel gut durcharbeiten. Bei kleineren und schwächeren Geräten empfehle ich, die einzelnen Zutaten vorher einzeln gut zu zerkleinern und gemeinsam auf höchster Stufe durchzuarbeiten. In zwei Gläser mit Schraubdeckel geben (vorher mit kochendem Wasser ausspülen).

20 g Knoblauch netto
70 g Sonnenblumenöl
100 g Sonnenblumenkerne
125 g Rucola | 50 g Apfelessig
15 g Salz | 1 Apfel (100 g)
5 Ingwer, ungeschält
110 g Wildkräuter

Wirsingpaste

Knoblauch schälen. Wirsing grob vorschneiden. Wie für Wildkräuterpesto beschrieben fortfahren.

30 g Knoblauch | 250 g Wirsing
50 g Ingwer, ungeschält
1 TL gem. Kreuzkümmel
1 TL Korianderkörner | 15 g Salz
1 Red Pepper in Vinegar
1 TL Peperoni-Flocken
50 g Radieschen | 20 g Apfelessig
70 g Sonnenblumenöl

Colombo-Paste *(Video auf Webseite)*

Diese indische Gewürzpaste zeichnet sich dadurch aus, dass sie nicht sehr scharf ist. Somit eignet sie sich auch für Einsteiger, die wegen der Schärfe vor indischem Essen zurückschrecken. Ein einfaches Linsengericht mit einem Teelöffel Colombo-Paste aufgepeppt – und schon holen wir eine neue Geschmackserfahrung in unsere Küche!

Damit es beim Kochen schnell und glatt vorwärts geht, sollte man die Zutaten nach Nummern zusammenstellen, z.B. in kleinen Glasschüsselchen.

Öl (1) in einer kleinen Pfanne oder einem kleinen Wok erhitzen. Die Linsen (2) darin unter Rühren rösten, bis sie dunkler werden. Hitze reduzieren. Die Gewürze aus Gruppe (3) hinzufügen und 1. Min. mitrösten. Die Kokosraspeln (4) hinzugeben und unter Rühren bräunen, bis sie aromatisch duften. Dann noch kurz die Vanillestange (5) mit erhitzen. In einen Teller umfüllen, damit das Gemisch nicht nachbräunt, und abkühlen lassen. Mit einem kleinen Mixer gut schlagen. Haltbarkeit: ca. 3 Monate.

Tipp: Wer lieber ein Pulver hat als eine Paste, nimmt weniger Öl (z.B. 1 TL) und schlägt nicht zu lange im Mixer.

(1) 1 EL Sonnenblumenöl
(2) 2 EL gelbe Linsen
(3) 2 TL Korianderkörner
4 Lorbeerblätter
2 TL Kreuzkümmelsamen
4 Gewürznelken
5 schwarze Pfefferkörner
2 cm Zimtstange
(4) 3 EL Kokosraspeln
(5) 2 x 2 cm Vanillestange

CHUTNEYS & DIPS

Die deutsche Küche hat für diese Beilagen keinen eigenen Namen. Dips kommt aus dem Englischen (von dem Wort „to dip" = eintauchen), das Wort Chutney über das Englische aus dem Hindi von dem Wort „chatni" (= „naschen").

Umso reizvoller ist es, sich mit diesen Speisen auseinanderzusetzen. Sie schmecken zu kalten und warmen Gerichten und stellen – so wie ich sie hier vorstelle – häufig auch eine prima Resteverwertung dar. Ich benutze sie in meiner Küche auch gerne als Grundlage für warme Soßen oder Salatdressings. Viele der hier vorgestellten Chutneys sind roh, weil es dem Vollwertler ein wenig widerstrebt, Obst oder Gemüse stundenlang zu kochen. Dennoch finden sich in den nachfolgenden Rezepten auch für diese Zubereitungsweise einige Beispiele, denn wir essen ein Chutney als Gewürz, nicht als Hauptspeise.

Auch in diesem Kapitel können Sie mit eigener Fantasie schnell ein Chutney oder Dip mit all dem zaubern, was wir sowieso in der Küche haben, vorausgesetzt einmal, dass Ingwer und zwei, drei Gewürze zur Grundausstattung Ihrer Küche gehören.

Knuspriges Fladenbrot, dazu ein rohes Chutney: Schon steht eine köstliche Mahlzeit vor uns, die wenig Arbeit gemacht hat.

Avocadocreme mit schwarzem Salz (Kala Namak)

Chutneys

✿ Ananas-Chutney

250 g Ananas (netto)
150 g Rosinen
3 kleine Äpfel (265 g)
4 Zwiebeln (200 g netto)
20 g frischer Ingwer
2 TL gem. Orangenschale
3 gestr. TL Salz
1 geh. TL Curry
1/2 TL gem. Zimt
300 g Apfelessig
300 g Honig
evtl. 2 EL Rum

Herstellung ist beschrieben im Thermomix. Das Chutney lässt sich auch im Kochtopf und mit Hilfe eines Pürierstabs/Mixers herstellen. Ananas schälen, Rosinen, geviertelte Äpfel, geschälte und geviertelte Zwiebeln und Ingwer im Thermomix zerkleinern (1 Min. auf Stufe 4). Restliche Zutaten hinzugeben. Zum Kochen bringen und auf 90 °C köcheln lassen (Kochzeit insgesamt: 1 Std.). Leere Gläser mit Schraubverschluss mit kochendem Wasser füllen und das Wasser erst kurz vor dem Befüllen ausgießen. Die heiße Masse in die Gläser füllen, sofort den Schraubverschluss zuschrauben. Gläser auf dem Kopf gestellt abkühlen lassen. Im Kühlschrank bis zu 4 Wochen haltbar.

✿ Apfel-Zwiebel-Chutney

300 g Zwiebeln (brutto)
20 g frischer Ingwer
530 g Äpfel (6 kleine)
3 TL gem. Zitronenschale
3 TL Salz
1 geh. TL Curry
1/2 TL Zimt
300 g Apfelessig
275 g Honig
150 g Rosinen

Herstellung entweder wie oben im Thermomix oder mit Pürierstab/Mixer und Kochtopf.
Zwiebeln schälen, halbieren und mit Ingwer sowie den halbierten Äpfeln nochmals zerkleinern. Restliche Zutaten hinzugeben. Zum Kochen bringen und 40-45 Min. köcheln lassen.
Leere Gläser mit Schraubverschluss mit kochendem Wasser füllen und das Wasser erst kurz vor dem Befüllen ausgießen. Die heiße Masse in die Gläser füllen, sofort den Schraubverschluss zuschrauben. Gläser auf dem Kopf gestellt abkühlen lassen. Im Kühlschrank bis zu 4 Wochen haltbar.

✿ Aprikosenchutney

70 g getr. Aprikosen
100 g kochendes Wasser
1 gestr. TL Salz
1 geh. TL Zitronenkonzentrat (15 g)
1 gestr. TL gem. Koriander
1 TL gem. Ingwer (2 g)
1 EL Peperoni-Essig (10 g)
10 g Tomatenmark

70 g getrocknete kernlose Aprikosen im Becher eines kleinen Mixers mit 100 g kochendem Wasser übergießen. Becher abdecken, ca. 10-12 Std. quellen lassen. Die restlichen Zutaten dazugeben und 50-60 Sek. pürieren.
Wer einen Hochleistungsmixer hat, kann die dreifache Menge auf einmal herstellen. Haltbarkeit ca. 2 Wochen.

Chutneys

🌱 Aprikosensoße

Aprikosen in 100 g Wasser 8-10 Std. einweichen. Mit den restlichen Zutaten in einen Hochleistungsmixer geben. Auf kleiner Stufe schlagen, dann vorsichtig die Leistung hochdrehen, damit es nicht spritzt. In einem kleineren Mixer die halbe Menge nehmen. Haltbarkeit ca. 2 Wochen.

100 g getr. Aprikosen | 200 g Wasser
1 gestr. TL Peperoni-Salz
1,5 TL Salz | 1 geh. TL Tamarindenpaste | 2 TL gem. Kreuzkümmel
1 TL Curry | 1 TL Honig
1/2 TL Würzpfeffer

🌱 Birnenchutney frisch

Zum Prinzip der Herstellung siehe Ananas-Chutney.
Zwiebeln und Kohlrabi schälen, grob zerkleinern und mit Ingwer und geschältem Knoblauch im Mixer raffeln, die halbierten Birnen hinzugeben und alles nochmals zusammen zerkleinern. Restliche Zutaten hinzugeben. Zum Kochen bringen und insgesamt 45 Min. köcheln lassen.
Wie für den Ananas-Chutney beschrieben, umfüllen und lagern.

125 g Zwiebeln (netto)
160 g Kohlrabi (netto)
3 Knoblauchzehen
20 g frischer Ingwer
4 Birnen (530 g netto)
3 TL gem. Zitronenschale
3 TL Salz | 1 gestr. TL Curry
1/4 TL Zimt | 300 g Apfelessig
275 g Honig | 150 g Rosinen
3 Esslöffel Rum

Beispiel eines Fruchtchutneys

❀ Dattelchutney scharf

*4 größere, weiche Datteln (ca. 70 g netto) | 3 g Salz
1 geh. TL Zitronenkonzentrat (13 g)
1,5 TL gem. Koriander | 1 TL
gem. Ingwer (2 g) | 1 EL scharfer
Apfelessig | 100 g Wasser*

Datteln zerkleinern. Mit den restlichen Zutaten in den kleinen Becher eines kleinen Mixers geben und 50 Sek. mixen. Wer einen Hochleistungsmixer hat, kann die drei- bis vierfache Menge zubereiten.

❀ Dattelchutney mild

*4 größere, weiche Datteln (ca. 70 g netto) | 1 Prise Salz | 1 Prise gem. Koriander | 1 TL Mangopulver | 1-2 Prisen gem. Chili
10 g Apfelessig | 50 g Wasser*

Datteln zerkleinern. Mit den restlichen Zutaten in den kleinen Becher eines kleinen Mixers geben und 50 Sek. mixen. Wer einen Hochleistungsmixer hat, kann die drei- bis vierfache Menge zubereiten.

❀ Dattelchutney supersüß

*5 größere, weiche Datteln (ca. 100 g netto) | 1 knapper TL Salz
1 geh. TL Zitronenkonzentrat (12 g)
80 g Edles CC-Mus | 2 TL Chili-Essig | 2 TL Apfelessig | 1/2 TL
gem. Koriander | 40 g Wasser
5 g frischer Ingwer, ungeschält*

Herstellung in einem Hochleistungsmixer, es sollte aber auch in einem anderen Mixer funktionieren, dann lieber 1 TL Ingwerpulver statt frischen Ingwer nehmen. Datteln entsteinen und zerkleinern. Mit den restlichen Zutaten in den Mixer geben und zu einer glatten Paste schlagen lassen (Stößel zu Hilfe nehmen).

❀ Dattelsoße

*2 größere weiche Datteln
1/4 TL Peperoni-Salz
1/2 TL Tamarindenpaste
1 TL gem. Koriander
40 g + 20 g Wasser*

Datteln entsteinen und zerkleinern. Mit den restlichen Zutaten (außer 20 g Wasser) in den kleinen Becher eines kleinen Mixers geben und gut durchmixen. Rest Wasser hinzufügen und nochmals gut durchmischen.

Hinweis: Ein gutes Rezept, um eine indische Soße auch in kleinen Mengen herstellen zu können. Ich bin damit für zwei Portionen ausgekommen. Chutneys sind mir einfach immer zu viel, vor allem, wenn ich die Zutaten nicht kochen möchte.

CHUTNEYS

✿ Fruchtchutney

Datteln entsteinen. Zwiebel schälen und vierteln. Mit Trockenpflaumen, Rosinen, geviertelten Äpfeln und Ingwer im Mixer zerkleinern (Thermomix z.B. 40 Sek. auf Stufe 4). Banane, Zitronenschale, Gewürze, Salz, Essig und Honig hinzugeben und nochmals 20 Sek. zerkleinern. Zum Kochen bringen und insgesamt 1 Std. köcheln lassen. Leere Gläser mit Schraubverschluss mit kochendem Wasser füllen und das Wasser erst kurz vor dem Befüllen ausgießen.
Die heiße Masse in die Gläser füllen, sofort den Schraubverschluss aufschrauben. Gläser auf den Kopf gestellt abkühlen lassen. Im Kühlschrank aufbewahren.
Laut Gail Duff (siehe Literaturverzeichnis) hält sich die Masse kühl und trocken gelagert bis zu 1 Jahr.

200 g Datteln
1 Zwiebel (brutto 100 g)
50 g getr. Pflaumen ohne Stein
150 g Rosinen
2 kleine Äpfel (200 g)
8 g frischer Ingwer (brutto)
1 Banane (netto 120 g)
2 geh. TL gem. Zitronenschale
1 TL Delikata
1 TL Curry
2 geh. TL Salz
300 g Apfelessig
200 g Honig

✿ Feigenchutney

Feigen über Nacht im Wasser einweichen. Feigen mit dem Einweichwasser in einen Hochleistungsmixer geben. Auf kleiner Stufe schlagen, dann allmählich auf höchste Leistung drehen. Die restlichen Zutaten zugeben und auf höchster Stufe eine Minute glatt schlagen. Eventuell mit dem Stößel nachhelfen, wenn sich eine Luftblase über dem Messer bildet und sich „nichts mehr tut". In Gläser mit Schraubdeckel umfüllen und im Kühlschrank aufbewahren.

290 g getrocknete Feigen
540 g Wasser | 1 TL Peperoni-Salz
1 gehäufter TL Salz
2 TL Tamarindenpaste
2 TL gem. Kreuzkümmel
1 TL Curry | 1 gestr. TL gem. Zimt
1 TL Würzpfeffer

✿ Gesteckter Rotchutney

Knoblauch schälen. Gemüse und Apfel grob vorschneiden. Alle Zutaten in einen Hochleistungsmixer geben und bei steigender Geschwindigkeit schlagen, zum Schluss auf der Höchststufe, bis sich eine glatte, weiche Creme ergibt. In zwei Honiggläser füllen.
Tipp: Eignet sich gut als Grundlage für Dressings, lecker zum Abschmecken von Gemüsegerichten und, wer es scharf mag, auch als Aufstrich.

20 g Knoblauch (netto)
30 g Ingwer | 50 g Sonnenblumenöl | 25 g Apfelessig
2-3 TL Salz | 245 g Rotkohl
140 g Steckrübe (netto) | 1 Red Pepper in Vinegar | 2 Äpfel (190 g)

Rotkohlchutney

✿ Krautchutney

25 g Knoblauch (netto)
90 g Rotkohl frisch
1 Apfel (130 g netto)
30 g Ingwer | 15 g Salz
250 g Rotweiß-Sauerkraut
90 g Sonnenblumenöl
1 Red Pepper in Vinegar
1 TL gem. Kreuzkümmel

Knoblauch schälen. Rotkohl und Apfel grob vorschneiden. Alle Zutaten in einem starken Mixer schlagen, bis sich eine glatte, weiche Creme ergibt. In zwei Honiggläser füllen. Hält sich im Kühlschrank mehrere Wochen.

✿ Kokosnusschutney

Für die Mixermischung:
1 EL Urad Dal oder gelbe Linsen (10 g)
30 g Cashewnussbruch
4 g Ingwer, ungeschält
13 g Zitronenkonzentrat
15 g Rosinen
1 cm Peperoni in Essig
1/2 TL Kreuzkümmel
1/2 TL Salz (3 g)
60 g Kokosraspeln
120 g Wasser

Für die Pfanne:
2 EL Traubenkernöl
1 TL Kreuzkümmel
2 TL Urad Dal oder gelbe Linsen
1 TL braune Senfkörner
1 getr. Chilischote
1 Lorbeerblatt
2 Prisen Asafoetida

Für die Mixermischung: Den Esslöffel Linsen ohne Fett in einer entsprechend geeigneten Pfanne hellbraun rösten. Mit den restlichen Mixerzutaten in einen Hochleistungsmixer geben und zu einer glatten Masse schlagen. In eine Schüssel geben.

Für die Pfanne: Öl auf großer Einstellung erhitzen. Die restlichen Zutaten darin bei mittelstarker Hitze anbraten, gelegentlich umrühren und den Deckel auflegen, wenn es anfängt zu spritzen. Wenn die Linsen hellbraun sind, Pfanne vom Herd nehmen. Nach Wunsch Lorbeerblatt und Chili entfernen, Rest sofort zu der Mixermischung geben und gut verrühren. Nach Wunsch kalt stellen.
Wer es gerne scharf mag, nimmt mehr Chili. So, wie hier zubereitet, ist das Chutney recht mild.
Tipp: Wer frische Curryblätter bekommen kann, verwendet drei bis vier statt des Lorbeerblatts.

Rhabarberchutney, ähnlich wie im Buch beschrieben

Rosinensoße

50 g grüne Rosinen
130 g Wasser
1-2 MS Peperoni-Salz
1/2 TL Rauchkräutersalz
1 gestr. TL Tamarindenpaste
1 TL gem. Kreuzkümmel

Rosinen 3-4 Std. im Wasser einweichen. Mit den restlichen Zutaten in den kleinen Becher eines kleinen Mixers geben und gut durchmixen.

Rhabarberchutney

235 g Rhabarber (netto)
2 Äpfel (195 g)
170 g Zwiebel (netto)
6 g Knoblauch (netto)
65 g Sellerie
60 g Feigen
100 g Rosinen
3 TL Zitronensalz
1/2 TL gem. Muskatnuss
300 g Apfelessig
250 g Honig

Rhabarber und Äpfel in grobe Stücke schneiden. Zwiebel schälen und halbieren, Knoblauch schälen. Sellerie klein schneiden, von den Feigen die Stiele entfernen. Gemüse, Obst und Trockenobst zerkleinern (möglichst mit einer Küchenmaschine). Restliche Zutaten hinzugeben. Zum Kochen bringen und auf kleiner Flamme köcheln lassen (Kochzeit insgesamt: 1 Std.). Leere Gläser mit Schraubverschluss mit kochendem Wasser füllen und das Wasser erst kurz vor dem Befüllen ausgießen. Die heiße Masse in die Gläser füllen, sofort den Schraubverschluss aufschrauben. Gläser auf dem Kopf gestellt abkühlen lassen. Im Kühlschrank aufbewahren.

Restechutney

10 g Knoblauch (netto)
115 g Datteln (netto)
75 g Wasser
20 g Sonnenblumenöl
40 g Apfelessig
200 g rohe Gemüsereste (z.B.
170 g Blumenkohlgrün und 30 g
Rosenkohl)
40 g Mandeln
45 g Edles CC-Nussmus
10 g Ingwer, ungeschält
4 g Peperoni mit Kernen
6 g Peperoni-Essig
1 TL gem. Koriander
1 geh. TL Salz
1 MS gem. Zimt

Für einen starken Mixer muss man den Knoblauch nicht schälen, sondern nur die harten Stücke unten abschneiden, denn die Schale wird mit zermahlen und unsichtbar.

Sonst den Knoblauch schälen. Datteln entsteinen. Alle Zutaten in einen Hochleistungsmixer geben, die Flüssigkeiten zuerst. 30-35 Sek. mit langsam ansteigender Geschwindigkeit schlagen.

In ein großes, mit kochendem Wasser ausgespültes Glas geben und im Kühlschrank aufbewahren.

Schmeckt auch lecker in Soßen als Würzmittel.

✿ Rotkohlchutney Nr. 1

Knoblauch schälen, die größeren Zutaten grob vorschneiden. Die Zutaten in einen Hochleistungsmixer geben und mit dem Stößel nachhelfen, bis das Chutney schön glatt ist. Wer keinen Hochleistungsmixer hat, sollte zuvor die Aprikosen in Wasser einweichen.

2 Knoblauchzehen (6 g)
20 g Peperoni-Essig
15 g Distelöl
150 g Rotkohl
10 g Ingwer, ungeschält
1 kleiner Apfel (90 g)
1 gestr. TL Salz
70 g getr. Aprikosen
2 MS gem. Zimt
1 TL gem. Koriander

✿ Rotkohlchutney Nr. 2

Zubereitung wie für Nr. 1 beschrieben.

40 g Ingwer, ungeschält
20 g Knoblauch
1 TL gem. Kreuzkümmel
15 g Salz
140 g Rotkohl
1 Apfel (130 g)
50 g Apfelessig
130 g Sonnenblumenöl
2 Red Pepper in Vinegar
1/2 TL gemahlene Vanille
1/2 gestr. TL Zimt

✿ Walnuss-Chutney

Ergibt eine Portion für eine Mahlzeit.

Walnüsse grob zerkleinern. Mit Paste, Peperoni, 25 g Joghurt und Wasser im Mixer pürieren. Mit weiteren 25 g Mandel-Joghurt und den restlichen Zutaten verrühren. In eine kleine Schüssel umfüllen und evtl. mit Walnüssen dekorieren.

25 g Walnüsse
1 TL Knobl.-Ingwer-Paste
1 cm Peperoni
50 g Mandel-Joghurt
10 g Wasser
¼ TL Paprikapulver edelsüß
1 Prise Chilipulver
1-2 Prisen Kräutersalz
einige Walnussstücke als Dekoration

🌿 Zwiebelchutney kühl

20 g Knoblauch geschält
1 Zwiebel (55 g netto) | 20 g Ingwer, ungeschält | 40 g scharfe Soße
1 TL Salz (6 g) | 1 EL Apfelessig (15 g) | 1 TL Lavendelcurry
1 TL Mangopulver
1 TL gem. Kreuzkümmel
70 g Sonnenblumenöl

Knoblauch abziehen, Zwiebel schälen und in Stücke schneiden. Alle Zutaten in den kleinen Becher eines kleinen Mixers geben, 30-35 Sek. mit dem hochstehenden Messer schlagen. Schmeckt auch lecker als Würzmittel in Soßen.

🌿 Zucchinichutney

50 g Knoblauch geschält
75 g Apfel | 110 g Zucchini
50 g Ingwer, ungeschält
25 g Scharfe Soße | 2 Red Pepper in Vinegar | 2 TL Salz (15 g)
2 EL Apfelessig (30 g) | 1 TL gem. Kreuzkümmel | 150 g Olivenöl

Knoblauch schälen, Apfel und Zucchini grob vorschneiden. Alle Zutaten in einen Hochleistungsmixer geben, 30-35 Sek. mit langsam ansteigender Geschwindigkeit schlagen. In zwei mit kochendem Wasser ausgespülte Gläser (z.B. ein Honigglas und ein kleineres Glas) geben und im Kühlschrank aufbewahren.

Merretichcreme

CHUTNEYS

Dips

🖉 Avocadocreme

In einem kleinen Mixer Salz im heißen Wasser auflösen. Mit den restlichen Zutaten pürieren.

Schmeckt übrigens besonders lecker zusammen mit Chinakohl, Möhrenscheiben und etwas frisch gemahlenem schwarzen Pfeffer.

1 erbsengroßes Stück Schwarzes Salz
60 g heißes Wasser
1 Avocado (135 g netto)
Saft von 1/2 Limone (20 g)
1/2 TL Salz

🖉 Meerrettichcreme

Diese Creme ist nicht ganz so scharf, wie wir das sonst von selbst eingemachtem Meerrettich kennen, vor allem frisch nicht. Deshalb lässt sie sich besser dosieren. So gerne ich nämlich Meerrettich esse, mag ich es nicht, wenn der scharfe Geschmack das Essen dominiert. Meerrettich je nach Stärke des Mixers vorzerkleinern, d.h. bei einem sehr starken Mixer reicht es, 0,5-cm-große Scheiben zu schneiden und diese zu vierteln. Bei kleineren Mixern ist feines Reiben zu empfehlen. Zerkleinerten Meerrettich mit den anderen Zutaten zu einer feinen Paste mixen.

Wenn der Mixer nicht sehr stark ist, kann es sein, dass kleine Stückchen verbleiben.

1 Stück Meerrettich (brutto: 150 g, netto: 110 g)
60 g Apfelessig
40 g Sonnenblumenöl
1,5 TL Salz
1 TL Honig

🖉 Salbeicreme

Zutaten in einem Hochleistungsmixer zu einer feinen Paste verarbeiten. In leere Schraubgläser umfüllen. Bei Verwendung eines kleineren und schwächeren Mixers nur mit der Hälfte oder einem Drittel der Zutaten arbeiten.

85 g frischer Salbei (mit Stängel)
20 g Ingwer, ungeschält
85 g Cashewnüsse
10 g Salz
85 g Olivenöl

🖉 Liebstöckelcreme

Gut als Grundlage für Dressings, lecker zum Abschmecken von Gemüsegerichten, und wer es scharf mag: auch als Aufstrich.

Knoblauch schälen. Weißkohl, Liebstöckel und Apfel grob vorschneiden. Alle Zutaten in einen Hochleistungsmixer geben und bei steigender Geschwindigkeit schlagen, zum Schluss auf der Höchststufe, bis sich eine glatte, weiche Creme ergibt. In zwei Honiggläser füllen. Wer einen kleinen Mixer verwenden möchte, drittelt die Menge.

15 g Knoblauch netto
125 g Weißkohl
110 g Liebstöckel
1 Apfel (185 g)
50 g Sonnenblumenöl
150 g scharfe Soße
30 g Apfelessig
20 g Ingwer
12 g Salz

61

BROTE

Im vorliegenden Kapitel können indische und Vollwertküche sich umarmen. Die indische Küche bietet uns eine Vielzahl von Broten an, das passt auch in die Erlebniswelt der vollwertigen Ernährung. Der europäische Vollwertler kennt nicht diese reiche Auswahl an Fladen. Vor allem die Ballonbrote sind immer ein Hingucker. Dabei sind auch sie sehr simpel in der Herstellung. Besucher sind stets fasziniert von dem leckeren chips-ähnlichen Geschmack.

Auch die anderen Brotsorten, ob weich, knusprig, fest, grob oder fein, sind köstlich. Fladenbrote können blitzschnell und einfach hergestellt werden. Manchmal besteht der Teig nur aus Mehl, Wasser und Salz. Einziger Unterschied zum Brot, wie wir es kennen: Die meisten Sorten schmecken nur frisch so richtig lecker. Aber das macht nichts: Bei mir und meinen Gästen blieb noch nie ein indisches Brot liegen. Die Unterkapitel richten sich nach indischen Brotnamen, mit denen ich experimentiert habe. Da Indien ein riesiges Land mit verschiedenen (Ess-)Regionen ist, können sich gelegentlich Bezeichnungen überschneiden.

Chapatis und andere Fladenbrote

✿ Chapati Happy 62

50 g Dinkel (Fallzahl 62)
1/2 TL Kräutersalz
1 EL Sonnenblumenöl
2 EL Wasser
1 EL Erdnussöl zum Braten

Dinkel fein mahlen. Mit dem Salz vermischen, Öl und Wasser hinzugeben. Erst mit einem Löffel verrühren, dann zwischen den Händen 5 Min. kneten. Einmal zwischendurch die Hände mit Wasser befeuchten. Abgedeckt ca. 25 Min. im Kühlschrank ruhen lassen. Auf glatter Fläche 2-3 mm dick ausrollen. Öl in einem Tava (einer flachen Pfanne) erhitzen, Fladen hineingeben. Mit dem Pfannenwender an den Boden drücken. Auf jeder Seite 2 Min. braten, dabei die Hitze ein wenig reduzieren.

✿ Rotkornweizen-Chapati

50 g Rotkornweizen
10 g Dinkel
1 Prise Salz
1 TL Sonnenblumenöl
35 g Wasser
Mehl zum Ausrollen
1 EL Erdnussöl zum Braten

Getreide fein mahlen. Mit Salz, Öl und Wasser gründlich verkneten. Zu einer kleinen Kugel formen und gut abgedeckt 30-60 Min. ruhen lassen. Dann halbieren (je 42 g). Eine Hälfte zu einer Kugel formen, dann auf leicht bemehlter glatter Oberfläche sehr dünn ausrollen (ca. 20 cm Durchmesser). Mit der 2. Hälfte wiederholen.

Tava mit Öl einreiben (mache ich mit Hilfe eines weichen Küchenpapiertuchs) und auf nicht allzu großer Einstellung erhitzen. Den Fladen hineingeben, kurz anbraten und mit einem Spatel vom Pfannenboden lockern. Die Oberseite mit einem Teelöffel Öl bepinseln, umdrehen. Mit dem Spatel am Rand auf den Fladen drücken. Zweite Seite ebenfalls mit Öl bepinseln und nochmals drehen. Weiter braten. Passt z.B. gut zu Linsengerichten.

✿ Sauerteigflädle

50 g fast völlig trockenes Sauerteigbrot
25 g Rundkorn-Naturreis
80 g Wasser
1 gute MS Vindaloo-Paste
20 g Cashewnussmus
Erdnussöl zum Braten

Brot in Stücke brechen, wenn das noch geht. Mit dem Reis in einem Hochleistungsmixer ganz fein schlagen (ohne Hochleistungsmixer Brot im Wasser einweichen und Reis mahlen). In eine Schüssel umfüllen. Mit den restlichen Zutaten zu einem weichen Teig verarbeiten. Abdecken und ruhen lassen.

Eine beschichtete Pfanne mit Öl einreiben und erhitzen (ein Tropfen Wasser muss „springen"). Zwischen den immer wieder mit Wasser benetzten Händen kleine Fladen bilden, ca. 3-4 mm dick, und in die Pfanne legen. Die obere Seite mit Sonnenblumenöl einpinseln, drehen und nach einer Weile auch die andere Seite einpinseln und wieder drehen. Braten, bis die Fladen auf beiden Seiten dunklere Stellen haben.

BROTE

✿ Einfaches Fladenbrot

Dinkel mahlen, mit Öl, Wasser, Salz und Kreuzkümmel verrühren und dann verkneten. Zu einer Kugel formen und zugedeckt ruhen lassen.
Den Fladenteig flach ausrollen (Durchmesser etwa 15 cm). Ein Stück Haushaltspapier mit etwas Öl befeuchten, damit eine kleine Keramikpfanne auswischen, heiß werden lassen. Fladenteig in die Pfanne geben, auf jeder Seite bei nicht zu kleiner Einstellung 2-3 Min. braten.

50 g Dinkel
2 EL Sonnenblumenöl
25 g Wasser
1 Prise Salz
1/2 TL gem. Kreuzkümmel
etwas Öl zum Bestreichen

✿ Kichererbsen-Fladen

Kichererbsensprossen, Salz, Öl, Wasser, Sesam und Kreuzkümmel in einem kleinen Mixer zu einer glatten Paste schlagen. Gelbweizen fein mahlen und mit der Paste vorsichtig verkneten. Das ergibt einen sehr weichen Teig. Mindestens 15 Min. ruhen lassen, dann mit Hilfe von Streumehl zu zwei Fladen ausrollen (2-3 mm dick). Erdnussöl in der Pfanne erhitzen, den ersten Fladen hineingeben. Hitze nun etwas reduzieren. Falls sich Blasen bilden, den Rand des Fladens mit einem Holzspatel herunterdrücken. Nach ca. 2 Min. umdrehen.

55 g Kichererbsensprossen (Keimzeit ca. 3 Tage)
1 gestr. TL Kräutersalz
10 g Sonnenblumenöl
25 g Wasser
10 g Sesam
2 Prisen gem. Kreuzkümmel
45 g Gelbweizen
2-3 EL Erdnussöl zum Ausbacken

1 Würfel Bio-Hefe (42 g)
500 g Wasser
680 g Dinkel
250 g Hafer
1 EL Anis
1 TL Fenchel
1 EL Salz (20 g)

Zum Bestreuen:
Sesam
Schwarzkümmel

Haferfladen

Hefe mit Wasser verrühren. Getreide mischen, fein mahlen. Gewürze 2 x flocken oder grob schroten, mit dem Salz unter das Getreide rühren und alles zu dem Hefewasser geben. 10 Min. manuell oder 7 Min. in der Maschine kneten. Teigschüssel in eine große Plastiktüte geben und 45 Min. gehen lassen. 2 Min. kneten, mit der Hand auf einem mit Dauerbackfolie ausgelegten Backblech auseinander streichen. Vorsichtig in rechteckige Stücke schneiden. Mit Wasser einsprühen, mit Sesam und Schwarzkümmel bestreuen. Das Blech in eine große Plastiktüte geben und den Teig 20 Min. ruhen lassen. In dieser Zeit den Backofen auf 250 °C (Umluft) vorheizen, auf den Boden eine ofenfeste Form mit Wasser stellen. 20-25 Min. backen. Die Schnitte nachschneiden, als einzelne Stücke auf ein Kuchengitter geben und mit Wasser einsprühen. Auskühlen lassen.

20 g Emmer
40 g Dinkel
½ TL Salz
10 g weißer Mohn
1 TL schwarze Zwiebelsamen
1 TL Trockenhefe (2 g)
5 g Sonnenblumenöl
25 g Wasser
Öl zum Bestreichen
1-2 TL Erdnussöl zum Braten

Hefeflädchen

Getreide fein mahlen, mit Salz, Mohn, Samen und Trockenhefe verrühren. Öl und Wasser hinzugeben, gut 5 Min. verkneten, dabei gelegentlich die Hände ganz leicht einölen. Teig zu einer Kugel unter Spannung formen und gut abgedeckt – z.B. in einem geschlossenen Plastiktopf – ca. 20 Min. gehen lassen.
Teig in zwei Portionen (je 55 g) teilen, jeweils dünn ausrollen. Mit etwas Öl bestreichen, von zwei Seiten her zusammenklappen, den Streifen wieder mit etwas Öl bestreichen und von beiden Seiten zu einem Rechteck klappen. Wieder dünn ausrollen und beiseite legen, den zweiten Fladen genauso ausrollen. Eine Pfanne, wenn es geht ohne Fett, heiß werden lassen, Fladen hineingeben, braten, bis er unten leicht gefärbt ist. Oberseite leicht mit Öl einpinseln, drehen und nochmals braten. Diesen Vorgang nochmals wiederholen.

20 g Rundkorn-Naturreis
20 g Dinkel
1 Prise Salz
1 TL Scharfe Basilikumpaste Nr. 3
2 EL Wasser
1 EL frischer geh. Koriander
2 TL Sonnenblumenöl

Korianderfladen

Getreide fein mahlen. Mit Salz, Paste und Wasser zu einem weichen Teig kneten. Koriander einarbeiten. Als Kugel geformt abgedeckt mindestens 1 Stunde ruhen lassen.
Eine beschichtete Pfanne heiß werden lassen.
Teig mit Streumehl zu einem Fladen (ca. 13 cm Durchmesser) ausrollen, in die Pfanne gleiten lassen, nach einer Weile den Rand mit einem Teelöffel Öl bestreichen. Wenden, und auf der anderen Seite wiederholen. Noch einige Male wenden.

✿ Linsenfladen

20 g Urad Dal | 40 g Weizen
1 TL Kräutersalz
½ TL gem. Kreuzkümmel
15 g Sonnenblumenöl
30 g Wasser
1-2 EL Erdnussöl zum Ausbacken

Urad Dal und Weizen fein mahlen, mit den anderen Teigzutaten gut verkneten. Als Kugel abgedeckt eine halbe Stunde ruhen lassen. Zu zwei nicht zu dünnen Fladen ausrollen, in etwas Öl von beiden Seiten ausbraten.

✿ Blätterflädchen

30 g Dinkel
1 TL gelbe Linsen
1 Prise Salz
1 Prise Ajowan
1 EL Wasser (12 g)
1 TL Sonnenblumenöl
Öl zum Bestreichen

Dinkel mit Linsen fein mahlen, mit Salz und Ajowan mischen. Mit Wasser und Sonnenblumenöl zu einem festen, elastischen Teig verkneten. Sollte der Teig zu fest sein, mit nassen Händen weiter kneten. Bei diesen kleinen Mehlmengen sind die Wasserangaben nicht so präzise möglich. Zu einer Kugel formen und abgedeckt 10-20 Min. ruhen lassen.

Zu einem dünnen Fladen ausrollen (ca. 12-13 cm im Durchmesser). Mit einem in Öl getauchten Finger oder einem Pinsel mit Öl ganz dünn bestreichen. Auf die Hälfte klappen, oben mit Öl bestreichen. Ein Drittel von oben, ein Drittel von unten darüber klappen. Erneut ausrollen. Oberfläche mit Öl einpinseln, und wie eine Zigarre aufrollen. Dann ganz eng zu einer Schnecke aufdrehen, erneut zu einem runden Fladen ausrollen.

Eine kleine beschichtete Pfanne dünn mit Öl bestreichen, erhitzen. Den Fladen hineingeben. Sobald er anfängt, kleine Blasen zu bilden, umdrehen. Wechselseitig braten, bis er auf beiden Seiten braune Flecken hat.

✿ Fladenpfannenbrot (Chapati)

25 g Buchweizen
15 g Dinkel
1 Prise Salz
20 g Wasser
Erdnussöl zum Braten

Getreide fein mahlen, mit den restlichen Zutaten zu einem Teig verkneten. Zu einer Kugel formen und mindestens 10 Min. ruhen lassen. Teig zu einem dünnen Kreis mit einem Durchmesser von ca. 11 cm ausrollen. Das sollte auch ohne Mehl gehen.

Eine kleine beschichtete Pfanne (20 cm) mit Öl einpinseln, das Fett erhitzen. Dann den Fladen hineingeben, die Oberseite mit Öl einpinseln. Den Rand mit einem Pfannenwender herunterdrücken. Nach ca. 2 Min. wenden, die Oberseite wieder mit Öl einpinseln. Es sollten sich kleine Blasen bilden. Weitere 2 Min. braten. Eventuell nochmals wenden, bis der Fladen „trocken" aussieht und braune Flecken hat. In indischen Kochbüchern wird empfohlen, die fertigen Fladen (wenn mehrere gebraten werden) bis zum Verzehr in Alufolie einzuschlagen, um sie warm zu halten.

BROTE

✺ Hefefladen

Hefe im Wasser verrühren. Dinkel fein mahlen, mit Salz mischen und gründlich mit dem Hefewasser verkneten. Zu einer Kugel formen und abgedeckt 30 Min. gehen lassen. Mit Hilfe von Mehl zwei 3-4 mm dicke Fladen ausrollen, mit der Gabel mehrmals einstechen. Mit dem Finger etwas Öl in der Pfanne verteilen und erhitzen. Fladen hineingeben, Blasen vorsichtig flach drücken. Auf der Oberfläche 1 TL Öl verstreichen, drehen. Noch ein paar Mal drehen. Zweiten Fladen genauso zubereiten.

1/4 Würfel Bio-Hefe (9 g)
60 g Wasser
100 g Dinkel
1 Prise Salz
Erdnussöl zum Braten

✺ Dreiecksfladen

Hefe mit 100 g Wasser in einer kleinen Schüssel verrühren. Getreide mischen und fein mahlen. Salz und Gewürze unterrühren. Hefewasser und 210 g Wasser in eine Knetmaschine geben, die Mehlmischung obenauf schütten und 2,5-3 Min. kneten lassen. Gut mit der Hand durcharbeiten, in eine Peng-Schüssel geben und ca. eine Stunde gehen lassen (der Deckel war dann stark gewölbt, aber noch nicht „geploppt").

Nochmals von Hand durchkneten und 10 gleiche Teile auswiegen (bei mir je 84 g). Mit jedem Teil wie folgt vorgehen: Kurz durchkneten, mit den Händen in Handtellergröße auseinander drücken, dünn mit Öl bepinseln oder bestreichen, auf die Hälfte klappen. Oberfläche wieder mit Öl bepinseln, wiederum auf die Hälfte klappen (also jetzt 1/4 Kreis). Mit dem Teigroller dreieckig auseinander rollen. Nebeneinander auf zwei mit Dauerbackfolie ausgelegte Backbleche legen, einsprühen und mit Gärfolie abdecken.

Ofen (Umluft) in 20 Min. auf 250 °C vorheizen, in dieser Zeit gehen die Fladen. Auf den Boden eine ofenfeste Form mit Wasser stellen. Die Hälfte der Fladen mit Schwarzkümmel, die anderen mit weißem Mohn bestreuen und in den Ofen schieben. 25 Min. bei 175 °C backen, Klopfprobe machen.

Auf ein Kuchengitter geben, einsprühen und auskühlen lassen.

Tipp: Schmecken sehr lecker in ein wenig Öl gedipt!
Wer keine Knetmaschine hat, kann natürlich auch von Anfang an mit der Hand kneten.

1/2 Würfel Bio-Hefe (20 g)
100 g + 210 g Wasser
220 g Dinkel
280 g Sechskorngetreide
2 gestr. TL Salz
1 TL gem. Kurkuma
1/2 TL Asafoetida
1/2 TL Hanf-Curry
1 TL gem. Kreuzkümmel
1/2 TL gem. Koriander
1-2 EL Öl

Zum Bestreuen:
Weißer Mohn (Khus Khus)
Schwarzkümmel

69

1/2 Würfel Bio-Hefe
330 g Wasser
250 g Emmer
250 g Gelbweizen
1 TL Korianderkörner
1 TL Kreuzkümmelsamen
2 TL Salz
1 gestr. TL Kurkuma
2 EL Arganöl aus gerösteten
Nüssen
1-2 EL schwarze Zwiebelsamen

✐ Indisch gewürzte Fladen

Ergibt 12 viereckige Fladen.

Hefe zerkrümeln, mit dem Wasser in eine Knetmaschine geben und auf niedriger Stufe 1 Minute verrühren. Getreide mischen, mit den Samen mahlen. Die Samen in die erste Portion Getreide geben, damit der Rest Getreide das Aroma „auswaschen" kann. Salz und Kurkuma unterrühren; Mehlmischung und Öl zum Hefewasser geben und 2,5 Min. kneten. In eine Peng-Schüssel geben, mit der nassen Hand durchkneten, zu einer Kugel unter Spannung formen und in der geschlossenen Schüssel ca. 1 Stunde gehen lassen.

Mit nasser Hand erneut durchkneten, auf ein mit Dauerbackfolie ausgelegtes Backblech geben und mit nassen Händen auseinander drücken. Der Teig sollte ca. 0,7-1 cm hoch sein, das Blech ist also nicht ganz voll. Mit den Zwiebelsamen bestreuen. Mit einem Teigschaber 12 möglichst gleich große Teigstücke „schneiden". Mit Wasser besprühen, Blech in eine große Plastiktüte schieben und 20 Min. gehen lassen. In dieser Zeit den Ofen auf 250 °C (Umluft) vorheizen; auf dem Boden steht eine ofenfeste Form mit Wasser.

Mit Wasser besprühen, in den Ofen schieben und 25 Min. bei 200 °C backen (Klopfprobe). Auseinander brechen und auf einem Kuchengitter auskühlen lassen.

Hinweis: Ich habe den Teig im Thermomix zubereitet, der sich für Mehlmengen bis zu 500 g hervorragend eignet. Allerdings sollte man dann mit der Flüssigkeitsmenge etwas zurückhaltend sein: Nachträglich Wasser einarbeiten ist leichter und für den Teig besser, als ihn später durch Mehlzugaben fester zu machen.

BROTE

Mein erstes indisches Fladenbrot

Dinkel fein mahlen. Mit den anderen Zutaten zu einem weichen Teig verkneten, zu einer Kugel geformt etwa 15 Min. ruhen lassen. Nochmals durchkneten, zu einem Fladen von 12-13 cm ausrollen. Eine passende Pfanne ohne Fett sehr heiß werden lassen. Mehl vom Fladen abklopfen und Fladen in die Pfanne geben. 2 Min. braten, Rand mit Öl bestreichen, umdrehen. Hitze etwas herunterdrehen, wiederholen. Sind auf beiden Seiten dunkelbraune Flecken zu sehen, ist der Fladen fertig.

45 g Dinkel
1 TL Sonnenblumenöl
2 EL Wasser
2 Prisen Kräutersalz
etwas Mehl zum Ausrollen
2 TL Erdnussöl zum Braten

Haferdreiecke

Getreide mischen und mahlen. Mit den restlichen Zutaten verkneten, bis der Teig nicht mehr an der Hand klebt. Kugel formen, abgedeckt 35 Min. ruhen lassen. In vier Portionen teilen, jede sehr dünn ausrollen (7-8 cm Durchmesser). Dünn mit Öl bestreichen, zuklappen. Die Oberfläche dieser Hälften mit Öl bestreichen, zuklappen. Viertel mit Öl bestreichen, zuklappen. Alle Dreiecke dünner ausrollen. In einer kleinen Pfanne wenig Öl erhitzen. Die Dreiecke von beiden Seiten braten, nach dem ersten Wenden dünn mit Öl betupfen.

30 g Nackthafer
15 g Dinkel
1 TL Sonnenblumenöl
15 g Wasser
1 Prise Salz
Erdnussöl zum Braten

Hefefladen (hier mit weißen Bohnen)

Parathas

🌿 Petersilien-Parathas

50 g Dinkel | 1 TL Zwiebelsamen
1/2 TL Salz | 35 g Wasser (3,5 EL)
1 EL gehackte Petersilie
Olivenöl zum Bestreichen
Mehl zum Ausrollen
1 EL Erdnussöl zum Braten

Dinkel fein mahlen. Mit Zwiebelsamen, Salz, Wasser, Petersilie verrühren/verkneten. 20 Min. stehen lassen. Mit Hilfe von Streumehl zu einem ca. 14-15 cm großen Fladen ausrollen, mit Olivenöl bepinseln. Zweimal zusammenklappen, jeweils mit Öl bepinseln, dann beide Seiten mit Öl bepinseln. Erdnussöl erhitzen, von beiden Seiten je 3 Min. braten.

🌿 Knoblauch-Parathas

70 g Dinkel
2 TL Sonnenblumenöl
1 TL Knobl.-Ingwer-Paste
1 gestr. TL Salz
1 gestr. TL getr. Korianderblätter
1/4 TL gem. Kurkuma
30 g Wasser

Dinkel mahlen, mit den anderen Zutaten zu einem weichen Teig verkneten. 15 Min. ruhen lassen und in vier Teile (je ca. 26-28 g) aufteilen. Kugeln daraus formen, auf 8 cm Durchmesser ausrollen. Mit etwas Sonnenblumenöl bestreichen, zu Zylindern einrollen. Aufstellen, mit dem Finger herunterdrücken und wieder auf etwa 8 cm im Durchmesser ausrollen. Eine flache Pfanne mit ganz wenig Fett einreiben, erhitzen. Teigkreise hineinlegen. Sobald sie sich an der Oberfläche aufblähen, umdrehen. Ränder herunterdrücken.

🌿 Gelbweizen-Parathas

100 g Gelbweizen
15 g Sonnenblumenkerne
1 EL Sonnenblumenöl
1 EL Zitronensaft
40 EL Wasser
1 TL Rauchkräutersalz
1-2 TL Butter (Veganer: Sonnenblumenöl)

Ergibt 3 Fladen, lässt sich gut vorbereiten.
Weizen fein mahlen. Die restlichen Zutaten in einem kleinen Mixer zu einer glatten Soße verarbeiten. Zum Mehl geben, erst mit einem Löffel verrühren, dann mit der Hand 2-3 Min. gut durchkneten. Zu einer Kugel formen, gut abgedeckt (z.B. in geschlossener Plastikdose) bis zur Verwendung in den Kühlschrank stellen.
Teig dritteln, jeweils gut durchkneten, zu einer Kugel formen und zu einem runden Fladen ausrollen, Durchmesser 12-13 Zentimeter. Eine flache Pfanne heiß werden lassen, dann die Fladen hineingeben. Auf beiden Seiten braten, etwas Butter oder Öl auf den Teig geben, dann „steigt" der Teig und es bilden sich großflächige Blasen.

Petersilien-Parathas

BROTE

ꙮ Parathas mit Sahne

Dinkel fein mahlen. Mit Salz und Kreuzkümmel mischen. Dann die restlichen Zutaten unterrühren und gründlich kneten. Zu einer Kugel formen und abgedeckt 30 Min. ruhen lassen. In zwei Kugeln zu je 40 g aufteilen, jede zu einem Kreis von 18 cm Durchmesser ausrollen. Mit dem Finger mit Öl bestreichen, mit Mehl bestreuen. Ein Drittel nach innen klappen, die Oberfläche mit Öl und Mehl behandeln. Dann das andere äußere Drittel nach innen klappen, jetzt gibt es einen Streifen. Oberfläche „behandeln". Oberes Drittel herunterklappen, „behandeln", unteres Drittel nach oben klappen, jetzt ist es ein kleines Viereck. Zu einer Teigplatte von 15 cm Durchmesser ausrollen.
Keramikpfanne mit dem Finger fein einölen, heiß werden lassen. Wenn ein Wassertröpfchen springt, ein Brot hineingeben. Mit Hilfe eines Holzspatels ca. 1 Min. lang hin- und herschieben. Oberfläche mit Öl bepinseln, umdrehen, 1 Min. braten, mit Öl bepinseln, nochmals umdrehen. Solange wiederholen, bis der Fladen gar aussieht (hell- bis mittelbraun).

100 g Dinkel
1 Prise Salz
1 Prise gem. Kreuzkümmel
1 TL Sonnenblumenöl
1 EL Sahne
40-45 g Wasser

Hinweis:
Den ersten Fladen nach dem Backen in Alufolie legen, so bleibt er warm und frisch.
Veganer nehmen Wasser und 1 TL Nussmus statt Sahne.

ꙮ Parathas mit Ajowan

Getreide und Leinsamen mischen und fein mahlen. Mit Salz und Ajowan verrühren, dann Öl und Wasser einarbeiten, gut durchkneten. Zu einer Kugel formen und ca. 10-15 Min. ruhen lassen.
Auf zwei Teigkugeln aufteilen. Jede auf 10-12 cm ausrollen, mit Öl bestreichen, wie eine Zigarre aufrollen und zu einer Schnecke formen. Erneut auf dieselbe Größe ausrollen. Pfanne mit 1 TL Erdnussöl erhitzen, jeden Fladen auf beiden Seiten braten.

15 g Emmer
25 g Gelbweizen
1 TL goldener Leinsamen
1/2 TL Rauchkräutersalz
1/2 TL Ajowan
1 TL Sonnenblumenöl
20 g Wasser
1 TL Erdnussöl zum Braten

Parathas mit Ajowan

Luchi und Bhatura

✍ Emmer-Luchi (für 4 Personen)

200 g Emmer
1 Prise Salz
1 EL Sonnenblumenöl
85-90 g Wasser

Zum Ausbacken:
175-300 g Erdnussöl

Emmer fein mahlen, mit Salz mischen. Öl und 75 g Wasser einkneten, 5 Min. lang kneten, dabei vorsichtig das restliche Wasser einarbeiten. Der Teig soll nur ganz leicht klebrig sein. Abgedeckt 45-60 Min. ruhen lassen. In ca. 32 Kugeln teilen, jede Kugel ausrollen (Durchmesser 5-6 cm).

Erdnussöl in einem kleinen Wok (24 cm) erhitzen, den Teig hineingeben. Sobald er aufbläht, herunterdrücken. Braten, bis die Fladen von beiden Seiten schön gebräunt sind.

Die Flädchen sind roh ca. 3-4 mm dick. Dadurch haben sie in der Mitte noch eine schöne Teigportion. Wer es knuspriger mit weniger Teiggefühl möchte, rollt den Teig ganz dünn aus und nimmt weniger Teig pro Fladen.

✍ Kugelknoblauchbrot

50 g Dinkel
1/2 TL Rauchkräutersalz
1 TL Knobl.-Ingwer-Paste
1 TL Sonnenblumenöl
1,5 EL Wasser

Zum Ausbacken:
150 g Erdnussöl

Dinkel fein mahlen, mit den restlichen Zutaten zu einem glatten, nicht rissigen, aber auch nicht klebrigen Teig kneten (5 Min. lang). Als Kugel ca. 15 Min. ruhen lassen. In acht Stücke teilen. In einem (kleinen) Wok ca. 150 g Erdnussöl erhitzen. Acht Teigstücke sehr dünn ausrollen, nacheinander in das heiße Öl geben. Sobald der Fladen aufbläht, wenden. Brote frittieren, bis sie mittelbraun sind, auf Haushaltspapier abtropfen lassen.

Wenn die Fladen schön dünn ausgerollt sind, bestehen die Brote nur aus einer Knusperhülle.

✍ Luchi gewürzt

25 g Dinkel
25 g Emmer
1 TL Kreuzkümmelsamen
1/2 TL Salz
1 TL Sonnenblumenöl
1,5 EL Wasser

Zum Ausbacken:
150 g Erdnussöl

Getreide mit dem Kreuzkümmel fein mahlen. Aus den Zutaten einen glatten, nicht rissigen, aber auch nicht klebrigen Teig kneten; 5 Min. lang bearbeiten. Als Kugel mindestens 15 Min. ruhen lassen. In zehn Stücke teilen. In einem (kleinen) Wok das Erdnussöl erhitzen. Die zehn Teigstücke sehr dünn ausrollen, nacheinander in das heiße Öl geben. Sobald die Fladen aufblähen, wenden. Frittieren, bis sie mittelbraun sind, auf Haushaltspapier abtropfen lassen.

Wenn die Fladen schön dünn ausgerollt sind, bestehen die Brote nur aus einer Knusperhülle.

✿ Kamut-Petersilien-ballons

Menge reicht für ca. 2 Personen – obwohl man mehr essen könnte ;-)

100 g Kamut
1 Prise Salz
5 g fein gehackte Petersilie
1 EL Olivenöl
45-50 g Wasser

Zum Ausbacken:
300 g Erdnussöl

Kamut fein mahlen, mit Salz und Petersilie mischen. Öl und 45 g Wasser einarbeiten (kneten), 5 Min. lang kneten, dabei vorsichtig evtl. mehr Wasser einarbeiten, der Teig soll nur ganz leicht klebrig sein. Abgedeckt 60-90 Min. ruhen lassen. In 16 Kugeln teilen, jede Kugel ausrollen (Durchmesser 5-6 cm).

Erdnussöl in einem kleinen Wok (24 cm) erhitzen, den Teig hineingeben. Sobald er aufbläht, herunterdrücken. Braten, bis die Teiglinge von beiden Seiten schön braun sind.

Diese Flädchen sind roh ca. 3-4 mm dick. Dadurch haben sie in der Mitte noch eine schöne Teigportion. Wer es knuspriges mit weniger Teiggefühl möchte, rollt sie ganz dünn aus und nimmt weniger Teig pro Fladen.

1 TL getrocknete Hefe
60 g Wasser
50 g Rotkornweizen
50 g Dinkel
25 g gelbe Linsen
2 Prisen Salz
2 TL Sonnenblumenöl
etwa 300 g Erdnussöl zum Ausbacken

✿ Blasenfladen

Hefe im Wasser verrühren, bis sie aufgelöst ist. Rotkornweizen mit Dinkel und Linsen mischen und fein mahlen. Mit Salz, Öl und Hefewasser zu einem festen Teig verarbeiten. In eine verschließbare kleine Schüssel geben, 6 Std. im Kühlschrank gehen lassen.

Teig in Kügelchen von ca. 2 cm Durchmesser aufteilen. Jede Kugel zu einem dünnen Fladen ausrollen. In einen Wok 2 cm Öl gießen und das Öl bei mittlerer bis hoher Einstellung erhitzen, bis sich an einem Holzstiel, der ins Öl gehalten wird, Bläschen bilden. Einen oder zwei Fladen hineingeben, leicht unter die Öloberfläche drücken, bis die Teigblasen auf den Fladen sich verfestigen (die Hitze kann jetzt etwas verringert werden). Fladen mehrmals drehen, bis sie hellbraun sind. Sobald ein Fladen etwas fester ist, kann man auch schon den nächsten in das Öl geben. Die fertigen Fladen auf Haushaltspapier abtropfen lassen und warm servieren.

Sie sind wirklich hohl, knusprig – und lecker.

50 g Emmer
10 g Rundkorn-Naturreis
1 gestr. TL Trockenhefe
1 gestr. TL Rauchkräutersalz
2 TL Arganöl
25 g Wasser
etwa 300 g Erdnussöl zum Ausbacken

✿ Bathura mit Arganöl

Getreide mischen und fein mahlen, mit den trockenen Zutaten vermengen. Dann mit einem Löffel Öl und Wasser unterrühren, mit der Hand gründlich durchkneten und gut abgedeckt 4 Std. gehen lassen. Zwei gleich große Kugeln formen und zu 1-2 mm dicken Fladen ausrollen. Nochmals 20 Min. gehen lassen. Erdnussöl in einem Wok erhitzen, dann einen Fladen vorsichtig hineingleiten lassen. Mit einem Pfannenwender leicht herunterdrücken. Die Fladen sollten sich aufblähen.

Sonnenblumenremoulade:
20 g Sonnenblumenkerne
1 TL Zitronensaft (6 g) | 1 Prise Salz
20 g Sonnenblumenöl
60 g Wasser

Bhatura:
45 g Emmer
25 g Sonnenblumenremoulade (s.o.)
1 MS Weinstein-Backpulver
1 Prise Salz | 1 TL Wasser
etwa 300 g Erdnussöl zum Ausbacken

✿ Bhatura

Normalerweise werden Bhatura mit Joghurt hergestellt. Wer tiereiweißfrei nach Bruker lebt, kann allenfalls auf saure Sahne ausweichen. Es funktioniert auch bestens mit der selbstgemachten veganen Remoulade. Dafür die Remouladenzutaten in einem Mixer glatt schlagen.

Emmer fein mahlen, mit den anderen Zutaten gründlich verkneten (ca. 5 Min.) und 10 Min. ruhen lassen. In einem kleinen Wok das Erdnussöl erhitzen, Teiglinge einzeln in das Öl geben und mit einem Pfannenwender herunterdrücken, sobald sie sich aufblähen. Fladen mehrmals drehen und, wenn sie goldgelb sind, herausnehmen, auf Haushaltspapier legen. Warm essen.

Den Rest der Remoulade für Salatdressings verwenden.

BROTE

Rota und Roti

🌱 Rote Roti

Kidneybohnen in einem kleinen Mixer mahlen. Weizen mahlen, mit Bohnenmehl, Salz und Wasser zu einem Teig verkneten. Ca. 30 Min. ruhen lassen. Teig vierteln, jedes Viertel mit etwas Mehl zu dünnen Fladen (Durchmesser: etwa 8 cm) ausrollen. Mit Mehl bestreuen, auf die Hälfte, dann auf ein Viertel klappen. Dreieckig ausrollen. In einer kleinen Pfanne Ghee erhitzen, bis sich am Stiel eines Holzlöffels Bläschen bilden. Roti hineingeben, ab und zu drehen und die kleinen Fladen backen, bis sie hellgelb sind.

20 g Kidneybohnen
30 g Rotkornweizen
30 g Wasser
1/2 TL Kräutersalz
50 g Ghee oder Erdnussöl zum Ausbacken

Rote Roti

🌱 Rotiporis

250 g Rotkornweizen
100 g Dinkel
1 TL Rauchkräutersalz
1 EL Sonnenblumenöl
1 gestr. TL Kreuzkümmel
1 gestr. TL Koriander
130 g Wasser
Erdnussöl zum Ausbacken

Getreide fein mahlen. Mit Salz, Öl, Gewürzen und Wasser zu einem festen Teig verarbeiten. Mindestens 15 Min. ruhen lassen. Teig in 2-cm-Kügelchen teilen. Jede Kugel zu einem dünnen Fladen ausrollen. In eine Pfanne 2 cm hoch Öl gießen und erhitzen, bis sich an einem Holzstiel, der ins Öl gehalten wird, Bläschen bilden. Einen oder zwei Fladen hineingeben, leicht unter das Öl drücken, bis die entstehenden Teigblasen sich verfestigen (Hitze etwas reduzieren). Die Teigblasen dann mit einem Holzlöffel gut nach unten drücken, damit sie sich nicht wieder schließen. Mehrmals umdrehen, bis die Fladen hellbraun sind. Sobald sie etwas fester sind, kann man auch schon den nächsten Fladen in das Öl geben. Die fertigen Fladen auf Haushaltspapier abtropfen lassen und warm servieren.

🌱 Halbgrüne Roti

25 g Mungbohnen
40 g Dinkel
1 Prise Salz
1 TL Sonnenblumenöl
3 EL Wasser (ca. 28 g)
Erdnussöl zum Ausbacken

Mungbohnen in einem kleinen Mixer, Dinkel in der Mühle fein mahlen. Beides zusammen mit Salz, Öl und Wasser zu einem weichen, aber nicht klebrigen Teig verkneten. Eine Weile ruhen lassen (ca. 15-20 Min). In einem Tava (einer flachen Pfanne) mit Antihaftbeschichtung den Boden mit Öl benetzen (z.B. mit einem Stück Haushaltspapier). Heiß werden lassen. Den Teig in zwei Stücke teilen. Jedes Teil mit den Händen zu einer kleinen Platte drücken, dann mit der Teigrolle zu einem Kreis mit einem Durchmesser von ca. 12 cm ausrollen. In die Pfanne geben, auf der oberen Seite mit Öl bestreichen. Nach ca. 2 Min. wenden, auf der anderen Seite auch goldbraun braten, wieder die Oberseite mit Öl bestreichen. Wenden, bis beide Seiten braune bis goldbraune Flecken haben.

Rotipori

BROTE

❀ Reis Roti

Reis fein mahlen. Kokosraspeln in einem kleinen Mixer mahlen. Mit den restlichen Zutaten erst verrühren und dann zu einem weichen Teig kneten. Ca. 15 Min. ruhen lassen. Den Boden einer Keramikpfanne mit Öl benetzen (z.B. mit einem in Öl gedipten Stück Haushaltspapier). Heiß werden lassen. Den Teig in zwei Stücke teilen. Jedes Teil mit den Händen zu einer kleinen Platte drücken. In die Pfanne geben, noch ein wenig auseinander drücken. Jeweils drei Löcher einstechen, mit Öl füllen. Nach ca. 3 Min. wenden, auf der anderen Seite auch goldbraun braten.

Hinweis: Einer der Rotis ist mir beim Wenden zerfallen, der andere nur am Rand abgebröckelt. Man sollte sie wohl nicht zu dünn bzw. nicht zu groß machen, sodass der Pfannenwender sie noch komplett fassen kann.

50 g Basmati-Naturreis
1 geh. EL Kokosraspeln
2 TL Öl
1 Prise Asafoetida
1/4 TL gem. Chiliflocken
2 TL gehackte & getr. Korianderblätter
1 TL Kreuzkümmelsamen
½ TL Rauchkräutersalz
2 MS gem. Kurkuma
40 g Wasser
Erdnussöl zum Braten

❀ Roti Ute-Style

Kamut fein mahlen und mit Gewürzen, 1 TL Öl und Wasser erst verrühren, dann gut kneten. Abdecken und ca. 30 Min. ruhen lassen. In zwei Stücke teilen. Die Teigportionen handgroß ausrollen. Beide mit Öl bestreichen (mit dem Finger), mit Reismehl bestreuen und mit den „Butterseiten" aufeinander legen. Nun dünn ausrollen.

Den Boden einer Keramikpfanne mit Öl benetzen (z.B. mit einem in Öl gedipten Stück Haushaltspapier). Sehr heiß werden lassen. Das Brot hineingeben und 2-3 Min. auf einer Seite braten. Es bilden sich Blasen.

Umdrehen, und auf der anderen Seite ebenfalls 2 Min. braten. Aus der Pfanne nehmen, beide Teile auseinanderziehen. So erhält man 2 hauchdünne Fladen. Zum Servieren ein- oder zweimal zusammenklappen.

50 g Kamut
1/2 TL Kurkuma
1/2 TL Schwarzkümmel
1 Prise gem. Chili
1+1 TL Sonnenblumenöl
30 g Wasser
etwas Reismehl
Erdnussöl zum Braten

Halbgrüne Roti

Naan

✿ Pfannen-Naan mit Kichererbsen

50 g Kichererbsen
100 g Wasser
1 geh. TL Viernussmus
1 TL Knoblauch-Ingwer-Paste
1 TL Garam masala
1-2 Prisen Salz
50 g Emmer
1 gestr. TL Trockenhefe
1 EL Cashewnüsse
2 TL Apfelessig
1 EL Sonnenblumenöl
1 Prise Salz
2 EL Wasser

Kichererbsen 24 Std. in Wasser einweichen, dann 12 Std. keimen lassen. Mit 100 g Wasser zum Kochen aufsetzen und 35 Min. auf kleinster Einstellung köcheln lassen. Viernussmus, Paste, Garam masala und Salz hinzugeben, aufkochen.

Etwa 4 Std. vor dem Essen den Teig vorbereiten: Emmer fein mahlen und mit Trockenhefe mischen. Nüsse, Essig, Öl, Salz und 2 EL Wasser im Mixer verquirlen und mit dem Emmer 4 Min. verkneten. Abgedeckt gehen lassen. Noch einmal gut durchkneten, zu einer Kugel formen und nicht zu dünn ausrollen. Eine flache beschichtete Pfanne, möglichst ohne Fett, erhitzen, den Fladen hineingeben. Es bilden sich Blasen. Nach einigen Sekunden umdrehen und auf der zweiten Seite rösten. Fladen zusammen mit den Kichererbsen servieren.

✿ Pfannen-Naan mit Joghurt

1/4 Würfel Bio-Hefe (10 g)
20 g Wasser
50 g Dinkel
50 g Buchweizen
1 gestr. TL Salz
40 g Cashew-Joghurt
Mehl zum Ausrollen
etwas Öl zum Bestreichen
Erdnussöl zum Braten

Hefe im Wasser verrühren. Getreide fein mahlen, mit Salz, Hefewasser und Cashew-Joghurt gut verkneten. Zu einer Kugel formen und abgedeckt 30 Min. gehen lassen. Mit Hilfe von reichlich Mehl zwei 3-4 mm dicke Fladen ausrollen. Pfanne erhitzen, mit dem Finger etwas Öl vorher darin verteilen. Fladen hineingeben, Blasen vorsichtig flach drücken. Auf der Oberfläche 1 TL Öl verstreichen, umdrehen, wieder mit Öl bestreichen. Noch ein paar Mal drehen. Zweiten Fladen genauso zubereiten.

Pfannen-Naan

Brote

Dosa

🌱 Dosa mit Kohlrabi

Bohnen, Reis und Bockshornkleesamen 12 Std. im Wasser einweichen. In einem kleinen Mixer pürieren, dann bei Raumtemperatur ca. 6 Std. fermentieren lassen. Jetzt erst das Salz unterrühren. Eine beschichtete, angewärmte Pfanne ganz fein einölen und erhitzen. Ein kleines Glasschüsselchen (3 cm Durchmesser) mit Teig füllen, Teig in die Pfanne laufen lassen und mit der Unterseite der Schüssel den Teig gleichmäßig dünn verteilen. Braten, bis die Unterseite goldgelb ist, etwas Öl darüber träufeln, wenden und kurz braten. Auf einen Teller geben und mit dem Kohlrabisalat füllen. Ergab bei mir 4 Dosa. Kohlrabi schälen, in feine Würfel schneiden. Chinakohl in 1x1 cm große Stücke schneiden. Die restlichen Zutaten in einem kleinen Mixer verquirlen und mit dem Gemüse mischen.

Dosa:
50 g Kidneybohnen
50 g Reis | 1/2 TL Bockshornklee
300 g Wasser | 1 TL Salz
Erdnussöl zum Braten

Salat:
1 Kohlrabi (165 g netto)
1 Blatt Chinakohl (40 g)
50 g Cashew-Joghurt
1/2 getr. Tomate (50 g)
1 cm Vanillestange
1 EL Sonnenblumenöl | 1 TL Salz
1/2 TL Curry | 1 EL Wasser

🌱 Dosa ohne alles

Reis, Bohnen und Wasser 12 Std. einweichen. Salzen, im Mixer zu einem glatten Teig schlagen und mindestens 4 Std. zum Fermentieren stehen lassen. Eine Pfanne mit Antihaftbeschichtung erhitzen und 1 TL Öl hineingeben. Teig nochmals durchschütteln, eine Schöpfkelle voll in die Mitte der Pfanne geben und zu einem kleinen runden Pfannkuchen verteilen. Etwas Öl in die Pfanne geben, Deckel auflegen und bei kleinerer Hitze einige Sekunden braten. Den Pfannkuchen mit einem Pfannenwender drehen und auf der anderen Seite ebenfalls braten.

30 g Rundkorn-Naturreis
30 g Mungbohnen
120 g Wasser
1-2 Prisen Salz
3-4 EL Erdnussöl

In indischen Kochbüchern werden Reis und Bohnen getrennt eingeweicht. An der Wassermenge kann man noch sparen, der Teig war ziemlich dünnflüssig.

Dosa mit Kohlrabi

Diverse Brote

✿ Akki-Rotti-Reisbrot

100 g Rundkorn-Naturreis
10 g Ingwer
1 grüne Chilischote
10 g Zwiebel (netto)
1 EL Kokosraspeln
1/2 TL Salz
10 g Petersilienwürze
150 g Wasser
2-3 TL Kokosöl zum Braten

Reis fein mahlen. Ingwer und Chilischote in feine Stückchen schneiden. Zwiebel fein würfeln. Alle Zutaten bis auf das Kokosöl miteinander verrühren. Eine große flache Pfanne (Tava) mit Kokosöl bestreichen (mit Hilfe von Haushaltspapier) und erhitzen. Kleine Brote aus je 2 EL Teig in die Pfanne geben, das Brot auf beiden Seiten goldbraun braten.
Hinweise:
Ein Rest des Teigs kann im Kühlschrank bis zum nächsten Tag aufbewahrt werden.
Wer die einzelnen Fladen etwas dicker macht und in reichlich Fett ausbrät, bekommt leckere Pfannkuchen.

✿ Indian Style Hefebrot

1 EL gelbe Linsen (15 g)
80 g Gelbweizen
1 gestr. TL Rohkräutersalz mit Piff
1/2 gestr. TL Trockenhefe
2 TL Sonnenblumenöl
etwa 35-45 g Wasser
Erdnussöl zum Braten

Linsen mit Weizen mischen und fein mahlen. Mit Salz und Hefe vermischen. Öl und 30 g Wasser hinzugeben, durchkneten. Weiter Wasser einarbeiten, bis der Teig beim Kneten nicht mehr brüchig ist. Das kann je nach Mehl unterschiedlich sein, denn die Wassermenge hängt vom Getreide ab (ich habe mit 30 g angefangen). Zu einer Kugel formen. Abgedeckt im Kühlschrank 4-5 Std. aufbewahren. Teig in 2-3 Stücke teilen, dünn zu Fladen ausrollen. In die Pfanne etwas Öl geben und die Fladen auf beiden Seiten gut bräunen.

✿ Kokosnussbrot

30 g Dinkel
15 g Kokosraspeln
25 g Wasser
1-2 Prisen Salz
1 geh. EL Kokosöl zum Braten

Dinkel fein mahlen. Kokosraspeln mit dem Wasser in einem kleinen Mixer mahlen. Erst mit Mehl und Salz verrühren und dann kneten (ergibt einen weichen Teig). Eine Weile ruhen lassen (ca. 15-20 Min). In einer Keramikpfanne das Öl erhitzen. Den Teig in zwei Stücke teilen und jeweils dünn ausrollen (1-2 mm dick), dabei evtl. mit Streumehl arbeiten. In die Pfanne geben, auf einer Seite bräunen, dann auf der anderen Seite auch hellbraun braten. Kurz auf einem Küchenpapier das Fett abklopfen oder abtropfen lassen.

BROTE

⌘ Sellerieknäcke leicht scharf

Hirse fein mahlen. Gemüse grob vorschneiden, Apfel vierteln. Alle Zutaten in einen Hochleistungsmixer geben und mit dem Stößel zu einer glatten Paste verarbeiten. Mit einem Spatel dünn auf Folien (Spezialfolie für Dörrgeräte) auftragen, mit dem nassen Spatel Stücke quasi vorschneiden und 24 Std. bei 40 °C trocknen. Brot umdrehen, nochmals 6 Std. trocknen. Damit habe ich 2 Einschübe des Dörrgeräts „Excalibur" füllen können.

Wer keinen Hochleistungsmixer hat, bekommt eine etwas gröbere Struktur. Das aber ist nicht unbedingt ein Nachteil – es ergibt einfach ein anderes Knäckebrot. Auch hier lohnt es sich zu variieren. Ohne die Selleriecreme (stattdessen 10 g Öl mehr nehmen) wird es nicht so scharf.

Wer kein Dörrgerät hat, kann auch im Ofen auf kleinster Einstellung trocknen, dann ist es aber keine Rohkost mehr.

75 g Hirse
20 g Rhabarber
130 g Steckrübe netto
275 g Sellerie netto
1/2 gestr. TL gem. Kreuzkümmel
1 Knoblauchzehe
1 kleiner Apfel (110 g)
50 g Mandeln
50 g Selleriecreme
50 g Bärlauch eingelegt in Öl oder frisch*
1 TL Salz
30 g Sonnenblumenöl

* Außerhalb der Bärlauchzeit ein anderes Kräuteröl oder Öl plus getrocknete Kräuter verwenden

Indian Style Hefebrot

✿ Plunderbrezel

100 g Rotkornweizen (oder Weizen/Dinkel)

1/2 TL Salz

10 g Sonnenblumenöl

45 g Wasser

1/2 TL gem. Kreuzkümmel

1/2 TL gem. Ingwer

50 g Butter

Weizen fein mahlen. Mit Salz, Öl, Wasser und Kreuzkümmel zu einem festen Teig verarbeiten. Teig zu einem Rechteck ausrollen, die gesamte Butter in dicken Scheiben auf die oberen beiden Teigdrittel legen. Das untere Drittel nach oben, das obere nach unten klappen und die Ränder fest schließen. 30 Min. in den Kühlschrank stellen.

Teigstück in Längsrichtung vorsichtig auf Mehl ausrollen. Wieder die Teigdrittel wie beschrieben in die Mitte klappen und 30 Min. in den Kühlschrank stellen. Diese Touren nach Bedarf wiederholen, mindestens aber noch zweimal. Beim letzten Mal kann der Teig länger im Kühlschrank stehen bleiben.

Nach der letzten Tour noch mehrmals ausrollen und zusammenklappen, bis der Teig weich und geschmeidig ist. Dann etwa 3-4 mm dick ausrollen. In etwa 24 Teigstreifen von nicht ganz 1 cm Breite schneiden. Jeden Streifen zu einer Rolle formen, ein Ende in die Mitte des Streifens, das andere Ende auf dieselbe Stelle drücken, sodass sich eine Brezel ergibt. Nebeneinander auf ein mit Dauerbackfolie ausgelegtes Backblech legen und die Teiglinge 20 Min. ruhen lassen. In dieser Zeit den Ofen auf 250 °C (Umluft) vorheizen. Bei 200 °C ca. 20 Min. backen, in den ersten 15 Min. den Ofen nicht öffnen.

✿ Papadam

50 g deutsche Linsen

25 g Urad Dal

1 Prise Salz

2 Prisen Asafoetida

1/2 TL Sambhar

1 Prise Piment

1 TL Öl

30 g Wasser

Linsen mischen und in der Getreidemühle fein mahlen. Mit den restlichen Zutaten zu einem festen Teig verarbeiten. (Die Gewürze kann man übrigens auch weglassen oder durch andere ersetzen.) Zu einer Teigkugel formen, abgedeckt 60-75 Min. stehen lassen.

Den Teig mit einem Hammer, einem Stößel oder Ähnlichem 2-3 Min. durchklopfen. Aus dem durchgeklopften Teig einen Teigstreifen formen, der immer wieder in die Länge gezogen wird. Schließlich eine Wurst rollen und diese in 5 Stücke schneiden. Jedes Stück auf beölter Fläche mit beöltem Teigholz ganz dünn ausrollen. Dabei niemals das Teigstück, sondern immer die Unterlage drehen. Auf ein Gitterrost legen, mindestens 5 Min. trocknen lassen. (2-3 Std. wären besser.)

Eine Pfanne nehmen, in der man auch ohne Fett braten kann. Stark erhitzen, einen Fladen hineingeben und warten, bis sich Blasen bilden. Wenden und 1-2 Min. braten. Wer will, kann den Boden der Pfanne oder eine Seite der Fladen ganz dünn mit Öl bepinseln. Wenn beide Seiten braune Stellen haben, auf einem Gitterrost abkühlen lassen. Die Fladen sollen ganz trocken werden.

BROTE

Hinweise: Die nach diesem Rezept hergestellten Papadams sind etwas herb im Geschmack, das liegt an den Linsen – mit gelben Linsen statt „normalen" wäre der Geschmack sicher etwas weniger kräftig.
Während der Teigbearbeitung empfiehlt es sich, mit leicht (!) geölten Händen zu arbeiten.

✍ Sesamhörnchen

Ergibt 24 Hörnchen. Hefe in 70 g Wasser auflösen. Getreide mischen und fein mahlen. Salz unter das Mehl rühren. Öl, Tahin und 60 g Wasser in einem Mixer zu einer homogenen Flüssigkeit mischen und in eine Küchenmaschine geben.

Mehl und Hefewasser hinzufügen und alles gründlich miteinander verkneten. Den Teig auf einer glatten Fläche mit der Hand durchkneten und eine Kugel unter Spannung formen. In eine Peng-Schüssel (oder andere fest schließende Plastikschüssel) geben und 30-40 Min. gehen lassen.

Erneut gut durchkneten. Drei Portionen zu je ca. 145 g formen. Jede Portion zu einer Kugel rollen und nebeneinander in gutem Abstand auf einen Teller setzen, in eine Plastiktüte stecken und 30 Min. gehen lassen. Die Kugeln sind deutlich größer geworden. Jede Kugel zu einem Kreis von etwa 25 cm Durchmesser ausrollen. Jeden Kreis vier Mal wie einen Kuchen durchschneiden, sodass sich 8 Dreiecke ergeben. Jedes Dreieck von der breiten Seite nach innen zu einem Hörnchen rollen.

Einen Teller mit Sesam und einen mit 2-3 EL Wasser aufstellen. Jedes Hörnchen mit der Oberseite erst in das Wasser, dann (ohne die Hörnchen umzudrehen!) in die Saat drücken.

Teiglinge in drei Reihen nebeneinander auf ein mit Dauerbackfolie ausgelegtes Backblech legen und mit Gärfolie abgedeckt 20 Min. gehen lassen. Die Hörnchen gut mit Wasser einsprühen, das Blech in den kalten Ofen schieben. Auf den Ofenboden eine ofenfeste Form mit Wasser stellen. Bei 175 °C (Umluft) 20 Min. backen. Die hellbraunen Hörnchen auf ein Kuchengitter legen und noch heiß mit Wasser besprühen.

1/2 Würfel Bio-Hefe (21 g)
70 g + 60 g Wasser
150 g Kamut
100 g Weizen
1 TL Salz
20 g Olivenöl
25 g Tahin
1-2 EL Sesam ungeschält

1/2 Würfel Bio-Hefe (21 g)
100 g + 200-210 g Wasser
300 g Weizen
200 g Kamut
2 TL Salz
15 g Distelöl
1 EL schwarze Zwiebelsamen
1 EL weißer Mohn

Ergibt 10 Brötchen

⌀ Kamutbrötchen

Hefe in 100 g Wasser auflösen. Getreide mischen und fein mahlen. Salz unter das Mehl rühren. Öl und 200 g Wasser mit Mehl und Hefewasser in einer Maschine 2,5 Min. oder mit der Hand 10 Min. kneten. Den Teig auf einer glatten Fläche mit der Hand durchkneten, dabei wenn nötig noch 10 g Wasser einarbeiten, und eine Kugel unter Spannung formen. In eine Peng-Schüssel (oder eine andere fest schließende Plastikschüssel) geben und 1 Stunde gehen lassen. Nochmals gründlich durchkneten, wieder eine Kugel unter Spannung bilden und weitere 30 Min. gehen lassen.

Erneut gut durchkneten. Drei kleine Teller aufstellen, einen mit Zwiebelsamen, einen mit Mohn und einen mit etwas Wasser. Zehn Teigportionen zu je ca. 85 g (wiegen!) formen. Jede Portion zu einer kleinen Kugel unter Spannung formen und zwischen den Händen drehen, bis sie sich elastisch anfühlt. Mit der Oberseite in das Wasser tauchen, dann – ohne die Teigkugel umzudrehen – eine Hälfte der nassen Seite in die Zwiebelsamen, die andere in den Mohn stupsen.

Die Teiglinge mit der „bestupsten" Seite nach oben nebeneinander in gutem Abstand auf ein mit Dauerbackfolie ausgelegtes Backblech legen und mit Wasser einsprühen. Mit Gärfolie abgedeckt 20 Min. gehen lassen, in dieser Zeit den Ofen (Umluft) auf 225 °C vorheizen, auf den Ofenboden eine ofenfeste Form mit Wasser stellen.

Die Oberseite der Brötchen mit der Schere einmal einschneiden, gut mit Wasser einsprühen und das Blech in den heißen Ofen schieben. 25 Min. bei 175 °C backen lassen, Auf ein Kuchengitter legen und noch heiß mit Wasser besprühen. Auskühlen lassen.

SNACKS

In den indischen Kochbüchern, die mir als Erfahrungsschatz dienten, spielen Salate und Rohkost nur eine eher geringe Rolle. Vorspeisen gibt es als solche auch nicht, da die Inder alle Gänge gemeinsam auf den Tisch stellen.

Dennoch können wir Europäer, wenn wir von der indischen Küche lernen und sie nicht nur imitieren wollen, einfach anhand der Zutaten unserer gewohnten Vorspeisen- und Salatküche eine neue Nuance zukommen lassen. Kichererbsen z.B. sind für uns immer noch ungewohnt, erst recht in roher Form. Auch die indische Art des Würzens kann aus einem ganz normalen Salat eine exotische Köstlichkeit machen. Ein Kopfsalat mit meinem Lieblingsdressing, dann stelle ich noch ein „Seasoning" her, gebe es oben auf den Salat: Schon ist die normale Hausmannskost etwas ganz Besonderes geworden.

So sind auch die folgenden Rezepte mehr noch als in anderen Rubriken als Vorschläge und Anregung zu sehen, das eigene Experiment zu wagen.

Salate

✿ Bataten-Broccolisalat

100 g Broccoli (Strunk und
Röschen) | 100 g Batate
2 TL Peperoni-Essig | 1 EL Hirse-
Käsecreme | 1 EL Sonnenblumenöl
1/2 TL Gemüsesalz
20 g Cashewnüsse

Broccoli und Batate vorbereiten: Wenn nötig waschen, Schadstellen abschneiden und in Stücke teilen. Mit den restlichen Zutaten – mit Ausnahme der Cashewnüsse – in einen Zerkleinerer geben und raffeln. Auf einen Teller füllen und die Cashewnüsse am Rand entlang streuen.

✿ Beluga-Salat

35 g Feldsalat
65 g Beluga-Linsen-Sprossen
(Keimzeit 48 Std.)
50 g Champignons
1 TL Peperonipaste Trockenfrucht
3 EL Salatcreme
3 EL Wasser

Feldsalat waschen, gut abtropfen lassen und klein schneiden. Auf einem Teller den gewaschenen Feldsalat ausbreiten. Darüber die Sprossen streuen. Die Champignons putzen und in Scheiben schneiden, obenauf legen. Die restlichen Zutaten in einem Schüttelbecher gut miteinander durchschütteln und über den Salat gießen. Einige Min. ziehen lassen.

✿ Blumenkohlsalat mit Seasoning

Salat:
1 EL Zitronensaft
1 EL Vindaloo-Öl
1 EL Wasser
20 g Linsensprossen (Keimzeit 48 Std.)
200 g Blumenkohl

Seasoning:
1 EL Erdnussöl
1 TL Kreuzkümmel
1 TL schwarze Senfkörner
1 TL Fenchelsamen
2 TL Hanfsamen
1 Knoblauchzehe
3 TL Cashewnussbruch
1 TL Salz
3 TL Sonnenblumenkerne
1/4 TL gem. Chiliflocken
1 geh. TL Curryblätter
40 g Wasser

Zitronensaft, Öl und 1 EL Wasser verrühren. Linsensprossen unterrühren. Blumenkohl klein schneiden, ebenfalls unterrühren.
Für das Seasoning Erdnussöl in einer kleinen Pfanne (20 cm) stark erhitzen, dann Kreuzkümmel, Senfkörner, Fenchel- und Hanfsamen hinzufügen, Deckel auflegen (die Samen springen) und Hitze herunterstellen. Knoblauch schälen und in Scheiben schneiden. Zusammen mit Cashewnussbruch und Salz einrühren, dann Sonnenblumenkerne und Chili, zuletzt die Curryblätter. Hitze stark reduzieren, 20 g Wasser hinzufügen, verpuffen lassen, die nächsten 20 g hinzugeben. Wenn auch dieses Wasser fast vollständig verdampft und verkocht ist, das Seasoning unter den Blumenkohl rühren.

SNACKS

🌱 Brotsalat

Öl in einer kleinen Pfanne (20 cm) erhitzen, darin die Senfkörner mit dem Mohn braten, bis sie knistern. Knoblauchzehe abziehen, in Scheiben schneiden und mit anbraten. Brot in Würfel schneiden, solange braten, bis die Außenseiten kross sind. Pfanne vom Herd nehmen.
Joghurt mit Wasser und Salz verquirlen. In eine Schüssel geben. Feldsalat gut waschen, trockenschleudern und klein schneiden. Das restliche Gemüse fein zerkleinern. Alles mit dem Dressing verrühren und auf einen Teller geben. Das Brot am Rand entlang legen.

20 g Erdnussöl
1 TL schwarze Senfkörner
1 TL weißer Mohn
1 Knoblauchzehe
40 g altes Brot
50 g Quasi-Grundjoghurt
30 g Wasser
1 TL Salz
65 g Feldsalat
80 g Salatgurke
40 g Möhre
40 g Chinakohl

🌱 Chinakohlsalat

Gemüse grob vorschneiden und mit den anderen Zutaten (außer Koriander) im Zerkleinerer raffeln. Auf einen Teller geben, mit etwas getrocknetem Koriander (Alternative: mit frischer Petersilie) dekorieren.

125 g Chinakohl | 60 g Topinambur
1 EL Olivenöl
2 EL Balsamico Bianco
10 g Rosinen
1 TL Peperonipaste Trockenfrucht
etwas getr. gem. Koriander

Beluga-Salat

Chinakohlsalat mit Ingwerdressing

85 g Chinakohl | 1 Tomate (80 g)
1 EL geh. Petersilie
Für das Dressing:
2 g Ingwer, ungeschält
10 g Apfelessig
15 g Avocado-Öl | 1 TL Kräutersalz
1 kl. Prise Zimt | 50 g Wasser

Chinakohl in feine Streifen schneiden und auf einem Essteller verteilen. Tomate halbieren und würfeln, in die Mitte des Kohls schütten. Am Rand des Kohls die gehackte Petersilie verteilen. Die Dressingzutaten in einem kleinen Mixer gut miteinander verschlagen und über den Salat gießen.
Tipp: Noch „indischer" wird es, wenn die Petersilie durch frische Korianderblätter ersetzt wird.

Kohlrabisalat

1 Kohlrabi (140 g netto) | 1-2 cm frische Peperoni | 1 Knoblauchzehe
30 g Weintrauben
1 Prise Kräutersalz | 40 g Wasser
2 EL Sonnenblumenöl | glatte Petersilie oder frischer Koriander

Kohlrabi schälen und in feine Streifen schneiden. Peperoni klein schneiden, Knoblauchzehe schälen. Für das Dressing Trauben, Kräutersalz, Peperoni, Knoblauch, Wasser und Öl in einem kleinen Mixer gut verquirlen. Mit dem Gemüse vermischen, in eine Schüssel füllen und mit etwas glatter Petersilie oder Koriander dekorieren.

Tsatsiki auf Indisch

Für das Tsatsiki-Dressing:
1 kleine Knoblauchzehe | 50 g Cashew-Joghurt | 1 gestr. TL Salz
20 g Sonnenblumenöl
1 Prise gem. Kreuzkümmel
Für das Gemüse: 95 g Salatgurke
80 g Möhre | 65 Spitzkohl

Knoblauch schälen und mit den anderen Dressingzutaten in einem kleinen Mixer pürieren. Gurke und Möhre in feine Streifen schneiden, Spitzkohl in Streifen schneiden, alles mit dem Dressing verrühren.

Vindaloo-Möhren

1 EL Leinöl | 1 EL Apfelessig
1 gestr. TL Rauchkräutersalz mit Pfiff | 1 gute MS Vindaloo-Paste
2 EL Petersilie grob gehackt
90 g Möhre | 90 g Fenchel

Alle Zutaten in einen Zerkleinerer geben und nach Geschmack raffeln. In eine Schüssel umfüllen.

Vindaloo-Salat

Für das Dressing: 2 EL Vindaloo-Öl
1 EL Zitronensaft | 1 Prise Salz

Gemüse: 40 g Linsen- und Mungbohnensprossen-Mischung (Keimzeit 48 Std.) | 60 g Sellerie (netto)
65 g Möhre | 20 g Spinat

Die Dressingzutaten in einer Schüssel mit einer Gabel gut verquirlen, Sprossen hinzugeben. Sellerie und Möhre würfeln und mit den Zutaten in der Schüssel vermischen. In die Mitte eines Tellers häufeln. Spinat sorgfältig waschen, trockenschleudern und in kleine Streifen schneiden, um den Gemüseberg legen.

Kopfsalat mit Kopfbedeckung

200 g Kopfsalat | 1 Mandarine
(50 g netto) | 20 g Sonnenblumen-
kerne | 2 TL grüne Knoblauch-
paste | 40 g Salatcreme
35 g Olivenöl | 35 g Wasser
1 Prise Salz | 1 MS Chili harrissari
40 g Wasser | etwas glatte Petersilie

Kopfsalat waschen und trockenschleudern, klein schneiden und in eine Schüssel geben. Mandarine schälen, grob zerkleinern und mit den restlichen Zutaten – außer den 40 g Wasser und der Petersilie – in einem kleinen Mixer verquirlen. Das Dressing auf den Salat geben. Becher und Mixermesser mit 40 g Wasser nachspülen und am Rand in den Salat gießen. Mit etwas glatter Petersilie dekorieren

Salatplatte

Gemüse: 1 Tomate (40 g)
1/2 kleine Rote Bete (50 g)
60 g Möhre | 65 g Salatgurke
Für das Dressing: 50 g Cashew-
Joghurt | 1 gestr. TL Gemüsesalz
1 EL Vindaloo-Öl | 1 EL scharfer
Essig (10 g) | 1 Prise Zimt
Dekoration: 2 TL Kokosraspeln (5 g)

Gemüse in Würfel und Streifen schneiden. Die vier Gemüsesorten nebeneinander auf einen Speiseteller legen. Die Dressingzutaten in einem kleinen Mixer vermischen, auf dem Salat verteilen. Am Rand die Kokosraspeln verstreuen.

Thermomixfix

2 EL Vindaloo-Öl
1 EL Zitronensaft | 1/2 TL Salz
1/4 TL gem. Kreuzkümmel
90 g Wasser | 50 g Kichererbsen-
sprossen (Keimzeit 48 Std.)
1/2 Kohlrabi (165 g netto)
70 g Blumenkohl
2 kleine Möhren (125 g)
2 EL Knoblauchschnittlauch

Öl, Zitronensaft, Salz, Kreuzkümmel, Wasser und Kichererbsensprossen im Thermomix langsam auf die höchste Stufe drehen und schlagen, bis eine recht glatte Soße entstanden ist. Kohlrabi schälen. Blumenkohl, Kohlrabi und Möhren in grobe Stücke schneiden, hinzufügen und einige Sekunden auf Stufe 6 zerkleinern. Auf einen Teller umfüllen, Knoblauchschnittlauch mit der Schere schneiden und darauf verteilen.
Lässt sich in jeder Küchenmaschine mit Hackmesser genauso gut herstellen – der Name „Küchenmaschinenfix" ist aber nicht so lustig :-)

Wurzelsalat mit Seasoning (2 Personen)

Dressing: 40 g Sonnenmayonnaise
95 g Wasser | 40 g Zitronensaft
1 TL Salz | 1/2 kl. Apfel (45 g)
Gemüse: 160 g Möhre | 145 g Rote
Bete | 130 g Weißkohl
Seasoning: 5 g Kokosöl | 1 TL
braune Senfkörner | 1 TL Kreuz-
kümmel | 1 TL schw. Zwiebel-
samen | 15 g Kokosraspeln

Dressingzutaten in einem Mixer glatt schlagen. Gemüse in der Maschine oder mit einem Hobel in feine Streifen hobeln, mit dem Dressing vermischen und 10-15 Min. ziehen lassen.
Für das Seasoning das Kokosöl heiß werden lassen, die Gewürze darin anbraten; wenn sie zu stark springen, einen Deckel auflegen. Durchrühren und dann die Kokosraspeln mit erhitzen, bis sie hellbraun sind. Pfanne vom Herd nehmen. Salat auf zwei Teller verteilen, mit Seasoning bestreuen oder das Seasoning getrennt dazu reichen.

Rohkost-Hauptgerichte

🌱 Rohpizza

Pastinake mit Keimen, Öl, Salz und Zitronenschaum in einem Zerkleinerer fein hacken und in einer 24-cm-Quicheform auf dem Boden mit den Händen verteilen.

Rosenkohl putzen (äußere Blätter entfernen), halbieren. Möhre in größere Scheiben schneiden. Zusammen im Zerkleinerer fein hacken und über den Pastinakenboden streuen.

Eisbergsalat klein schneiden, die Rosenkohlschicht mit den Salatstücken abdecken. Peperonipaste, Kerne, Öl und Wasser in einem kleinen Mixer glattschlagen, auf der Salatschicht mit einem Esslöffel verteilen.

Nach Belieben und zur Dekoration noch Kleckse der Peperonipaste auf den Salat setzen.

100 g Pastinake (netto)
50 g Roggenkeime (Keimzeit 36-48 Std.)
1/2 EL Olivenöl
1 Prise Salz
1 TL Zitronenschaum
50 g Rosenkohl (netto)
50 g Möhre
110 g Eisbergsalat
30 g Peperonipaste Fingerschleck
20 g Sonnenblumenkerne
20 g Olivenöl
50 g Wasser

🌱 Gemüse mit Rosakichercreme

Kichererbsen gekocht kennen viele als Hummus bzw. Hommus. Das Prinzip funktioniert auch sehr schön mit zuvor gekeimten Kichererbsen oder roh essbaren Hülsenfrüchten wie Linsen (siehe auch nächste Seite).

Etwa 50 g Kichererbsen über Nacht einweichen, dann noch 36 Std. keimen lassen. In den kleinen Becher eines Mixers geben. Tomate vierteln und zusammen mit Salz, Essig, Sesam- und Sonnenblumenöl, Knoblauchzehe, Pfeffer und Koriander zu den Kichererbsen hinzufügen, gründlich pürieren. 50 Sekunden sollten reichen.

Broccoli zerkleinern, Rotkohl in Streifen, Möhre in Scheiben schneiden. Das klein geschnittene Gemüse nebeneinander auf einen großen Teller legen, in die Mitte die Kichererbsencreme setzen. Mit wenigen feinen Porreeringen in der Mitte dekorieren.

115 g Kichererbsensprossen (Keimzeit 48 Std.)
1 Tomate (100 g), geviertelt
1/2-1 TL Salz
10 g Apfelessig
10 g Sesamöl
20 g Sonnenblumenöl
1 Knoblauchzehe
frisch gem. Pfeffer
1 gestr. TL gem. Koriander
100 g Broccoli
65 g Rotkohl
30 g Möhre
15 g Porreeringe (Weißes)

Thermomixfix

Hokkaidonockerln mit scharfer Soße

10 g eingeweichte Mandeln
135 g Topinambur (netto)
145 g Hokkaidokürbis (ohne Kerne, ungeschält) | 1 TL Zitronenschaum | 1 TL Kräutersalz
35 g scharfe Soße | 1 Apfel (80 g)
40 g Wasser | etwas glatte Petersilie

Morgens die Mandeln in Wasser einweichen. Einige Stunden später Topinambur, Hokkaidokürbis, Zitronenschaum und Salz zu einer glatten Masse pürieren. Nockerln abstechen und auf einen Teller setzen. Für die Soße die „scharfe Soße", die abgetropften Mandeln, einen halben Apfel und das Wasser in einem kleinen Mixer zu einer sämigen Soße schlagen und um die Nockerln gießen. Mit glatter Petersilie und Apfelspalten von der zweiten Apfelhälfte dekorieren.

Mungäne Champignons

3 EL Zitronensaft
2 EL Vindaloo-Öl
4 EL Wasser
1 gestr. TL Salz
1 Prise Kreuzkümmel
frisch gem. schwarzer Pfeffer
180 g Champignons
55 g Mungbohnensprossen (Keimzeit: 48 Std.)
80 g Kopfsalat
1 Tomate (110 g)
etwas gehackte Petersilie

Champignons eignen sich ausgezeichnet für die schnelle Küche, da sie rasch zu säubern sind. Das bisschen Erde, was vielleicht noch dem einen oder anderen Pilz anhängt, lässt sich leicht mit einem Pinsel entfernen. Champignons werden nicht gewaschen, weil sie sich sonst mit Wasser vollsaugen.

Zitronensaft, Öl, Wasser, Salz, Kreuzkümmel und Pfeffer in einer Schüssel mit einer Gabel verquirlen. Champignons in Scheiben schneiden, gut unter das Dressing rühren. Mungbohnensprossen ebenfalls unterrühren. Kopfsalat waschen, trockenschleudern und in Streifen schneiden, unterziehen. In die Mitte eines großen Tellers häufeln. Tomate in Spalten schneiden und an den Rand legen. Mit etwas gehackter Petersilie bestreuen.

Mischhommus mit Süßkartoffel

45 g Linsensprossen (Keimzeit: 48 Std.)
45 g Mungbohnensprossen (Keimzeit 48 Std.)
1 Scheibe Zitrone (ohne Schale; 15 g)
25 g Olivenöl
1 Prise Salz
frisch gem. Pfeffer
25 g Rübstiel (= Stielmus)
110 g Süßkartoffel
10 g Schnittlauch
1-2 Prisen Salz
1 TL Vindaloo-Öl

Hommus ist ein arabisches Gericht, das aus gekochten Kichererbsen hergestellt wird. Dies lässt sich auch gut auf gekeimte Hülsenfrüchte in verschiedenen Variationen übertragen. Hommus wird getrennt serviert, wer will, kann es glatt streichen und oben einen Esslöffel Olivenöl aufträufeln.

Sprossen mit Zitrone, Öl, Salz und Pfeffer in einem kleinen Mixer zu einer Paste verarbeiten und in eine kleine Schale geben. Rübstiel waschen, klein schneiden und auf einem Teller ausbreiten. Süßkartoffel waschen, in grobe Stücke schneiden. Mit Schnittlauch, Salz und Vindaloo-Öl im Zerkleinerer fein raffeln. In zwei Bergen auf den Rübstiel setzen. Hommus in der kleinen Schale dazu stellen. Wer keinen Rübstiel bekommt, nimmt Kopfsalat oder Chicorée.

SNACKS

🌱 Pastinakenplatte

Pastinaken gehören mit Topinambur, Rübstiel und auch Butterkohl zu den heute wieder neu entdeckten Gemüsesorten. Waren sie vor wenigen Jahren noch der Geheimtipp in Bioläden, finden wir sie heute schon auf dem normalen Wochenmarkt. Mein Gemüsegärtner berichtete mir vor drei Jahren stolz, dass sein damals 16-jähriger Sohn mit dem Topinambur-Anbau begonnen habe. Pastinaken sind roh köstlich, weil sie einen leicht süßlichen Geschmack haben. Topinambur kann zu starken Blähungen führen. Beide Gemüse sind ungeschält zu verwenden.

Pastinake in dünne Scheiben schneiden, überlappend in einem Ring auf einen Teller legen. Fenchel (unten von der Knolle) auch dünn schneiden, einen Ring näher an der Tellermitte legen. Tomate in sieben Spalten teilen, am Rand entlang legen. Für das Dressing in einem kleinen Mixer die restlichen Zutaten außer den Sprossen gut verquirlen, einen Teil über das Gemüse gießen, mit Sonnenblumenkernsprossen bestreuen. Restliches Dressing getrennt servieren.

95 g Pastinake
50 g Fenchel
1 kleine Tomate (70 g)
15 g in Öl eingelegter Bärlauch oder 6 frische Blätter
15 g Sonnenblumenkerne
15 g Selleriecreme
15 g Zitronensaft
1 Prise Salz
1 Prise Kreuzkümmel
2 EL Sonnenblumenöl
50 g Wasser
1 EL Sonnenblumenkernsprossen (Keimzeit 24 Std.)

Pastinakenplatte

97

Vorspeisen

Raitas sind Beilagen zu vielen indischen Gerichten auf Joghurt-basis, die mit allen möglichen Zutaten und Gewürzen kombiniert werden. Ob ein Curry, ein Dhal oder ein Fladen auf den Tisch kommen: Raita passt nahezu immer. Bei den meisten indischen Gerichten ist es einfach, die Tierprodukte zu umgehen. Aber ein indisches Kochbuch ohne Raita? Das wäre schade. Zum Glück lässt sich Joghurt in Geschmack und Konsistenz auch ohne Fermentation nachempfinden.

✍ Kaki Raita

25 g Erdnussöl
1/2 TL schwarze Zwiebelsamen
1/2 TL Kreuzkümmelsamen
1 Zwiebel (50 g netto)
1 Prise Salz
85 g Cashew-Joghurt
1 kleines Stück Kaki (45 g)

Öl in einer kleinen beschichteten Pfanne (20 cm) heiß werden lassen, Zwiebelsamen und Kreuzkümmel kurz darin rösten, bis sie knacken. Zwiebel schälen und in dünne Scheiben schneiden, mit anbraten. So lange unter gelegentlichem Rühren auf mittlerer Hitze braten, bis die Zwiebeln in braune Ringe zerfallen und kross sind. Salzen.

Joghurt in einen Suppenteller füllen. Kaki fein würfeln, damit verrühren. Zwiebel mit gerösteten Gewürzen über das Kakijoghurt geben. Öl absieben (damit lässt sich weiter braten).

🌱 Sprossenschale

Öl stark erhitzen, Kreuzkümmel und Senfkörner hinzugeben. Herdplatte auf mittlere Hitze einstellen. Dann Mohn, Porreecreme, Kurkuma, Salz und Sprossen nacheinander hinzugeben, jeweils gut umrühren. Die Sprossen solange anbraten, bis sie sich leicht bräunlich färben. Chinakohlblatt mit der Öffnung auf einen Teller „stellen", Masse hineinfüllen und mit geschnittenem Knoblauchschnittlauch dekorieren.

Hinweis: Knoblauchschnittlauch schmeckt leicht nach Knoblauch und ist etwas breiter als der Schnittlauch, den wir sonst kennen. Er kann im Rezept durch den üblichen Schnittlauch ersetzt werden.

20 g Erdnussöl
1 TL Kreuzkümmel
1 TL braune Senfkörner
2 TL weißer Mohn
2 TL Porreecreme
1/2 TL Kurkuma
1 Prise Salz
70 g Sonnenblumenkernsprossen (Keimzeit 48 Std.)
1 mittelgroßes Blatt Chinakohl
1-2 TL Knoblauchschnittlauch

🌱 Tomaten-Gurken-Raita

Tomate und Gurke in feine Würfel schneiden (z.B. mit einem Dicer), Zwiebel fein würfeln. Alles mit Joghurt, Kreuzkümmel, Salz und Pfeffer verrühren. Öl in einer kleinen Pfanne erhitzen, darin die braunen Senfkörner braten, bis sie knistern. Mit dem Öl unter die Raita mischen. Gekühlt servieren.

1 kleine Tomate (55 g)
50 g Salatgurke
15 g Zwiebel (netto)
60 g Quasi-Grundjoghurt
1/4 TL gem. Kreuzkümmel
1 Prise Salz
1 Prise frisch gem. schwarzer Pfeffer
1 EL Sonnenblumenöl
1/2 TL braune Senfkörner

Tomaten-Gurken-Raita | Raita mit Fruchtsalat | Kaki Raita

SUPPEN

Mehrmals habe ich gelesen, dass in der indischen Küche nicht zwischen Hauptgang, Vorspeisen, Nachtisch usw. unterschieden wird, alles kommt gleichzeitig auf den Tisch. Da haben sich wohl die meisten indischen Restaurants an die europäischen Gepflogenheiten der Menüreihenfolge angepasst. Gerade bei den Suppen aber gefällt mir der Gedanke gut, dass ich vielleicht zwischendurch davon ein wenig naschen kann, statt sie an den Anfang der Mahlzeit zu setzen oder sie – wie in diesem Kapitel – eher als Hauptspeise zu betrachten. Auch sonst kommt mir das als Esser entgegen: Ich kann von dem, was mir schmeckt, mehrmals nehmen, und wenn mir nun das Linsengericht gar nicht munden will, dann halte ich mich eben an die anderen Dinge. Wobei ich mich frage, wie das heutzutage wohl aussieht: Werden da auch Kinder einbezogen oder essen die dann praktisch nichts anderes als Eiskrem und Halva? Oder ist das gleichzeitige Angebot, da es freier ist, auch erzieherisch wertvoll und lässt auch die Kleinen öfter zum Gemüse, zur Rohkost greifen? Da wären doch ein paar praktische Tests interessant :-)

Gemüsesuppen

✿ Kartoffel-Möhren-Suppe mit Brotwürfeln

20 g Erdnussöl
1 TL weißer Mohn
1 TL schwarze Senfkörner
1 TL Kreuzkümmel
1 Knoblauchzehe
1 Scheibe Brot
140 g Möhrenstücke
110 g Kartoffeln
1 TL Petersilienwürze
3 TL Zwiebelchutney
400 g Wasser
2 TL Zitronensaft
2 TL Olivenöl
1 TL Kräutersalz

Erdnussöl erhitzen, Mohn, Senfkörner und Kreuzkümmel einstreuen, sofort Deckel auflegen und warten, bis es nicht mehr spritzt. Hitze etwas reduzieren. Knoblauchzehe schälen, in Scheiben schneiden und kurz anrösten, bis sie am Rand leicht bräunen. Brot, in Stücke gebrochen, ebenfalls darin anbraten, Herdplatte auf mittlere Hitze stellen. Knoblauch herausfischen und beiseite legen. Wenn die Brotstücke von allen Seiten gut gebräunt sind, auf einen kleinen Teller geben. Die restlichen Samen zusammenkratzen.

Für die Suppe Möhren in Stücke schneiden, Kartoffel schälen. Gemüse mit Petersilienwürze, Zwiebelchutney und Wasser (in der Maschine) kurz durchhacken. 20 Min. kochen, dann Zitronensaft, Olivenöl und Salz hinzufügen und pürieren. Samen aus der Pfanne einstreuen, kurz durchrühren. Auf dem Teller mit einigen Knoblauchscheibchen bestreuen. Brotstücke dazu essen oder in die Suppe geben.

✿ Kürbissuppe roh

(2 Teller)

40 g eingeweichte Sonnenblumenkerne
150 g Hokkaidokürbis (netto)
60 g Sellerie (netto)
2 TL Zitronenschaum
20 g November-Würze
1 gestr. TL Salz
1 MS Chili Harrissari
300 g Wasser
etwas Petersilie
50 g angekeimte Kichererbsen
(48 Std. Keimzeit)

Die Zutaten außer den Kichererbsen in einem starken Mixer zu einer glatten Suppe verarbeiten. In Suppenteller füllen, die angekeimten Kichererbsen hineinstreuen und mit etwas glatter Petersilie dekorieren.

SUPPEN

✿ Gemüsesuppe mit Buchweizen

Gemüse putzen, d.h. wenn nötig waschen und/oder klein schneiden. Außer Zwiebel und Knoblauch müssen die hier aufgeführten Gemüse nicht geschält werden. Wasser in einem kleinen Topf zum Kochen bringen, Buchweizen und dann das zerkleinerte Gemüse hinzugeben. Jetzt noch nicht salzen. Erneut zum Kochen bringen, dann auf kleinster Einstellung ca. 15 Min. köcheln lassen. Wer Gemüse gerne bissfest mag, köchelt es besser nur 13 Min. Dann mit Salz, Pfeffer, Öl und Koriander abschmecken.

Tipp: Statt Buchweizen kann man auch Hirse, Amaranth, Hafer oder Quinoa verwenden. Andere Getreidesorten sind zu hart, man kann sie allerdings als Flocken mitkochen.

300 g Gemüse in verschiedenen Farben, z.B.:
1 Tomate, Zuckerschoten, 1 kleine Zwiebel, 1 Knoblauchzehe, Porreegrün, Möhre, Spitzkohl
400 g Wasser
35 g Buchweizen
1 TL Salz
etwas frisch gem. schwarzer Pfeffer
1 EL Vindaloo-Öl
etwas frisch gehackter Koriander

✿ Tomatensuppe

Zubereitung im Thermomix: Tomaten in grobe Stücke schneiden, Zwiebel und Knoblauchzehe schälen und grob zerkleinern. Mit Ingwer und Wasser in den Thermomix geben, einige Sek. auf Stufe 4-10 laufen lassen. Dann 12 Min. bei 100 °C kochen. Wenn es deutlich blubbert, auf 90 °C stellen. Essig, Tomatenmark, Nussmus, Honig, Chili, Pfeffer und Wasser in einem kleinen Mixer verquirlen, in den Thermomix geben. Auf Stufe 10 einige Sek. pürieren. Dann das Öl unterrühren (einige Sek. Stufe 10).
Ohne Thermomix z.B. 15 Min. kochen und anschließend pürieren.

300 g Tomaten
1 Zwiebel (60 g netto)
1 Knoblauchzehe
5 g Ingwer, ungeschält
200 g Wasser
10 g Peperoni-Essig
15 g Tomatenmark
10 g Kürbis-Erdnussmus
5 g Honig
1 kl. Prise Chilipulver
Frisch gem. schw. Pfeffer
40 g Wasser
2 EL Mohnöl

Suppen mit Hülsenfrüchten

⌀ Kichererbsen-Suppe im Eiltempo

1 TL Knobl.-Ingwer-Paste
1/2 TL Kurkuma
1 TL gem. Kreuzkümmel
50 g Kichererbsen
1 Topinambur (65 g)
400 g Wasser
1 TL Rauchkräutersalz
2 TL Zitronenschaum
etwas glatte Petersilie

Zubereitung im Thermomix. Paste und Gewürze in den Thermomix geben. Kichererbsen in einem kleinen Mixer fein mahlen. Topinambur klein schneiden, mit den Gewürzen und dem Wasser im Thermomix kurz auf Stufe 10 laufen lassen (3-4 Sek.). Bei 100 °C / Stufe 1 für 15 Min. köcheln lassen bzw. wenn die Suppe deutlich blubbert, auf 90 °C reduzieren. Mit Zitronenschaum und Salz abschmecken. Auf dem Teller mit etwas Petersilie dekorieren.

Tipp: Man kann die Kichererbsen auch im Thermomix mahlen. Bei der kleinen Menge ist das aber schwierig und es klumpt, wenn ich Wasser hinzufüge bzw. ich muss umfüllen. Wer keinen Thermomix hat, kann die Suppe 15 Min. im normalen Topf kochen – da ist aber häufigeres Umrühren angesagt, damit die Suppe nicht ansetzt.

⌀ Linsensuppe

80 g kleine Linsen
1 Zwiebel (40 g netto)
2 Knoblauchzehen
100 g Cocktailtomaten
ein 50 g Möhrenstück
1 getr. Chilischote
350 g + 25-75 g Wasser
1 Prise Fenchel
1 gestr. TL Mangopulver
1 EL weißer Mohn
1 geh. TL Kräutersalz
25 g Apfelessig

Linsen in den Schnellkochtopf geben. Zwiebel schälen, klein schneiden. Knoblauch schälen, Tomaten halbieren und Möhrenstück in Scheiben schneiden. Gemüse mit Chili, Wasser und Fenchel zu den Linsen geben. Auf dem zweiten Ring 10 Min. garen (bei 9 Min. bleiben die Linsen bissfest), die restlichen Zutaten in einem kleinen Mixer sehr gut mixen, unter die Suppe rühren.

Ohne Schnellkochtopf die Linsen 30 Min. separat im Wasser vorgaren.

SUPPEN

Pintobohnensuppe mit Sellerie

Pintobohnen 8-10 Std. in 300 g Wasser einweichen. Das Einweichwasser auf 300 g auffüllen. Bohnen wieder ins Wasser geben und im Schnellkochtopf, 2. Ring, 10 Min. kochen. Dann langsam abdampfen lassen.

Weiter im Thermomix: Sellerie und Frühlingszwiebel würfeln, Knoblauch schälen. Gemüse und Ingwer mit 200 g Wasser in den Thermomix geben, kurz auf Stufe 5 zerkleinern. Dann bei 100 °C / 11 Min / Stufe 1 kochen. Salbeicreme, Öl und Salz sowie die Bohnen mit dem Kochwasser hinzugeben und pürieren (Stufe 10, 15 Sek.) (ohne Thermomix erst 15 Min. kochen und anschließend pürieren). Auf dem Teller mit Sesam dekorieren.

100 g Pintobohnen
300 g Wasser + Wasser zum Auffüllen
90 g Sellerie
20 g Frühlingszwiebel
1 Knoblauchzehe
2 Scheiben Ingwer, ungeschält (ca. 10 g)
200 g Wasser
1 TL Salbeicreme
2 EL Vindaloo-Öl
1 TL Kräutersalz
Sesam, ungeschält zum Dekorieren

Gemischte Suppen

🌿 Kartoffel-Linsensuppe

1 Kartoffel (95 g)
50 g gelbe Linsen
1 TL Knobl.-Ingwer-Paste
1 Lorbeerblatt
1 TL weißer Mohn
1 TL schwarze Zwiebelsamen
300 g Wasser
1 EL Zitronenschaum
1 TL Rauchkräutersalz
etwas glatte Petersilie

Herstellung im Thermomix: Kartoffel waschen, klein schneiden. Mit Linsen, Paste, Lorbeerblatt, Mohn, Zwiebelsamen und Wasser in den Thermomix geben. Bei 100 °C auf Stufe 1 für 20 Min. kochen (sobald es gut kocht, auf 90 °C herunterstellen). Zitronenschaum und Salz hinzugeben, auf Stufe 10 einige Sek. pürieren. Auf dem Teller mit glatter Petersilie dekorieren.
Ohne Thermomix erst 20 Min. im Topf kochen und dann mit Pürierstab, Mixer o.ä. pürieren.

🌿 Mattenbohnensuppe

(2 Personen)

Suppe:
125 g Mattenbohnen
2 Knoblauchzehen
140 g Möhren
1 Kartoffel (60 g)
25 g Porreecreme
500 g Wasser
2 TL Salz
250 g kochendes Wasser
10 g Zitronenkonzentrat
1 TL Sambhar

Seasoning:
1 EL Traubenkernöl
1 TL Kreuzkümmel
1/2 TL Ajowan
1 TL weißer Mohn
1 Chilischote in Essig
15 g Kokoschips
15 g Cashewnussbruch

Mattenbohnen in den Schnellkochtopf geben.
Knoblauchzehen schälen, Möhren in grobe Stücke schneiden. Kartoffel unter fließendem Wasser abbürsten, würfeln, mit Porreecreme und Wasser ebenfalls in den Topf geben. Auf dem zweiten Ring 10 Min. garen, dann langsam abdampfen lassen.
Mit Salz, kochendem Wasser, Zitronenkonzentrat und Sambhar in einen entsprechenden Mixer geben und pürieren. Wer Suppen lieber etwas dünner mag, erhöht die letzte Wasserzugabe in 50 g Schritten auf 400 g.
In einer kleinen Pfanne Öl erhitzen. Kreuzkümmel, Ajowan und Mohn darin anrösten, Chilischote hinzugeben, dann Kokoschips und Cashewnüsse. Unter Rühren rösten, bis die Kokoschips bzw. die Nüsse hellbraun sind (= Seasoning). Chilischote entfernen und Pfanneninhalt auf einen Teller geben, sonst bräunt die Masse in der Pfanne nach).
Auf dem Teller mit dem „Seasoning" bestreuen.
Mattenbohnen gehören zu den essbaren Hülsenfrüchten, die man gekocht und auch gekeimt verzehren kann. Sie heißen auch Mottenbohnen oder Mückenbohnen. In der deutschen Küche stellen diese Bohnen im Gegensatz zur indischen Küche eher ein Novum dar. In Indien werden sie auch frisch, also ungetrocknet gegessen, oder es kann aus ihnen ein Mehl gewonnen werden. Ihr Geschmack ist unaufdringlich, leicht nach Bohnen.

🌱 Rote-Linsen-Suppe

300 g rote Linsen
1 spitze, rote Paprikaschote
(40 g netto)
6 g frischer Ingwer
1 Knoblauchzehe
1 Liter (1000 g) Wasser
1/4 TL Kurkuma
1 TL Honig (6 g)
500 g Wasser
3 EL Zitronensaft
4 Curryblätter
1 EL Butter (20 g) oder Sonnen-
blumen-/Olivenöl
3 TL Salz
5 g Vindaloo-Paste

(Hauptgericht für ca. 4 Personen, 7-8 Teller)

Zubereitung im Thermomix: Linsen in den Thermomix einwiegen. Paprika entkernen und in feine Scheiben schneiden, Ingwer und geschälte Knoblauchzehe fein würfeln. Mit Wasser, Kurkuma und Honig in den Mischtopf geben.

Bei Einstellung 100 °C, 21 Min., Stufe 1 zum Kochen bringen. Wenn die Flüssigkeit blubbert (etwa nach 9 Min.), auf 90 °C stellen. 500 g Wasser, Zitronensaft, zwischen den Händen grob zerriebene Curryblätter, Butter (bzw. Öl), Salz und ein winziges Stück Vindaloo-Paste hinzugeben, in 5 Min, 100 °C, Stufe 1 nochmals kurz aufkochen.

Ohne Thermomix beträgt die Kochzeit 20-25 Min. und es ist weniger Wasser erforderlich. Also erst mit einem Liter Wasser beginnen und nach der Kochzeit schauen, ob noch verdünnt werden sollte.

Tipp: Die Suppe lässt sich gut einfrieren.

🌱 Kichererbsen-Kartoffelsuppe

50 g Kichererbsenkeime
(Keimzeit: 48 Std.)
1 Kartoffel (110 g)
20 g Zwiebel
1 Knoblauchzehe
5 g Ingwer
410 g Wasser
1/4 TL Asafoetida
1 gestr. TL Salz
1/4 TL Vindaloo-Paste
1 TL Zitronenschaum

Kartoffel unter fließendem Wasser abbürsten und in Stücke schneiden. Zwiebel schälen und in Würfel schneiden. Knoblauchzehe schälen, in Scheiben schneiden. Erbsenkeime, Ingwer und Gemüse mit 410 g Wasser garen (z.B. Thermomix: 20 Min, 100 °C, Stufe 1; wenn 100 °C erreicht, auf 90 °C). Dann mit Asafoetida, Salz, Vindaloo-Paste und Zitronenschaum pürieren.

Ohne Thermomix: Erst kochen und dann pürieren.

SUPPEN

🌱 Klößchensuppe

Weizen fein mahlen. Die restlichen Zutaten in einem kleinen Mixer zu einer glatten Soße verarbeiten. Zum Mehl geben, erst mit einem Löffel verrühren, dann mit der Hand 2-3 Min. gut durchkneten. Zu einer Kugel formen, in geschlossener Plastikdose bis zur Verwendung in den Kühlschrank stellen.

Für die Suppe wird ein Drittel dieser Teigmenge gebraucht, der Rest lässt sich einfrieren, oder man kann kleine Fladen daraus backen.

Das Teigdrittel nochmals gut durchkneten und in 16 kleine Stücke teilen (ca. 4-6 g/Stück). Daraus zwischen den Händen kleine Kugeln formen. In einer kleinen Pfanne oder einem kleinen Topf 250 g Wasser mit einer Prise Salz zum Kochen bringen, die Klößchen hineingeben und 5-7 Min. ziehen lassen. Die restlichen Zutaten in einem kleinen Mixer gut verschlagen, zum Pfanneninhalt hinzufügen und aufkochen.

Teig:
100 g Gelbweizen
15 g Sonnenblumenkerne
1 EL Sonnenblumenöl
1 EL Zitronensaft
40 g Wasser
1 TL Kräutersalz

Suppe:
250 g Wasser
1 Prise Salz
15 g Sonnenblumenkernmus
10 g Sonnenblumenöl
30 g Wasser
1 EL Zitronensaft
1 Prise Salz
1 TL scharfe Basilikumpaste Nr. 2
1 MS Vindaloo-Paste

Mattenbohnensuppe

GETREIDE

Zu Getreide zählt auch der Reis, daher ist dieser Titel nicht so verwunderlich, wie er dem einen oder anderen vielleicht auf den ersten Blick erscheinen mag. Auch hier hat die indische Küche wieder einen starken Berührungspunkt zur Vollwertkost. Zwar wird heute in Indien polierter geschälter Reis verwendet, aber wenn wir unsere Küchenarbeit ein wenig anders organisieren, können wir genauso gut Naturreis verwenden. Wer keine Lust hat umzudenken, kann Reis in indischen Rezepten einfach durch Hirse ersetzen. Denn Hirse gart genauso schnell wie geschälter Reis. Nudeln, Pasta, Pizza und Brotverwertung sind nicht unbedingt „indisch", lassen sich aber dem indischen Einfluss so anpassen, dass damit ganz neue Geschmackserlebnisse gewonnen werden können. Auch hier kann uns die indische Küche viel beibringen, was unsere Küche bereichert.

Wer einen Schnellkochtopf hat, kann auch mit gekochtem Getreide wie Weizen, Dinkel, Roggen usw. experimentieren. Sie alle eignen sich gut für die indische Kochweise.

Reisgerichte

🌿 Gewürzreis Nr. 1

125 g Naturreis
300 g Wasser
2 EL Erdnussöl
1 TL Rotklee
½ Stange Zimt
1 rote Chilischote
1 Lorbeerblatt
1 EL Kokosraspeln
1 EL Rauchkräutersalz

Reis 8-12 Std. im Wasser einweichen. Einweichwasser auffangen. In einem kleinen Topf das Öl erhitzen. Rotklee, Zimt, Chili und Lorbeerblatt im Öl anbraten. Wenn das Lorbeerblatt braun ist, die Kokosraspeln hinzugeben. Vorsicht: Sie bräunen schnell. Den abgetropften Reis hinzugeben, gründlich anbraten, bis das daran haftende Wasser verdampft ist. Einweichwasser hinzugeben. Zum Kochen bringen, dann auf kleinster Einstellung 30-35 Min. köcheln. 5 Min. vor Ende der Kochzeit 1 TL Salz einrühren.

Hinweis: Zum Beispiel lecker mit Haferdreiecken und etwas Feigenchutney.

🌿 Gewürzreis Nr. 2

100 g Basmati-Naturreis
200 g Wasser | 1 TL Rice Masala
1 Prise Koriander | 1/4 TL Asafoetida
10 g Kokosöl

Seasoning:
8 g Zwiebel (netto)
1 kleine Knoblauchzehe
2 g Ingwer, ungeschält
15 g Sonnenblumenöl | 1 TL Ajowan
1 TL schwarze Senfkörner
3-4 getr. Korianderblätter
1 Prise Rauchkräutersalz

Reis 12 Std. im Wasser einweichen. Rice Masala, Koriander, Asafoetida und Kokosöl unterrühren. Auf höchster Einstellung zum Kochen bringen, dann auf kleinster Einstellung 30 Min. quellen lassen.

In der Zwischenzeit das Seasoning zubereiten: Zwiebel und Knoblauch schälen, mit dem Ingwer klein schneiden. Sonnenblumenöl erhitzen, Zwiebel, Ingwer und Knoblauch einrühren. Nach kurzer Weile Ajowan und schwarze Senfkörner einrühren. Platte abstellen, dann noch die Korianderblätter unterrühren. Alles mit 1-2 Prisen Rauchkräutersalz unter den Reis ziehen.

🌿 Gewürzreis Nr. 3

100 g Basmati-Naturreis
200 g Wasser | 2 EL Erdnussöl
1 Gewürznelke
1 aufgeschnittene Kardamomkapsel
1/2 Stange Zimt
3 getrocknete Curryblätter
15 g grüne Rosinen
15 g Cashewnüsse
1/2 TL Rauchkräutersalz

Reis 12 Std. in 200 g Wasser einweichen.

Öl in einem Topf erhitzen, Gewürznelke, Kardamomkapsel, Zimt und Curryblätter auf mittlerer Hitze im Öl anbraten. Reis abtropfen lassen (Flüssigkeit auffangen), in den Topf geben und solange erhitzen, bis das Restwasser verdampft ist. Rosinen, Cashewnüsse und Einweichwasser hinzugeben, Deckel auflegen. Sobald der Reis kocht, auf kleinster Einstellung 30 Min. quellen lassen. Dann mit Rauchkräutersalz verrühren. Im Suppenteller servieren.

Getreide

✿ Gewürzreis Nr. 4: aus dem Schnellkochtopf

Reis in den Schnellkochtopf geben. Knoblauch schälen und in Scheiben schneiden. Beides mit Peperoni und Wasser im Schnellkochtopf bis zur Stufe 2 des Dampfventils erhitzen, dann die Herdplatte abstellen. Den Topf auf der Platte stehen lassen, bis er völlig abgedampft ist. In der Zwischenzeit das Sonnenblumenöl erhitzen. Die Samen aus den Kardamomkapseln nehmen und mit Senfkörnern und Kurkuma im Öl anbraten (Hitze etwas reduzieren).

Die Kichererbsensprossen einige Min. darin anbraten, dann die Frühlingszwiebel klein schneiden und mit dem Salz hinzugeben. Deckel auflegen und auf höchster Einstellung zum Kochen bringen. Auf kleinste Einstellung drehen und dünsten, bis der Reis fertig ist. Dabei den Deckel nicht anheben. Reis mit dem Rest der Kochflüssigkeit in die Pfanne geben, Macadamianuss-Mus unterrühren und kochen, bis fast alle Flüssigkeit verdampft ist.

125 g Rundkorn-Naturreis
1 Knoblauchzehe
3 Ringe Peperoni (3 cm)
375 g Wasser
2 EL Sonnenblumenöl
2 Kardamomkapseln
1 TL schwarze Senfkörner
1 TL gem. Kurkuma
70 g Kichererbsensprossen
(Keimzeit: 3 Tage)
60 g Frühlingszwiebel
1 TL Kräutersalz
1 TL Macadamia-Nussmus

Indisches Risotto

🌿 Idli

25 g Urad Dal
75 g Wasser
50 g Rundkorn-Naturreis
100 g Wasser
1 gestr. TL Salz
etwas Petersilie

Diese Reis-Bohnen-Pfannküchelchen werden normalerweise in einem Spezialtopf gedämpft und werden zum Frühstück verzehrt. Ich habe sie im Gärkorb vom Thermomix (Varoma) gedämpft, noch besser wäre der Varoma-Aufsatz. Auch manche Reiskochtöpfe haben entsprechende Einsätze.

12 Std. getrennt einweichen: Urad Dal mit 75 g Wasser, Reis mit 100 g Wasser.

Urad Dal und Reis getrennt in einem kleinen Mixer zu einer Paste verarbeiten. Wenn es sehr schwierig ist, noch 1-2 EL Wasser hinzugeben. Dann beide Pasten und das Salz vermischen. 12 Std. warm fermentieren lassen. Ich habe den Behälter direkt vor eine warme Heizung gestellt. Gegangen ist der Teig nicht – trotzdem waren die fertigen Idli recht locker.

Beschreibung für den Gareinsatz: Gareinsatz am Boden ein wenig einölen. Mit einem gefalteten Streifen Alufolie eine Trennwand aufstellen, damit nicht alles ineinander läuft. Mit einem Esslöffel vorsichtig Teig entnehmen und nebeneinander in den Gareinsatz geben (bei mir 3 Flädchen). 300-400 g Wasser in den Thermomix geben und 15 Min. auf der Varoma-Stufe dämpfen.

Achtung: Nicht zu viel Wasser in den Thermomix geben, sonst werden die Idli mehr gekocht als gedämpft (schmeckt aber auch).

Auf einen Teller geben, mit Petersilie oder Gewürzen dekorieren und mit einem Chutney servieren.

GETREIDE

✿ Reisflocken mit Kartoffeln

Reis flocken oder schroten und mit Kurkuma, Honig und Salz mischen, in 125 g Wasser einweichen. Kartoffeln abbürsten, klein schneiden.

Öl in einer Pfanne erhitzen, Senfkörner darin aufplatzen lassen (mit Deckel, sonst spritzt es). Kreuzkümmel, Asafoetida, Chili und Curryblätter hinzufügen, einmal durchrühren. Kartoffeln 1 Min. darin rösten, Reisflocken untermischen. 300 g Wasser hinzugießen. 20 Min. unter gelegentlichem Rühren köcheln lassen. Wenn die Masse zu fest wird, noch bis zu 200 g Wasser (kochend heiß) hinzufügen.

Mit Salz und Zitronensaft abschmecken. Auf dem Teller mit Kokosraspeln bestreuen.

Eine andere Methode ist es, die Kartoffeln erst einmal mit 50 g Wasser 10 Min. zu dünsten und dann die Reisflocken hinzuzufügen.

125 g Rundkorn-Naturreis
1 TL gem. Kurkuma
1 TL Honig
1 TL Rauchkräutersalz
125 g Wasser
210 g Kartoffeln
1 EL Erdnussöl
1 TL schwarze Senfkörner
1/2 TL Kreuzkümmelsamen
1 Prise Asafoetida
1 getrocknete Chili
einige getr. Curryblätter
500 g Wasser
Salz nach Geschmack
1 EL Zitronensaft
1 EL Kokosraspeln

✿ Reis mit Grünkohl

Erdnussöl in einem kleinen Wok stark erhitzen. Sobald sich an einem Holzstäbchen Bläschen bilden, Mohn, Senfkörner, Rotklee und Panchphoran einrühren. Deckel auflegen. Sobald die Gewürze nicht mehr springen, Hitze etwas reduzieren und Reis einrühren, dazu noch Kurkuma und Zwiebelchutney. 200 g Wasser unterrühren und den geputzten, klein geschnittenen Grünkohl obenauf legen. 30 Min. auf kleinerer Flamme bei aufgelegtem Deckel dünsten lassen. Salz und Sonnenblumenkernmus unterrühren.

25 g Erdnussöl
1 TL Mohn
1 TL schwarze Senfkörner
1 TL Rotkleesamen
1 TL Panchphoran
80 g Rundkorn-Naturreis
1 TL gem. Kurkuma
3 TL Zwiebelchutney
200 g Wasser
100 g Grünkohl (netto)
1/2 TL Rauchkräutersalz
1 TL Sonnenblumenkernmus

🌱 Reisklöße mit Topinambursoße
(Reichliche Hauptspeise, 1 Person)

80 g Rundkorn-Naturreis
35 g Kokosraspeln
1 TL Kräutersalz
45 g Wasser

Klöße: Reis in der Mühle, Kokosraspeln in einem kleinen Mixer fein mahlen. Mit Salz und Wasser zu einem festen, aber nicht krümeligen Teig verarbeiten. Vier Klöße daraus formen und 10-15 Min. ruhen lassen (in der Zeit z.B. die Rohkost fertig stellen). In den Gareinsatz des Thermomix geben. Den Thermomix mit 500 g Wasser füllen, Gareinsatz einhängen und auf Varoma 23 Min. in Dampf garen. Alternativ in einem Dampfgarer oder in einem Sieb dämpfen, das über kochendem Wasser in einen Topf eingehängt ist.

50 g Wasser
20 g Zwiebel (netto)
130 g Topinambur
1 grüne Chilischote
1/2 TL Ajowan
1 TL Salz | 1/2 TL Kurkuma
1 TL gem. Kreuzkümmel
1 TL Colombo-Paste
1 geh. TL Viernussmus
80 g Wasser

Soße: Wasser in eine kleine Pfanne geben. Zwiebel würfeln, Topinambur (nicht schälen) und Chili in Scheiben schneiden und mit dem Ajowan in die Pfanne geben. Mit aufgelegtem Deckel auf höchster Einstellung zum Kochen bringen. Sobald Dampf unter dem Deckel entweicht, auf kleinste Einstellung drehen und 12-13 Min. garen, ohne den Deckel anzuheben. Topinambur mit der Gabel zerdrücken. Salz, Kurkuma, Kreuzkümmel, Paste, Nussmus und Wasser hinzugeben. Gut unterrühren und einmal aufkochen lassen.
Zwei Klöße auf einen Teller geben, die Hälfte der Soße dazu gießen.

Reis mit Bohnen und Batate

GETREIDE

✿ Reis mit Bohnen und Batate

Bohnen 20-24 Std. in 250 g Wasser einweichen. Einweichwasser mit etwa 50 g Wasser auf 250 g auffüllen. Mit den restlichen Zutaten, die unter „Reis" stehen, 11 Min. im Schnellkochtopf, 2. Ring, kochen. Herdplatte abstellen, Topf noch 7 Min. stehen lassen. Vom Herd nehmen und langsam abdampfen lassen.

Senföl in einer kleinen Pfanne (20 cm) erhitzen, Kreuzkümmel und Mohn darin anbraten, Knoblauch schälen, würfeln und mit anbraten, dann Curryblätter, Paste, Creme und Salz unterrühren. Ungeschälte Batate in dünne Scheiben schneiden. In der Pfanne mit anbraten, 45 g Wasser hinzugeben und auf schwacher Hitze 10 Min. köcheln lassen, bis die Batate fast weich ist.

Gemüse zu den Reis-Bohnen geben, Hirse-Käsecreme einrühren und aufkochen, bis die Flüssigkeit zur gewünschten Konsistenz eingedampft ist. Auf dem Teller mit kleinen Broccoliröschen garnieren.

Reis: 65 g Kidney-Bohnen
etwa 300 g Wasser | 60 g Naturreis
3 cm Red Pepper in Vinegar
1 EL Rosmarin (in Essig)
Batate: 2 EL Senföl (20 g)
1 TL Kreuzkümmelsamen
1 TL weißer Mohn | 1 Knoblauchzehe
1 EL Curryblätter
1/2 TL Knobl.-Ingwer-Paste
1 EL Porreecreme | 1 TL Salz
100 g Batate (netto) | 45 g Wasser

Fertigstellung: 45 g Hirse-Käsecreme
Broccoli zur Dekoration

✿ Reis mit dreierlei Gemüse

Reis, Öl, Peperoni und 235 g Wasser im Schnellkochtopf auf Stufe 2 kochen lassen, nach 9 Min. die Herdplatte abschalten, den Topf aber stehen und langsam abdampfen lassen. Für das Gemüse 50 g Wasser in eine kleine Pfanne (20 cm) geben. Vom Rosenkohl die äußeren unschönen Blätter abziehen, vierteln. Batate und Butternusskürbis in kleine Stücke schneiden. Das Gemüse in die Pfanne geben, als Gemüsepfanne 14-15 Min. dünsten. Die restlichen Zutaten mit 100 g Wasser in einem kleinen Mixer verquirlen. Alles mischen und kurz aufkochen.

125 g Naturreis | 20 g Sonnen-
blumenöl | 2 cm Peperoni
235 g + 50 g+100 g Wasser
100 g Rosenkohl (netto) | 60 g Batate
40 g Butternusskürbis | 1 TL Salz
1/2 TL Paprikapulver | 1 TL Curry
20 g Nussmus | 20 g Apfelessig

✿ Reis, Bohnen und Butternusskürbis

Bohnen ca. 10 Std. in 250 g Wasser einweichen. Einweichwasser mit ca. 60 g Wasser auf 250 g auffüllen und mit den restlichen Zutaten, die unter „Bohnen" stehen, im Schnellkochtopf 10 Min. auf Stufe 2 kochen lassen. Topf vom Herd nehmen, langsam abdampfen lassen. Senföl in einer kleinen Pfanne (20 cm) erhitzen, Fenchel darin anbraten. Zwiebel und Knoblauch schälen, würfeln und mit anbraten, dann Paste und Salz unterrühren. Butternusskürbis nicht schälen, aber Kerne entfernen und den Kürbis in kleine Stücke schneiden. In der Pfanne mit anbraten, dann Joghurt und Wasser hinzugeben und auf schwacher Hitze 10 Min. köcheln lassen, bis der Kürbis fast weich ist. Gemüse zu den Reis-Bohnen geben, salzen. Nussmus einrühren und aufkochen, bis die Flüssigkeit zur gewünschten Menge eingedampft ist.

Reis: 65 g Kidney-Bohnen
250 g + 60 g Wasser | 60 g Naturreis
2 cm Red Pepper in Vinegar
etwas Rosmarin (in Essig)
1 EL Sonnenblumenöl
Kürbis: 2 EL Senföl (20 g) | 1 TL Fen-
chelsamen | 1 Zwiebel (netto 50 g)
1 Knoblauchzehe | 1 TL Knobl.-
Ingwer-Paste | 1 TL Salz
130 g Butternusskürbis (netto)
50 g Cashew-Joghurt | 50 g Wasser

Zusammen: 1 TL Salz
1-2 TL Nussmus

🌱 Reis mit scharfem Broccoli

5 g Sonnenblumenöl
100 g Reis
1/2 TL Curry
20 g Sonnenblumenkerne
300 g + 90 g + 100 g Wasser
145 g Broccoli mit Strunk
55 g rote Paprika
1 getr. Chilischote
30 g Soßenfix
1 TL Wildkräuterpesto
1 TL Salz
1-2 Prisen Chilipulver
20 g Zitronensaft

Öl in einen Reiskochtopf geben; Reis, Curry, 10 g Sonnenblumenkerne und 300 g Wasser hinzugeben und einschalten (dauert ca. 45-50 Min., bis der Reis fertig ist). 90 g Wasser in eine kleine Pfanne geben, Gemüse klein schneiden und mit der Chilischote hinzugeben. Als Gemüsepfanne 10 Min. dünsten. Die restlichen Zutaten mit 10 g Sonnenblumenkernen und 100 g Wasser in einem kleinen Mixer verquirlen, unter das Gemüse rühren und aufkochen. Reis in kleine, mit kaltem Wasser ausgespülte Förmchen drücken und auf den Teller stürzen. Gemüse und etwas Soße dazugeben.

🌱 Reiscurry

100 g Basmati-Naturreis
250 g Wasser
1 TL Koriandersamen
1 TL Curry
1 TL Kreuzkümmel
1 TL schwarze Senfkörner
1/2 TL Asafoetida
etwas Safran
10 g Ingwer
1 größere Knoblauchzehe
2 EL Olivenöl

Basmatireis 12 Std. in 250 g Wasser einweichen. Gewürze vermischen. Ingwer und geschälten Knoblauch klein hacken. Olivenöl in einer kleinen Pfanne erhitzen, Gewürze kurz aufschäumen lassen, dann Ingwer und Knoblauch hinzufügen. Umrühren. Reis abtropfen lassen (Wasser auffangen), in der Gewürzmischung erhitzen. Wasser aufgießen, Deckel auflegen und zum Kochen bringen. Auf kleinster Einstellung 30 Min. dünsten lassen. Das Wasser ist dann komplett aufgesogen. Mit Salz abschmecken.

GETREIDE

🌿 Reis mit Mungbohnen und Butternusskürbis

Reis ca. 10 Std. in 250 g Wasser einweichen. Einweichwasser auf 250 g auffüllen und mit den restlichen Zutaten, die unter „Reis" stehen, im Schnellkochtopf 10 Min. auf Stufe 2 kochen lassen. Topf vom Herd nehmen und langsam abdampfen lassen.

Öl in einer kleinen Pfanne (20 cm) erhitzen, Samen darin anbraten, Knoblauch schälen, würfeln und mit anbraten, dann Paste, Kurkuma und Salz unterrühren. Butternusskürbis nicht schälen, aber ggf. Kerne entfernen und den Kürbis in kleine Stücke schneiden. In der Pfanne mit anbraten, dann Essig und Wasser hinzugeben und auf schwacher Hitze 10 Min. köcheln lassen, bis der Kürbis fast weich ist.

Gemüse zu den Reis-Mungbohnen geben, salzen, Mandel-Joghurt einrühren und aufkochen. Petersilie unterrühren.

Reis: 60 g Naturreis
250 g + 40 g Wasser
65 g Mungbohnen
2 Wacholderbeeren | 2 Gewürznelken
2 cm Red Pepper in Vinegar

Kürbis: 15 g Erdnussöl
1/2 TL Kreuzkümmelsamen
1 TL weiße Mohnsamen
1 Knoblauchzehe | 1 TL Knobl.-Ingwer-Paste | 1/2 TL Kurkuma
1/2 TL Gemüsesalz | 100 g Butternusskürbis | 10 g Peperoni-Essig
40 g Wasser | 40 g Mandel-Joghurt
1-2 EL geh. Petersilie

Zusammen: 1 TL Salz
1 TL Nussmus

🌿 Mungreis mit Porree in Erdnusssoße

Reis, Bohnen, Wasser und Öl im Schnellkochtopf auf dem 2. Ring 13 Min. kochen. 1 Min. auf der abgestellten Herdplatte nachquellen lassen, anschließend abdampfen lassen. Mit etwas Salz verrühren.

Wasser und Beinwell-Öl in einer Pfanne (20 cm) verrühren. Porreestange in Ringe schneiden und mit Peperoni hinzugeben. Deckel auflegen, auf höchster Einstellung erhitzen, bis Dampf unter dem Deckel austritt. Auf kleinste Einstellung drehen und 10 Min. garen, dabei den Deckel nicht anheben. Die restlichen Zutaten, bis auf 20 g Wasser, in einem kleinen Mixer gut verquirlen und unter den Porree rühren. Becher mit 20 g Wasser nachspülen, ebenfalls zum Gemüse geben. Kurz aufkochen.

Reis: 95 g Naturreis
30 g Mungbohnen | 275 g Wasser
10 g Sonnenblumenöl | etwas Salz

Gemüse: 55 g Wasser
10 g Beinwell-Öl
1 cm rote Peperoni
175 g Porree (weiß)

Soße: 70 g Wasser
40 g gesalzene Erdnüsse
25 g Rosinen
6 g Ingwer, ungeschält
15 g Zitronenkonzentrat
½ TL Salz

119

✍ Doppelreis mit Senfbatate

100 g Naturreis | 25 g Wildreis
1 EL Rosmarin in Essig
265 g + 50 g Wasser
15 g Peperoni-Essig | 20 g Senföl
1 TL braune Senfkörner
1 TL Panchphoran | 115 g Batate
1 TL Senf (10 g) | 40 g Porreecreme
1 gestr. TL Salz
1 EL Cashew-Joghurt
1 EL geh. Petersilie

Beide Reissorten mit Rosmarin, 265 g Wasser und Essig im Schnell-kochtopf auf dem 2. Ring 12 Min. garen. Dann langsam abdampfen lassen.

Öl in einer Pfanne (20 cm) erhitzen. Senfkörner und Panchphoran darin rösten. Batate in Scheiben schneiden, kurz mit anbraten. Senf, Porreepaste, Salz und 50 g Wasser verquirlen, hinzugeben und auf kleinster Einstellung bei aufgelegtem Deckel 10 Min. dünsten.

Inhalt der Pfanne zum Reis geben, Joghurt und Petersilie unterrüh-ren und köcheln lassen, bis die gewünschte Soßenkonsistenz erreicht ist.

✍ Safranzitronenreis mit marinierten Champs
(Video auf Webseite)

50 g Basmati-Naturreis
100 g Wasser

8 g + 8 g Zwiebel (netto)
1 Knoblauchzehe, geschält
3 Gewürznelken
3 schwarze Pfefferkörner
1/2 TL schw. Senfkörner
1 EL + 1 EL Apfelessig
2 EL + 3 EL + 1 EL warmes Wasser
1/2 TL Koriander gem.
1/2 TL Kurkuma gem.
1/2 TL gem. Zimt
1/2 TL gem. Piment
1 Prise gem. Chiliflocken
1 EL + 2 EL + 1 EL Distelöl
210 g Champignons

1/2 TL Safranfäden
1/2 TL gelbe Senfkörner
3 Gewürznelken
15 g Cashewnüsse
2 EL Kokosraspeln (15 g)
1 getr. Chilischote
50 g Zitronensaft
4 g Ingwerscheiben
1 gestr. TL + 1 Prise Salz

Reis in 100 g Wasser ca. 4-6 Std. einweichen.

8 g Zwiebel und Knoblauch schälen, hacken, mit Nelken, Pfeffer-und schwarzen Senfkörnern sowie 1 EL Essig in einem kleinen Mi-xer verquirlen, dann mit 2 EL Wasser zu einer dünnen Paste schla-gen. Die gemahlenen Gewürze (Koriander, Kurkuma, Zimt, Piment, Chili) sowie 3 EL Wasser, 1 EL Essig und 1 EL Öl gut unterrühren. Champignons in Scheiben schneiden, mit der Marinade in einer ver-schließbaren Plastikschüssel gut verrühren und ca. 4 Std. ziehen las-sen, dabei ab und zu durchschütteln.

Reis abtropfen lassen, Wasser auffangen. Safranfäden im Mörser zerstoßen und mit 1 EL warmem Wasser übergießen. 2 EL Öl in einem Topf erhitzen, gelbe Senfkörner, Nelken und Cashewnüsse kurz anbraten, dann den Reis hinzufügen und rühren, bis der Reis fast trocken oder glasig ist. Kokosraspeln und Chilischote noch kurz mit erhitzen. Einweichwasser und Zitronensaft hinzugeben und zum Kochen bringen. Auf kleinster Einstellung 30 Min. quel-len lassen, dann auf ausgestellter Platte nachdampfen lassen. Vor dem Essen Chilischote und Nelken entfernen und 1 gestr. TL Salz unterrühren.

1 EL Öl auf mittlerer Hitze erhitzen und 8 g Zwiebel und 4 g Ing-wer kurz anbraten, bis die Zwiebeln glasig sind. Champignons ab-tropfen lassen, Marinade auffangen. Champignons in der Pfanne anbraten. Dann die abgetropfte Marinade und 1 Prise Salz hinzufü-gen, auf kleinster Einstellung 5 Min. köcheln lassen. Mit dem Reis servieren.

Indisches Risotto

50 g Rundkorn-Naturreis
125 g Wasser
1 EL Sonnenblumenkerne
1 EL grüne Rosinen
1 getr. Chilischote
1/2 TL Kreuzkümmelsamen
1/2 TL Rauchkräutersalz
1 TL Rice Masala

Reis in 125 g Wasser ca. 8 Std. einweichen. Kerne, Rosinen, Chilischote und Kreuzkümmelsamen hinzugeben und zum Kochen bringen. Auf kleinster Einstellung 30 Min. quellen lassen, dann auf ausgestellter Platte nachdampfen lassen (in dieser Zeit z.B. Fladen backen, die gut dazu passen). Vor dem Essen die Chilischote entfernen. Salz und Rice Masala unterrühren.

Reiszwiebelcurry

5 g Distelöl
100 g Naturreis
1/2 TL beliebigen Curry
300 g + 70 g + 50 g Wasser
90 g Zwiebel (netto)
30 g Kokosraspeln
10 g Knoblauch-Ingwer-Paste fix
10 g Zitronensaft
10 g Honig
1 TL Salz
5 g Red Pepper in Vinegar
20 g + 10 g Kokosöl
1 TL „Panchphoran erweitert"

Distelöl in den Reiskochtopf geben. Reis, Curry und 300 g Wasser hinzugeben und 45 Min. kochen lassen. Nach ca. 30 Min. mit dem Rest beginnen:

70 g Wasser in eine kleine Pfanne gießen, Zwiebel schälen, in Streifen schneiden und in das Wasser geben. Deckel auflegen, zum Kochen bringen und auf kleinster Einstellung garen (ca. 8-10 Min.).

In einem kleinen Mixer Kokosraspeln, Paste, Saft, Honig, Salz, Peperoni, 20 g Kokosöl und 50 g Wasser zu einer glatten Paste vermischen, unter die Zwiebelstreifen rühren.

10 g Kokosöl erhitzen, Panchphoran darin anbraten. Zwiebelmasse hinzugeben und kurz durchkochen lassen. Reis mit der Soße auf einem Teller servieren.

GETREIDE

Hirsegerichte

✿ Hirse mit Blumenkohl gebacken

Hirse in eine ofenfeste Pfanne (möglichst beschichtet) geben. Zwiebel in Ringen und Blumenkohl in kleinen Scheiben darüber verteilen. Die restlichen Zutaten (nur mit 200 g Wasser) im großen Becher eines kleinen Mixers gut verquirlen, über das Gemüse gießen. Den Becher mit 150 g Wasser ausspülen, ebenfalls hinzugeben. Deckel auflegen und in den kalten Ofen auf den Gitterrost schieben. 1 Stunde bei 200 °C backen, dann hat die Hirse unten eine leckere Kruste gebildet.

Ergänzung: Wer Gemüse gerne bissfest isst, kommt mit 45 Min. aus, dann ist die Hirse vermutlich auch noch nicht angebacken. Auch wenn das Essen auf den ersten Blick trocken aussieht: Es war sehr saftig! Macht sehr wenig Arbeit.

80 g Hirse
1 Zwiebel (45 g netto)
180 g Blumenkohl (netto)
1 gestr. TL Salz
1 TL Lavendel-Curry
1 TL Kreuzkümmel
1/2 TL Kurkuma
20 g Sonnenblumenkerne
30 g Sonnenblumenöl
1 TL Zitronensaft
10 g Apfelessig
200 g + 150 g Wasser

Hirse

123

🌱 Hirse-Augenbohnen Topf

50 g Augenbohnen
1 EL Erdnussöl
3 Gewürznelken
5 schwarze Pfefferkörner
2 Lorbeerblätter
1 gestr. TL Kreuzkümmel
1/2 TL gem. Kurkuma
35 g Hirse
250 g Wasser
1 Prise Rauchkräutersalz

24 Std. vorher die Augenbohnen in reichlich Wasser einweichen. Nach ca. 12 Std. gut durchspülen und keimen lassen. Erdnussöl in einem kleinen Wok erhitzen. Nelken, Pfefferkörner, leicht zerstoßene Lorbeerblätter und Kreuzkümmel darin etwa 1 Min. rösten, bis die Mischung gut duftet. Abgetropfte Augenbohnen 30 Sek. mit braten. Hirse und Kurkuma hinzugeben, Wasser hinzugießen und bei aufgelegtem Deckel zum Kochen bringen. Dann auf kleinster Einstellung 30 Min. köcheln lassen. Salzen.

🌱 Hirsemaronen

190 g Maronen ungeschält (110 g netto)
75 g Hirse
1 gestr. TL Kreuzkümmel
1 TL Rauchkräutersalz
215 g + 20 g Wasser
2 EL Erdnussöl
1 TL schwarze Senfkörner
1 TL Panchphoran
1/2 EL getr. Curryblätter
1 Knoblauchzehe
15 g Zwiebel (netto)
1 getr. Chilischote grün
1 kleiner Apfel (85 g)
evtl. 2 EL Sonnenblumenöl

Maronen in etwas Wasser 5 Min. kochen lassen. Hirse mit Kreuzkümmel, Salz und 215 g Wasser zum Kochen bringen, auf kleinster Einstellung 20 Min. dünsten lassen. In dieser Zeit die Maronen vorbereiten: Schale und Innenhaut abziehen. Am einfachsten geht das, wenn man oben an die Spitze zwei sich überschneidende Einschnitte macht. Halbieren oder vierteln.

In einer Pfanne Erdnussöl erhitzen. Senfkörner hinzugeben, Deckel auflegen und warten bis es nicht mehr spritzt. Panchphoran und Curryblätter hinzugegeben und kurz mitbraten, dabei Hitze etwas reduzieren. Geschälte und in Scheiben geschnittene Knoblauchzehe, geschälte gewürfelte Zwiebel und in Stücke geschnittene Chilischote darin anbraten, bis der Knoblauch leicht gebräunt ist. Apfel in feine Streifen schneiden, mit dem oben hergestellten Würzöl und Maronen in der Pfanne einige Min. anrösten, dann 20 g Wasser hinzugeben und noch einige Min. dünsten. Gut mit Hirse vermischen. Eventuell mit etwas Öl beträufeln.

Hirsemaronen

GETREIDE

🌱 Hirse mit Doppel-B

Hirse mit Kokosraspeln, Wasser und Öl zum Kochen bringen. Dann auf kleinste Einstellung drehen und bei ganz schwacher Hitze 15 Min. köcheln lassen. Herdplatte abstellen und auf der Platte noch 5 Min. nachquellen lassen. Erst nach dem Garen salzen.

Öl in einer Pfanne erhitzen. Zwiebel schälen, klein schneiden und im Öl leicht anbräunen, dann den Kreuzkümmel mit erhitzen. Paste und Peperoni einrühren. Batate ggf. wie eine Kartoffel unter fließendem Wasser abbürsten, klein schneiden. Broccoli ebenfalls klein schneiden. Beides kurz mit anbraten, mit Kurkuma bestreuen und gut durchrühren. Wasser und Essig hinzugeben, Deckel auflegen und auf kleinster Einstellung ca. 10 Min. dünsten. Hirse-Käsecreme mit Honig, Garam masala und Salz verrühren, unter das Gemüse rühren und noch 5 Min. ziehen lassen.

Einen Teil der Hirse in eine mit kaltem Wasser ausgespülte Form drücken, auf den Teller stürzen und Gemüse daneben legen. Mit etwas abgezupfter Petersilie dekorieren.

Für die Hirse:
100 g Hirse
1 EL Kokosraspeln | 240 g Wasser
10 g Sonnenblumenöl | etwas Salz

Für das Doppel-B:
2 EL Sonnenblumenöl
1 kleine Zwiebel (25 g brutto)
1 TL Kreuzkümmelsamen
1 TL Knobl.-Ingwer-Paste
1 cm Peperoni | 85 g Batate
105 g Broccoli | 1 gestr. TL Kurkuma
100 g Wasser | 15 g Peperoni-Essig
45 g Hirse-Käsecreme | 1 TL Honig (8 g)
1 TL Garam masala | 1 TL Salz
Petersilie als Dekoration

🌱 Hir-Sing mit Maronen

260 g Wasser in eine Pfanne (24 cm) geben, mit Wildpesto verrühren. Hirse einstreuen, Chili hinzugeben. Wirsingblätter waschen, in Streifen und dann mehrmals quer durchschneiden. Maronen vierteln, beides in die Pfanne geben. Deckel auflegen, auf höchster Einstellung zum Kochen bringen. Sobald Dampf unter dem Deckel austritt, auf kleinste Einstellung bringen und 18 Min. dünsten, ohne den Deckel aufzuheben. Die restlichen Zutaten und 50 g Wasser in einem kleinen Mixer gut pürieren und über das Gericht gießen. Chilischoten je nach Schärfevorliebe entfernen.

260 g + 50 g Wasser
1 TL Wildpesto
100 g Hirse
1-2 getr. Chilischoten
160 g Wirsing
50 g Maronen (gekocht)
20 g Liebstöckelfeigen
20 g Cashewnüsse
20 g Sonnenblumenöl
10 g Zitronensaft
Chiliflocken
1 TL Salz

Hirsepfanne mit Rosenkohl

⚘ Hirse mit Champignons

80 g Hirse | 240 g Wasser
100 g Champignons | 1 EL Sonnenblumenöl | 1 TL schwarze Senfkörner | 1/2 TL Kurkuma
1/2 TL Rauchkräutersalz
1 gestr. TL weißer Mohn
1 TL Kreuzkümmel
1 EL Zitronenschaum

Hirse 4-6 Std. im Wasser einweichen. Dann die Champignons halbieren bzw. je nach Größe vierteln, zu der Hirse geben. Aufkochen, dann die Herdplatte abstellen. 15-20 Min. quellen lassen. 5 Min. vor Ende der Garzeit das Öl erhitzen. Die Senfkörner einrühren, bis sie springen, dann die anderen Gewürze der Reihe nach einrühren und anbraten. Mit Zitronenschaum ablöschen. Unter die Hirse rühren, bis die gesamte Hirse gleichmäßig gelb gefärbt ist.

⚘ Hirsepfanne mit Rosenkohl

45 g Hirse | 110 g Rosenkohl (netto)
50 g Champignons
95 g Mungbohnenkeime (von 50 g Mungbohnen, Keimzeit 48 Std.)
200 g Wasser | 1/2 TL scharfe Basilikumpaste | 1 gestr. TL Rauchkräutersalz | 1 TL Zitronensaft
4 geh. TL Tomatenmark
1 TL Goda masala

Hirse in eine kleine Pfanne geben. Rosenkohl putzen: Äußere Blätter entfernen, Strunk kreuzweise einschneiden. Champignons halbieren. Mungbohnenkeime, Rosenkohl, Champignons und Wasser ebenfalls in die Pfanne geben. Deckel auflegen, auf höchster Einstellung zum Kochen bringen, bis Dampf unter dem Deckelrand entweicht. Auf kleinster Einstellung 20 Min. dünsten. Scharfe Basilikumpaste, Salz, Zitronensaft, Tomatenmark und Goda masala vermischen und unterrühren.

GETREIDE

✍ Hirsetopf

Öl in einem Topf erhitzen. Zwiebel schälen und würfeln. Im heißen Öl nacheinander Senfkörner, weißen Mohn, Paste, Zwiebel und Chilischote anbraten. Zwiebelwürfel glasig werden lassen, dann Kurkuma, Kreuzkümmel, Kokosraspeln und Cashewbruch im selben Topf anbraten. Hirse unter Rühren in dieser Mischung 3-4 Min. erhitzen. Mit Wasser auffüllen, zum Kochen bringen. Auf kleinster Einstellung 20 Min. dünsten. Mit Rauchkräutersalz verrühren. Chilischote je nach Schärfevorliebe entfernen.

5 EL Erdnussöl | 20 g Zwiebelstücke
1 TL schwarze Senfkörner
1 TL weißer Mohn
1/2 TL Knobl.-Ingwer-Paste
1 getr. Chilischote | 1 TL gem. Kurkuma
1 TL gem. Kreuzkümmel
20 g Kokosraspeln
20 g Cashewnussbruch
160 g Hirse | 450 g Wasser
1 TL Rauchkräutersalz

✍ Möhren-Grünkohl-Hirse

Erdnussöl in einem kleinen Wok erhitzen. Schwarze Zwiebelsamen, Ajowan und Senfkörner hinzugeben, die Samen und Körner aufplatzen lassen. Zwiebel schälen und in Stücke schneiden und darin anbraten (auf etwas herunter gestellter Hitze), bis die Ränder sich verfärben. Kurkuma und Zwiebelchutney sowie 50 g Hirse einrühren, bis alles mit Öl überzogen ist.
Möhre in Scheiben und Grünkohl in Streifen schneiden, beides noch kurz mit anbraten und gut vermischen. Als letztes das Wasser hinzufügen. Deckel auflegen. Sobald das Gericht kocht, Herdplatte auf kleine Einstellung drehen und 20 Min. köcheln. Zitronensaft und Kräutersalz unterrühren.

30 g Erdnussöl
1 TL schwarze Zwiebelsamen
1 TL Ajowan
1 TL schwarze Senfkörner
1 Zwiebel (netto 75 g)
1 TL Kurkuma
3 TL Zwiebelchutney (oder 1 Chili)
50 g Hirse
90 g Möhre
75 g Grünkohl
150 g Wasser
1 EL Zitronensaft
1 TL Kräutersalz

✻ Shiitake-Hirse mit Erdnusssoße

100 g Hirse
300 g Wasser
8 g getr. Shiitake-Pilze
3 EL Sonnenblumenöl

Für die Soße:
(1) 1 TL schwarzer Senf
1 TL weißer Mohn
1 TL schwarze Zwiebelsamen
(2) 6 g gehackte Zwiebel
1 rote Chilischote
(3) 1 TL Rauchkräutersalz
1 TL Knobl.-Ingwer-Paste
(4) 1 gestr. TL Kurkuma
1 gestr. TL gem. Koriander
2 TL Zitronenschaum
15 g Erdnussmus | 100 g Wasser

Hirse in 300 g Wasser ca. 3 Std. einweichen. In den letzten 20 Min. die Pilze zum Quellen zu der Hirse geben. Zum Kochen bringen. Sobald alles gut kocht, Herdplatte abstellen und 20 Min. quellen lassen, ohne den Deckel anzuheben.

In einer Keramikpfanne (20 cm) 3 EL Öl stark erhitzen. Die Zutaten der Gruppen Nr. 1-4 jeweils in Gruppen nacheinander einrühren, wobei die Zwiebelstücke gerührt werden, bis sie bräunen. Zum Schluss Zitronenschaum, Erdnussmus und 100 g Wasser unterrühren.

Ohne Deckel bis zur gewünschten Konsistenz einkochen lassen. Chilischote herausnehmen, sobald die Soße scharf genug schmeckt.

✻ Tandoori-Hirse

100 g Hirse
250 g + 2 EL Wasser
10 g Sonnenblumenöl
1/2 TL Tandoorigewürz
1/2 TL Kräutersalz
Salatdressing (siehe Text)
einige Linsensprossen

Hirse mit 250 g Wasser und Öl zum Kochen bringen, dann 20 Min. auf kleinster Einstellung köcheln/quellen lassen. 2 Esslöffel eines Salatdressings aus gleichen Teilen Öl und Essig mit etwas Salz mit Tandoorigewürz und 2 EL Wasser verrühren, unter die Hirse mischen. Auf einen Teller füllen, mit ein paar Linsensprossen dekorieren.

GETREIDE

🌱 Hirse mit scharfem Blumenkohl

Öl in den Topf eines Reiskochers geben, Hirse und 300 g Wasser hinzufügen. Kochen lassen.

50 g Wasser in eine Pfanne (24 cm) geben. Blumenkohl klein schneiden, Rosenkohl putzen (äußere schlechte Blätter abziehen) und halbieren, mit Tiefkühlerbsen und Blumenkohl in die Pfanne geben. Deckel auflegen, auf höchster Einstellung zum Kochen bringen, bis Dampf unter dem Deckel entweicht. Auf kleinster Einstellung 10 Min. garen, ohne den Deckel anzuheben.

Die restlichen Zutaten mit 70 g Wasser in einem kleinen Mixer verquirlen, unter das Gemüse rühren und kurz aufkochen. Hirse neben dem Gemüse auf dem Teller servieren.

5 g Öl
100 g Hirse
300 g + 50 g + 70 g Wasser
150 g Blumenkohl
30 g Rosenkohl (netto)
50 g Tiefkühlerbsen
20 g CC-Edelnussmus
1 TL Chiliessig
1 TL Salz

🌱 Zitronenhirse mit Nuss

Hirse mit Wasser in einem kleinen Topf zum Kochen bringen, auf kleinster Einstellung 15-16 Min. dünsten.

Öl in einer Pfanne auf höchster Einstellung stark erhitzen, Senfkörner hinzugeben und Deckel auflegen. Auf mittlere Einstellung drehen. Warten, bis die Senfkörner nicht mehr gegen den Deckel springen.

Lorbeerblätter zerkleinern und mit Urad Dal und Nüssen hinzugeben und unter Rühren erhitzen, bis die Cashewnüsse goldbraun sind. Kurkuma und Salz unterrühren, vom Herd nehmen und Zitronensaft einrühren. Gegarte Hirse hinzufügen und vorsichtig, aber gründlich unterziehen.

90 g Hirse
220 g Wasser
15 g Erdnussöl
1 TL schwarze Senfkörner
2 Lorbeerblätter
1 gestr. TL Urad Dal (oder gelbe Linsen, 15 Min. in etwas Wasser eingeweicht)
1 EL Cashewnüsse
1 EL Erdnüsse (ungeröstet)
1 TL Kurkuma
1 TL Rauchkräutersalz
1,5 EL Zitronensaft

Andere Getreide

🌿 Quinoahäufchen mit Maronen

50 g Quinoa
5 g Sonnenblumenöl
130 g Wasser
15 g Erdnussöl
1/2 TL Kreuzkümmel
1/2 TL Kurkuma
1/2 TL Curry
1 TL Honig
1 Zwiebel (45 g netto)
1 gestr. TL Gemüsesalz
50 g Maronen
30 g Reis-Schmelzkäse
1 kleine Tomate (33 g)
90 g Broccoli
60 g Möhre

Quinoa mit Öl und Wasser zum Kochen bringen, auf schwache Hitze stellen und 10 Min. dünsten lassen, Herdplatte abstellen und noch 5 Min. nachquellen lassen.

Erdnussöl in einer kleinen Pfanne (20 cm) erhitzen, Kreuzkümmel darin anrösten. Restliche Gewürze und Honig mit einrühren. Zwiebel schälen, in Ringe schneiden und mit anbraten. Salzen. Solange bei mittlerer Hitze braten, bis die Zwiebelringe leicht bräunlich sind, dann die Maronen darin anbraten. Wenn sie gut angebraten sind, den „Schmelzkäse" einrühren und schließlich Quinoa unterziehen.

Gemüse würfeln, in die Mitte eines Tellers legen. Mit Hilfe kleiner Schüsselchen vier Berge aus der Quinoa-Mischung formen und an den Rand legen. Noch warm servieren.

Hinweis: Der Vollwertler isst die Rohkost zuerst.

Quinoa-Hirse mit Zwiebel-Maronen

GETREIDE

Buchweizen-Curry-Klößchen

Buchweizen fein mahlen, mit Salz und Curry mischen. 50 g Wasser unterrühren und Teig abgedeckt ca. 15 Min. ruhen lassen. Wasser mit etwas Salz aufkochen. Mit einem Teelöffel Klößchen abstechen und in das nur leicht siedende Wasser geben (es sollte möglichst nicht sprudelnd kochen). Wenn die Klößchen hochgestiegen sind, je nach Größe noch ca. 5 Min. ziehen lassen. Die Klößchen „kleben" teils am Topfboden fest, also besser überprüfen, wenn sie nicht aufsteigen.

65 g Buchweizen
1/2 TL Salz
1 gestr. TL Curry
50 g Wasser
ca. 1,5 Liter Wasser zum Kochen
etwas Salz

Quinoa-Hirse mit Zwiebel-Maronen

Quinoa und Hirse mit Wasser und Essig zum Kochen bringen, auf schwache Hitze stellen und 16 Min. dünsten lassen. Salz unterrühren. Vor dem Servieren die Masse in mit kaltem Wasser ausgespülte Förmchen drücken und auf einen Teller stürzen.

Erdnussöl in einer kleinen Pfanne (20 cm) erhitzen, Kreuzkümmel und Granatapfelkerne darin anrösten. Zwiebeln schälen, in Ringe schneiden, mit anbraten. Salzen. Solange bei mittlerer Hitze braten, bis die Zwiebelringe leicht bräunlich sind. Maronen und Peperoni darin anbraten.

Die Soßenzutaten in einem kleinen Mixer verquirlen und kalt zum Essen servieren.

Hinweis: Wer nicht gerne scharf isst, ersetzt den Essig zum Kochen durch Wasser und nimmt für die Soße normalen Essig. Statt einer Kakifrucht eignet sich auch anderes säuerliches Obst.

Für das Getreide: 65 g Quinoa
60 g Hirse | 310 g Wasser
35 g Peperoni-Essig
1 gestr. TL Gemüsesalz

Für die Zwiebeln: 25 g Erdnussöl
1 TL Kreuzkümmel
1 TL Granatapfelkerne
2 Zwiebeln (125 g netto)
1 TL Gemüsesalz
2 cm Peperoni
70 g gekochte Maronen

Für die Soße: 50 g Reis-Schmelzkäse
1/4 Kaki (125 g netto) | 35 g Peperoni-Essig | 1 TL Gemüsesalz

Buchweizen mit Broccoli in Tahinmayonnaise

Buchweizen in eine Pfanne (24 cm) geben. Tomate in Stücke schneiden. Zwiebel und Knoblauch schälen, klein schneiden. Broccoli inklusive Strunk in Scheiben schneiden. Gemüse zum Buchweizen geben, 205 g Wasser darüber gießen. Deckel auflegen, auf höchster Einstellung zum Kochen bringen, bis Dampf unter dem Deckel austritt. Auf kleinster Einstellung garen (15 Min.), ohne den Deckel anzuheben.

In einem kleinen Mixer die restlichen Zutaten mit 50 g Wasser 1 Min. fein pürieren, unter das Gemüse rühren. Aufkochen ist nicht nötig.

100 g Buchweizen | 1 Tomate (100 g)
1 Zwiebel (65 g netto)
1-2 Knoblauchzehen
155 g Broccoli
205 g + 50 g Wasser
20 g Tahin | 15 g Zitronensaft
1 TL Salz | 2 TL weißer Mohn
1 TL Curry | 1/2 TL Kreuzkümmel
35 g Sonnenblumenöl

131

🌿 Gefüllte indische Pfannkuchen

Teig:
10 g Basmati-Naturreis
45 g Rundkorn-Naturreis
45 g Urad Dal (oder gelbe Linsen)
100 g + 50 g Wasser
1 Prise Rauchkräutersalz
1-2 Prisen Koriander

Füllung:
6 g getr. Shiitake-Pilze
100 g Wasser
1 EL Sonnenblumenöl
1/2 TL weißer Mohn
1/2 TL schwarze Senfkörner
15 g Zwiebel (netto)
1/2 TL Knobl.-Ingwer-Paste
1/2 TL gem. Kreuzkümmel
1/2 TL gem. Kurkuma
1/2 TL Rauchkräutersalz
1/2 TL Asafoetida
1/2 TL Mangopulver
2-3 EL Erdnussöl zum Braten

Reis und Urad Dal 6 Std. in 100 g Wasser einweichen. 50 g Wasser, 1 Prise Rauchkräutersalz und Koriander hinzugeben und in einem kleinen Mixer mit dem hochstehenden Messer zu einem zähflüssigen Teig verarbeiten. Mindestens 30 Min. stehen lassen.

Shiitake-Pilze in 100 g Wasser 20 Min. einweichen.

1 EL Sonnenblumenöl auf mittlerer Einstellung erhitzen. Mohn und Senfkörner kurz darin anbraten, bis sie „springen". Zwiebel schälen, hacken und hinzufügen, rühren und erhitzen, bis sie goldbraun sind. Dann die Paste einrühren, gefolgt von Kreuzkümmel, Kurkuma, Salz und Asafoetida. Nur wenige Sekunden braten, dann die abgetropften Pilze (Einweichwasser auffangen) ebenfalls anbraten. Einweichwasser hinzugeben und bei geschlossenem Deckel (mit „Luftloch") auf mittlerer Hitze 5 Min. köcheln. Das Wasser ist dann fast vollständig verdampft. Mangopulver unterrühren und die Masse in eine kleine Schüssel umfüllen.

Die Pfanne schnell reinigen (z.B. mit Haushaltspapier). 2 EL Erdnussöl erhitzen. Die Hälfte der Teigmasse in die Pfanne geben, glattstreichen und ca. 2 Min. braten, bis eine Seite goldbraun ist. Umdrehen und weiter braten (Hitze etwas reduzieren), bis auch diese Seite goldbraun ist. Auf einen Teller geben, die Hälfte der Füllung auf ein Drittel des Pfannkuchens geben, dann halb zusammenklappen. Mit der zweiten Teighälfte genauso verfahren. Da die Pfanne jetzt heiß ist, verkürzt sich die Bratzeit.

Hinweis: Die Füllung ist nicht sehr reichlich, mir hat sie genügt. Sonst einfach die doppelte Menge herstellen. Ein süßliches Chutney schmeckt sehr lecker dazu!

Gefüllte indische Pfannkuchen

GETREIDE

🌱 Braunhirse-Möhren-Eintopf

Die drei Gewürze mit Paste und 75 g Wasser in einem kleinen Mixer gut mixen. Hirse in eine Pfanne (24 cm) geben, 150 g Wasser und Gewürzwasser hinzufügen. Zwiebel schälen, klein schneiden und darüber streuen. Möhren in nicht zu dünne Scheiben schneiden (5 mm), dazugeben. Tomaten oben kreuzweise einschneiden und auf den Möhren verteilen. Deckel auflegen, zum Kochen bringen und 30-40 Min. köcheln lassen. Salz und Mayonnaise unterrühren. Nackthafer und Leinsamen flocken, ebenfalls hinzugeben und unter Rühren einkochen lassen.

Hinweis: Braunhirse eignet sich eher für die rohe Verwendung. Deutlich schneller geht es mit gelber Hirse.

1 TL Kreuzkümmel
1 TL braune Senfkörner
1 TL weißer Mohn
20 g Knoblauch-Ingwer-Paste fix
75 g + 150 g Wasser | 75 g Braunhirse
1 Zwiebel (30 g netto) | 150 g Möhren
4 Cocktail-Tomaten (95 g)
2 kleine Chilischoten
1 TL Salz | 30 g Sonnenmayonnaise
2 EL Nackthafer
1 TL goldener Leinsamen

🌱 Klößchen topinamburt überbacken

Klößchen: Hefe in 45 g Wasser auflösen. Weizen und Linsen mahlen, mit 1 TL Salz und Hefewasser zu einem festen Teig verarbeiten. Kugel formen, abgedeckt 20 Min. gehen lassen. 7 Klößchen zu je 20 g formen, nebeneinander in den Thermomix-Gareinsatz setzen (oder anders dämpfen). 500 g Wasser in den Thermomix geben, Gareinsatz einhängen und auf Varoma 23 Min. garen lassen. 4 Klößchen davon verwenden, Rest für ein anderes Gericht aufheben (siehe z.B. nächste Seite).

Klößchen in ca. 5 mm dicke Scheiben schneiden, nebeneinander in eine Lasagneform legen. Die restlichen Zutaten bis auf die Erdnüsse mit 105 g Wasser in einem kleinen Mixer mit dem hochstehenden Messer 45 Sek. schlagen. Gleichmäßig über die Kloßscheiben verteilen, Erdnüsse darüber streuen. In den kalten Ofen schieben: 10 Min. bei 250 °C (gut mit Grillfunktion).

Klößchen:
1/2 TL Trockenhefe (2 g)
45 Wasser | 60 g Gelbweizen
40 g rote Linsen
1 geh. TL Rauchkräutersalz

Zum Überbacken:
20 g Sonnenblumenkerne
15 g Sonnenblumenöl
1 EL Zitronensaft
1 TL Colombo-Paste
1 TL Rauchkräutersalz
1/2 TL gem. Koriander
60 g Topinambur
105 g Wasser
1 EL Erdnüsse

Klößchen topinamburt überbacken

🌱 Gelbweizenklößchen mit Steckrüben

Klößchen:
1/2 TL Trockenhefe (2 g)
45 g Wasser
60 g Gelbweizen
40 g rote Linsen
1 gestr. TL Rauchkräutersalz

Soße:
55 g + 100 g Wasser
1 TL Petersilienwürze
45 g Porree
125 g Steckrübe
1 gestr. TL Rauchkräutersalz
1 TL Sambhar
6 TL Limettensaft
1 geh. TL Viernussmus

Klößchen: Hefe in 45 g Wasser auflösen. Weizen und Linsen mahlen, mit Salz und Hefewasser zu einem festen Teig verarbeiten. Kugel formen, abgedeckt 20 Min. gehen lassen. 7 Klößchen zu je 20 g formen, nebeneinander in den Thermomix-Gareinsatz setzen. 500 g Wasser in den Thermomix geben (ohne Thermomix in einem Dämpfeinsatz garen), Gareinsatz einhängen und auf Varoma 23 Min. garen lassen. (4 Klößchen für ein anderes Gericht zurücklegen).

Soße: 55 g Wasser mit Petersilienwürze in einer Pfanne verrühren. Porree waschen, in Ringe schneiden. Steckrübe würfeln. Beides in die Pfanne geben. Deckel auflegen, auf höchster Einstellung zum Kochen bringen, bis Dampf unter dem Deckel entweicht und auf kleinster Einstellung 13 Min. dünsten. Restliche Zutaten einrühren, aufkochen und bis zur gewünschten Konsistenz einkochen lassen.

Emmernudeln mit Bohnencurry

GETREIDE

✿ Nudeln mit Zwiebeln und Linsen

Erdnussöl in einer kleinen Pfanne (20 cm) erhitzen; Kümmel, Senf-körner und Mohn darin anbraten. Dann die gelben Linsen einrühren und auch einige Min. mit braten. Zwiebeln und Knoblauch schälen, würfeln. In die Pfanne geben, mit anbraten, bis die Zwiebeln leicht glasig sind. Wasser und Salz hinzugeben und 12 Min. bei geschlosse-nem Deckel auf kleiner Hitze köcheln lassen. Zum Schluss mit Ho-nig und Tahin abschmecken.
Nudeln nach Anweisung kochen. Unter die Zwiebelmasse rühren. Mit Petersilie dekorieren.

30 g Erdnussöl | 1 TL Kümmel
1 TL braune Senfkörner
1 TL weißer Mohn | 50 g gelbe Linsen
3 Zwiebeln (185 g brutto)
1 Knoblauchzehe | 125 g Wasser
1 TL Salz | 1/2 TL Honig
1 geh. TL Tahin
125 g Dinkelspirali
etwas geh. Petersilie

✿ Emmernudeln mit Champignons

Emmer fein mahlen, mit Salz und Kreuzkümmel mischen. 1 EL Öl und 75 g Wasser einarbeiten, 5 Min. lang kneten, dabei vorsichtig auch das restliche Wasser einarbeiten, der Teig soll nur ganz leicht klebrig sein. Abgedeckt 3-4 Std. ruhen lassen. 1/4 der Teigmenge reicht für 1 kleine Portion Nudeln. Mit Hilfe von etwas Mehl sehr dünn ausrollen und mit einem Teigrädchen in schmale Streifen schneiden. 1 Liter Wasser mit 1 TL Salz zum Kochen bringen, die Nudeln locker hineingleiten lassen. 4 Min. kochen, dann in einem Sieb abtropfen lassen. Champignons reinigen, evtl. halbieren. Mit 40 g Wasser zum Kochen bringen, auf kleiner Einstellung 10 Min. köcheln. Cashewnussmus, Zitronenschaum, 100 g Wasser, Goda masala und Salz mit einem kleinen Mixer verquirlen. Unterrühren, aufkochen lassen.
Nudeln und Champignons auf einen Teller geben, mit einigen Saf-ranfäden bestreuen.

Für die Nudeln:
200 g Emmer | 1 Prise Salz
1 Prise Kreuzkümmel
1 EL Sonnenblumenöl
85-90 g Wasser

Für die Champignons:
150 g Champignons
40 g + 100 g Wasser
10 g Cashewnussmus
2 TL Zitronenschaum
2 EL Öl | 1 gestr. TL Salz
1 guter TL Goda masala
einige Safran- oder Chilifäden

✿ Emmernudeln mit Bohnencurry

Nudeln wie oben beschrieben kochen.
Die Soßenzutaten in einem kleinen Mixer gut verschlagen. 30 g Öl in einer kleinen Pfanne (20 cm) mit dem Sambhar verrühren, Bohnen ggf. waschen. Enden der Bohnen abschneiden, Bohnen und Zwie-beln klein schneiden. Gemüse in die Pfanne geben. Deckel auflegen, Gemüse auf höchster Einstellung zum Kochen bringen. Dann die Herdplatte auf kleinste Einstellung drehen und das Gemüse noch 13 Min. dünsten, dabei den Deckel nicht anheben. Soße unter das Ge-müse rühren und kurz aufkochen lassen.

Für die Nudeln: siehe oben

Für die Soße:
10 g Salbeicreme | 10 g Apfelessig
150 g Wasser | 1 TL Sambhar
1 TL Kräutersalz
25 g Sonnen-Erdnussmus
Für die Bohnen:
30 g Sonnenblumenöl | 1 TL Sambhar
115 g grüne Brechbohnen
50 g Frühlingszwiebeln

🌱 Shiitake-Pizza

100 g Dinkel
50 g Wasser
2 TL Olivenöl
1 Prise Salz
1 TL gem. Kreuzkümmel
6 g getr. Shiitake-Pilze
100 g warmes Wasser
1 TL Knobl.-Ingwer-Paste
30 g Tomatenmark
2 EL + 2 EL Olivenöl
30 g Sonnenblumenkerne
1 EL Zitronenschaum
1 Prise Salz
75 g Wasser (Einweichwasser der Pilze)
1 EL Naturreis
Olivenöl, ca. 1-2 EL zum Bestreichen
14 g Zwiebel (netto)

Hinweis: Die 6 g Shiitake sind kein Druckfehler! Getrocknete Pilze vervielfachen sich im Gewicht, wenn sie in Wasser eingeweicht werden.

Dinkel fein mahlen. Mit 50 g Wasser, Öl, Salz und Kreuzkümmel zu einem weichen Teig verkneten. In einer abgedeckten Schüssel 30 Min. ruhen lassen. Shiitake in 100 g Wasser 20 Min. einweichen. Paste, Tomatenmark und 2 EL Olivenöl verrühren. Sonnenblumenkerne mit Zitronenschaum, 2 EL Olivenöl, Salz und 75 g Wasser (Einweichwasser) in einem kleinen Mixer zu einer homogenen Masse schlagen.

Reis fein mahlen. Umluftofen auf 225 °C stellen, auf den Boden eine ofenfeste Form mit Wasser setzen. Beim Ausrollen je nach Luftfeuchtigkeit mit reichlich Mehl arbeiten. Auf bemehlter Fläche den Teig zu einem Kreis von ca. 20 cm Durchmesser ausrollen. Sich den Kreis längs dreigeteilt vorstellen, den mittleren Teil mit Öl bestreichen und mit Reismehl bestreuen. Das rechte Drittel über die Mitte klappen. Oberfläche mit Öl und Reismehl behandeln, linke Seite drüber klappen; es gibt jetzt einen Streifen. Diesen mit Öl und Reismehl behandeln. Oberes Drittel über die Mitte klappen, behandeln, unteres Drittel darüber klappen. Jetzt zu einer dünnen Teigplatte mit einem Durchmesser von etwa 24 cm ausrollen. In eine dünn mit Öl eingepinselte Quicheform geben, einen kleinen Rand hochziehen. Ein paar Mal mit der Gabel einstechen und 5 Min. backen.

Auf den heißen Teig die rote Paste streichen (mit einem Spatel geht das gleichmäßig). Mit Shiitake und fein geschnittener Zwiebel bestreuen. Dann den Sonnenblumenkernmix gleichmäßig darüber verteilen. In den Ofen schieben und bei 225°C 15 Min. backen.

🌱 Schnelle Pizza

Teig: 50 g Dinkel | 75 g Kichererbsen
30 + 20 g Sonnenblumenöl
40 + 125 g Wasser | 1/2 TL Rauchkräutersalz | 1/2 TL Asafoetida
1/2 TL gem. Koriander
1/2 TL gem. Kreuzkümmel
1/2 TL Curry
Für Belag außerdem: 20 g Zwiebel (netto) | 1 geschälte Knoblauchzehe
Für Guss außerdem: 25 g Sonnenblumenkerne | 1 Prise Vindaloo-Paste | 1 TL Rauchkräutersalz
1 TL Zitronenschaum
Zum Bestreuen: Schwarzkümmel
Sesam, ungeschält

Dinkel und Kichererbsen getrennt 48 Std. keimen lassen.

Teigzutaten (40 g Wasser, 30 g Öl) in der aufgeführten Reihenfolge in einen Hochleistungsmixer geben. Auf kleiner, dann ansteigender Geschwindigkeit vermischen. Ggf. mit dem Stößel herunterdrücken, bis eine glatte Paste erreicht ist. Eine 24-cm-Pizzaform gut einölen, Teig hineingeben und mit der nassen Hand ausbreiten. Zwiebel und Knoblauch in ganz dünne Scheiben schneiden, darauf verteilen.

Die Gusszutaten mit 20 g Öl und 125 g Wasser im Mixer ganz glatt und schaumig schlagen, über die Zwiebeln gießen. Rechts und links mit Schwarzkümmel, in der Mitte mit Sesam bestreuen.

In den kalten Ofen schieben und 10 Min. bei 200 °C, dann 20 Min. bei 225 °C backen.

Hinweis: Ich habe sehr zurückhaltend gewürzt. Es hätte ruhig mehr sein können; selbst der scharfe Anteil. Es reichen auch 50 g Kichererbsen.

Getreide

🌱 Brot-Quiche

Brot in 5 mm dicke Scheiben schneiden und eine Quicheform (24 cm) damit auslegen. Zwiebeln schälen, in dünne Scheiben schneiden und auf dem Brot verteilen. Zutaten von „Zitronensaft" bis „Gemüsesalz" mit 100 g Wasser in einem kleinen Mixer durchmischen. Restliche Gewürze und 100 g Wasser hinzugeben, durchmischen. Gleichmäßig über die Zwiebeln und das Brot geben. In den kalten Ofen schieben, mit einer Dauerbackfolie abdecken und 10 Min. bei 225 °C backen. Folie entfernen und 10 Min. bei 250 °C backen.

150 g altes Brot
2 Zwiebeln (115 g netto)
1 EL Zitronensaft
100 + 100 g Wasser
25 g Zwiebelchutney
35 g Sonnenblumenkerne
30 g Sonnenblumenöl
1 TL Gemüsesalz | 1 TL Kurkuma
1 TL gem. Kreuzkümmel
2 TL weißer Mohn

🌱 Brotwürfel in Soße

Zwiebel schälen und würfeln. Öl in einer Keramikpfanne erhitzen, Samen hinzugeben und sofort den Deckel auflegen, weil die Samen springen. Sobald sie sich „beruhigt" haben, die Zwiebel einrühren. Braten, bis die Zwiebelstücke an den Rändern bräunen, dann die Paste unter Rühren hinzufügen. Die Hitze etwas herunterdrehen. Brot würfeln, in die Pfanne geben und unter gelegentlichem Rühren einige Min. rösten. Zwischendurch die Hitze noch etwas herunterdrehen (7-8 von 12). Sonnenblumenkernmus, Tomatenmark, Öl, Essig, Salz und Wasser in einem kleinen Mixer verquirlen. In die Pfanne geben, einmal kurz aufkochen. Koriander unterrühren. Einen Teller füllen und ggf. noch mit etwas Koriander dekorieren.

Hinweise: Die Soße zieht sofort in das Brot ein, deshalb ist es trotz des „trockenen Anblicks" ein saftiges Gericht. Wer mehr Soße will, muss die Wassermenge dementsprechend erhöhen. Ist in 20 Min. fertig!

1 Zwiebel (45 g netto)
20 g Erdnussöl
1 TL Kreuzkümmelsamen
1 TL weiße Mohnsamen
1 TL schwarze Senfkörner
1 TL scharfe Basilikumpaste Nr. 6
150 g Brot
20 g Sonnenblumenkernmus
20 g Tomatenmark
20 g Sonnenblumenöl
10 g Apfelessig
1 gestr. TL Rauchkräutersalz
100 g Wasser
1 EL geh. frische (oder 2 TL getrocknete) Korianderblätter

Schnelle Pizza

GEMÜSE & CO

Dieses Kapitel habe ich unterteilt in Gemüse, Kartoffeln und Pilze. Kartoffeln sind natürlich auch ein Gemüse und bei indischen Gerichten spielen sie wirklich auch eine Gemüserolle: Da gibt es z.B. ein Reiscurry mit Kartoffeln. Das ist für den Europäer eher ungewohnt, der entweder Reis oder Kartoffeln isst. Die Aufteilung in diesem Buch folgt den europäischen Essgewohnheiten und zeigt auch gleich wieder, wie viel mehr wir aus einer einfachen Kartoffel machen können! – Pilze haben eine eigene Rubrik, weil sich mit ihnen wunderbar Fleischgerichte nachahmen lassen. Wer ein indisches Kochbuch kauft, in dem auch Fleischgerichte enthalten sind, braucht die entsprechenden Rezepte nicht mehr ungelesen zur Seite zu legen. In Indien wird bei weitem nicht so viel Fleisch gegessen, wie man den Kochbüchern entnehmen könnte, die hierzulande auf dem Markt sind. Das ist teilweise vermutlich eine Verbeugung vor den westlichen Kochbuch-Gepflogenheiten und entspricht nicht der langen indisch-vegetarischen Tradition.

Gemüse

✿ Mischtopf

Für Reis-Linsen:
65 g Linsen | 60 g Naturreis
1,5 cm Peperoni | 350 g + 100 g Wasser | 35 g Mandelmus
10 g Zitronenschaum | 15 g Quasi-Grundjoghurt | 1 TL Salz

Für das Gemüse:
2 EL Erdnussöl
2 TL weißer Mohn
1 TL Kreuzkümmel
1 TL schwarze Senfkörner
1 Knoblauchzehe
40 g Porreepaste
1 TL Salz
10 g Zitronenkonzentrat
1 TL gem. Kurkuma | 105 g Fenchel
40 g Broccoli | 20 g Wasser

Für die Reis-Linsen: Linsen, Reis, Peperoni und 350 g Wasser im Schnellkochtopf garen (10 Min., 2. Ring, langsam abdampfen). Mandelmus, Zitronenschaum, Joghurt, Salz und 100 g Wasser (Rest der Kochflüssigkeit mit Wasser auf 100 g auffüllen) in einem kleinen Mixer verquirlen, unter die Linsen rühren und wieder in den Schnellkochtopf geben. Köcheln, bis die Soße nach Wunsch eingedickt ist.

Für das Gemüse: Erdnussöl in einer Pfanne (20 cm) erhitzen, weißen Mohn, Kreuzkümmel und Senfkörner im Öl anbraten. Knoblauchzehe schälen, in Scheiben schneiden und mit anbraten, bis die Scheiben eine beige Farbe angenommen haben. Porreepaste, Salz, Zitronenkonzentrat und Kurkuma einrühren, gut mitbraten und glatt rühren. Zuletzt Fenchel und Broccoli klein schneiden und einrühren. 20 g Wasser hinzugeben. Deckel auflegen, auf höchster Einstellung zum Kochen bringen, bis Dampf unter dem Deckel austritt. Auf die kleinste Einstellung drehen und 14 Min. dünsten, ohne den Deckel anzuheben. Gemüse neben dem Reis anrichten.

✿ Blumenkohl

1 EL Erdnussöl
1 TL schwarze Senfkörner
1 TL weißer Mohn
50 g Wirsingpaste
200 g Blumenkohl
1 Tomate (150 g) in Stücken
15 g Wasser
1 gestr. TL Gemüsesalz
1 TL Lavendelcurry
etwas Petersilie

Erdnussöl stark erhitzen, Senf- und Mohnkörner hineingeben, sofort den Deckel auflegen. Dann die Wirsingpaste einrühren. Blumenkohl klein schneiden, darin kurz anbraten. Tomatenstücke und Wasser hinzugeben, alles einmal gut verrühren. Deckel auflegen, auf höchster Einstellung zum Kochen bringen, bis Dampf unter dem Deckel entweicht. Dann 13-15 Min. dünsten (nach 15 Min. ist das Gemüse schön weich). Salz und Curry unterrühren, auf einen Teller geben und mit etwas Petersilie dekorieren. Gut dazu passt ein einfaches Fladenbrot.

Gemüsepfanne

GEMÜSE & CO

🌱 Pakora (frittiertes Gemüse)

Kichererbsen möglichst fein mahlen (z.B. in einem kleinen Mixer in zwei Portionen). Mit Salz, Gewürzen und Petersilie verrühren. Das Wasser portionsweise hinzugeben, immer gut mit einem Quirl durchschlagen. 5 Min. ruhen lassen. Kartoffel unter fließendem Wasser gut abbürsten, in dünne Scheiben (1-2 mm), Champignons in dickere Scheiben (5 mm) und Möhre in 2-3 mm dicke Scheiben schneiden. Mit dem Teig verrühren, sodass alles Gemüse bedeckt ist. 15-20 Min. stehen lassen.

In einem kleinen Wok das Kokosöl stark erhitzen. Sobald an einem Holzlöffel Luftbläschen hochsteigen, das Gemüse einzeln mit einem Löffel aus der Schüssel vorsichtig in das heiße Fett gleiten lassen. Sobald die Hälfte des Gemüses im Wok ist, pausieren. Gemüsestücke im Fett kochen lassen. Wenn der Teig sich etwas dunkler verfärbt hat, ein Stück probieren.

Haushaltspapier auf ein Kuchengitter legen. Gemüsestücke mit einem Schaumlöffel aus dem Fett holen, auf das Haushaltspapier legen und abkühlen lassen. In der Zwischenzeit die zweite Portion Gemüse frittieren.

75 g Kichererbsen
1/2 TL Salz
1/2 TL gem. Kreuzkümmel
1/2 TL gem. Koriander
1/2 TL gem. Kurkuma
1/2 TL Paprikapulver, edelsüß
1 TL fein gehackte, tiefgekühlte Petersilie
120 g Wasser
1 Kartoffel (80 g)
115 g Champignons
40 g Möhre
300 g Kokosöl zum Frittieren

🌱 Gemüsepfanne

Wasser, Sonnenblumenöl und Garam masala in einer Pfanne verrühren. Kartoffeln unter fließendem Wasser abbürsten und in feine Scheiben, geschälte Zwiebel in Streifen, gewaschene Bohnen in 2-3 cm lange Stücke, Sellerie in feine Streifen und Kürbis (ohne Kerne, aber ungeschält) in 1 x 0,5 cm große Stücke schneiden. Geschnittenes Gemüse in die Pfanne geben. Essig darüber gießen. Deckel auflegen, auf höchster Einstellung zum Kochen bringen und warten, bis Dampf unter dem Deckel austritt. 15 Min. auf kleinster Einstellung dünsten, ohne den Deckel anzuheben.

Joghurt mit den restlichen Zutaten verrühren und unter das Gemüse mischen. Deckel wieder auflegen und auf der abgestellten Herdplatte 2 Min. ziehen lassen. Auf einen Teller füllen und mit einigen Kokosstreifen dekorieren.

60 g Wasser | 15 g Sonnenblumenöl
1 TL Garam masala
2 Kartoffeln (140 g)
10 g Zwiebel (netto)
130 g flache grüne Bohnen
45 g Sellerie
100 g Hokkaidokürbis (netto)
2 EL Peperoni-Essig
55 g Quasi-Grundjoghurt
1 TL Sambhar Nr. 2
1 TL Kräutersalz
2 EL Macadamia-Nussöl
einige Kokosstreifen als Dekoration

Pakora

60 g Wasser
165 g Grün und Strunk von einem
kleinen Blumenkohl
80 g Broccolistrunk
2 Knoblauchzehen
1 cm Essig-Peperoni
15 g Peperoni-Essig
1 gestr. TL Salz
20 g Nussmus
120 g Wasser

✿ Restecurry

Wasser in eine kleine Pfanne (20 cm) geben, Blumenkohlgrün und Strunk in kleine Stücke schneiden, Broccolistrunk in feine Halbscheiben schneiden. Knoblauchzehen abziehen, klein schneiden; Gemüse und Peperoni in die Pfanne geben. Deckel auflegen, auf höchster Einstellung zum Kochen bringen, bis Dampf unter dem Deckel entweicht. Auf kleinste Einstellung drehen und 14-16 Min. dünsten, ohne den Deckel anzuheben. Für die Soße die restlichen Zutaten in einem kleinen Mixer verquirlen, unter das Gemüse rühren und kurz aufkochen.

Mit Brot und Reis oder Hirse servieren.

10 g Zwiebel (netto)
1 grüne Chilischote
20 g Kokosöl
70 g + 50 g Wasser
1/2 TL Ajowan
1 TL Grüne Knobl.-Ingwer-Paste
150 g Kartoffeln
75 g Stangensellerie
90 g Fenchel (netto)
15 g Viernussmus
10 g Zitronensaft
1/2 TL Kurkuma
1 gestr. TL Kräutersalz
1 Prise Asafoetida
1-2 Prisen Kardamom

✿ Sellerie, Fenchel, Kartoffel

Zwiebel würfeln, Chilischote in Scheiben schneiden. Kokosöl mit 70 g Wasser, Zwiebel, Chilischote, Ajowan und Paste in einer Pfanne verrühren.

Kartoffeln unter fließendem Wasser abbürsten, mit Stangensellerie und Fenchel klein schneiden. Zu den Zwiebeln geben. Deckel auflegen. Bei größter Hitze zum Kochen bringen, bis Dampf unter dem Deckel austritt.

Auf kleinster Einstellung 15 Min. dünsten, ohne den Deckel anzuheben. Die restlichen Zutaten mit 50 g Wasser in einem kleinen Mixer verquirlen. Soße unter das Gemüse rühren und einmal aufkochen.

Gemüsepfanne | Gemüsepfanne mit Tahinsoße | Restecurry

Gemüse & Co

Gemüsepfanne mit Tahinsoße

Wasser in eine Pfanne (24 cm) geben. Austernpilze klein schneiden und in die Mitte legen. Broccoli in handliche Röschen teilen, Porree in Ringe sowie Spitzkohl in Streifen schneiden und in drei Blöcken um die Pilze legen.

Deckel auflegen und auf größter Einstellung zum Kochen bringen, bis Dampf unter dem Deckel entweicht. Herdplatte auf kleinste Einstellung drehen und 12 Min. dünsten, ohne den Deckel anzuheben.

Restliche Zutaten außer den Kokosstreifen in einem kleinen Mixer mit dem hoch stehenden Messer gut verschlagen und einige Min. stehen lassen. Die Soße dickt dann nach. Über das Gemüse gießen. Auf dem Teller mit einigen Kokosstreifen dekorieren.

60 g Wasser
100 g Austernpilze
100 g Broccoli
50 g Porree (weißer Teil)
60 g Spitzkohl
10 g Peperoni-Essig
1 cm Peperoni
1 Dattel (20 g brutto)
15 g Tahin
1/2 kleiner Apfel (50 g)
1 TL Salz
1 gestr. TL Garam masala
15 g Sonnenblumenöl
einige Kokosstreifen

Romanesco mit Bohnenreis

65 g Kidney-Bohnen
300 g + 80 g Wasser | 60 g Naturreis
2 cm Peperoni | 20 g Erdnussöl
1/2 TL braune Senfkörner
1 TL Korianderkörner
1 Prise Asafoetida
1 + 1/2 TL Salz | 1 Knoblauchzehe
1 TL Knobl.-Ingwer-Paste
1/4 TL gem. Kurkuma
1 TL Honig (12 g)
110 g Romanesco | 50 g Wasser
30 g Zitronenkonzentrat
2 geh. TL Hirse-Käsecreme

Bohnen 12 Std. in 300 g Wasser einweichen. Einweichflüssigkeit auf 250 g auffüllen (etwa 80 g Wasser). Reis und Peperoni hinzugeben und im Schnellkochtopf 10 Min. auf dem 2. Ring kochen, dann auf der abgestellten Herdplatte abdampfen lassen (dauert etwa 8 Min). Für das Gemüse das Öl erhitzen. Senf und Korianderkörner darin rösten. Asafoetida, 1 TL Salz, die abgezogene in Scheiben geschnittene Knoblauchzehe, Paste, Kurkuma und Honig mitbraten. Romanesco in Röschen teilen, unter die Masse rühren. 50 g Wasser und zerdrücktes Zitronenkonzentrat hinzufügen und den Deckel auflegen. Auf kleinster Einstellung dünsten, bis der Reis fertig ist (etwa 12 Min.) Bohnen-Reis mit 1/2 TL Salz und der Hirsekäsecreme aufkochen. Köcheln lassen, bis die Flüssigkeit zur gewünschten Konsistenz eingedampft ist.

Blumenkohl-Kartoffel-Pfanne

1 Kartoffel (140 g)
120 g Blumenkohl
40 g Erdnussöl
1 Kardamomkapsel
1 TL schw. Zwiebelsamen
1 grüne Chilischote
 1 gestr. TL Salz
40 g Wasser
1 EL Zitronensaft
1 TL Cashewnussmus

Kartoffel unter fließendem Wasser abbürsten und klein schneiden. Blumenkohl in 2 x 2 cm große Würfel schneiden. Öl in einem kleinen Wok stark erhitzen. Kardamomkapsel öffnen, Samen herausnehmen. Die Kardamomsamen mit den Zwiebelsamen in das heiße Öl geben und unter Rühren 2-3 Min. erhitzen. Chilischote in Ringe schneiden, unterrühren. Dann erst die Kartoffelstücke für 3-4 Min. in dem Fett anbraten, gefolgt vom Blumenkohl für 2-3 Min. Wasser hinzufügen, Deckel auflegen und 15 Min. auf kleiner Flamme köcheln lassen. Zitronensaft und Cashewnussmus unterrühren, nochmals kurz aufkochen. Dazu schmeckt gut ein einfaches Fladenbrot.

Broccoli mit lieblicher Soße

45 g Kokosöl | 1 große Tomate (160 g)
220 g Broccoli-Röschen
1 Knoblauchzehe
15 g gesalzene, geröstete Erdnüsse

Soße: 10 g Zitronenfleisch
1 getrocknete Aprikose | 3 g Ingwer,
ungeschält | 1 TL Kräutersalz
25 g Kokosraspeln | 1/2 TL Curry
125 g Wasser | einige Kokosstreifen

Öl in eine Pfanne (24 cm) geben. Tomate in die Mitte setzen, oben kreuzweise einschneiden. Broccoli in handliche Röschen teilen und um die Tomate legen, Erdnüsse darüber streuen. Deckel auflegen und auf größter Einstellung zum Kochen bringen, bis Dampf unter dem Deckel austritt. Herdplatte auf kleinste Einstellung drehen und 12-14 Min. (je nachdem, wie bissfest das Gemüse sein soll) dünsten, ohne den Deckel anzuheben.
Die Soßenzutaten in einem kleinen Mixer gut verschlagen, in die Pfanne geben, verrühren, ohne dass der Broccoli aufgelöst wird, und aufkochen. Mit einigen Kokosstreifen dekoriert servieren.

GEMÜSE & CO

🌱 Grünkohl mit Kürbis

60 g Wasser mit Wildkräuterpesto in einer Pfanne (24 cm) verrühren. Grünkohl, waschen, trocknen, klein schneiden; 250 g Muskatkürbis (nach Belieben schälen, wenn die Schale dünn ist, geht es auch ungeschält) in dünne Scheibchen schneiden. 30 g getrocknete Pflaumen vierteln und mit dem Gemüse (Grünkohl zuerst) in die Pfanne geben. Deckel auflegen, auf höchster Einstellung zum Kochen bringen, bis Dampf unter dem Deckel austritt. Auf kleinste Einstellung drehen und 15 Min. garen, ohne den Deckel anzuheben. Salz, Chiliflocken, Asafoetida, Muskatnuss, Nussmus, Zitronensaft und Walnussöl mit 100 g Wasser im kleinen Becher eines kleinen Mixers verquirlen, unterrühren und einmal aufkochen. Mit Brot, Reis oder Kartoffelpüree servieren.

60 g + 100 g Wasser
1 TL Wildkräuterpesto
150 g Grünkohl
250 g Muskatkürbis
30 g getr. Pflaumen
1 TL Kräutersalz
1 Prise Chiliflocken
1 Prise Asafoetida
1 Prise gem. Muskatnuss
15 g Nussmus
5 g Zitronensaft
1 EL Walnussöl

Broccoli mit lieblicher Soße

70 g Wasser
1 TL Petersilienwürze
50 g Grünkohl
75 g Porree (Lauch)
155 g Kartoffeln
1 EL Zitronensaft
1 TL Colombo-Paste
2 EL Sonnenblumenöl
1 gestr. TL Kräutersalz

Für den Reis:
100 g Naturreis | 25 g Wildreis
275 g Wasser | 1-2 Prisen Salz

Für den Rosenkohl:
2 EL Erdnussöl | 1 geh. TL Fen-
chelsamen | 1 TL Knobl.-Ingwer-
Paste | 1 Stück Peperoni
200 g Rosenkohl | 1 EL weißer Mohn
1 TL Garam masala „kalt"
1 TL Salz | 1/2 Ästchen Rosmarin
75 g Wasser | 1 TL Sambhar
1 geh. EL Mandel-Joghurt

25 g Kichererbsen
50 g Rundkorn-Naturreis
200 g + 20 g + 45 g Wasser
1 TL Tamarindenpaste
1 geh. TL Curryblätter
1 gestr. TL Rauchkräutersalz
1 TL Sambhar
1 TL Sonnenblumenöl
110 g Rosenkohl (netto)
2 TL Kokosraspeln
1 kleine Chilischote
10 g Cashewnussmus

✇ Grünkohl-Lauch-Kartoffelpfanne

Wasser in einer kleinen Pfanne (20 cm) mit Petersilienwürze verrühren. Grünkohl klein und Porree in Ringe schneiden (vorher aufschneiden und waschen) und in die Pfanne geben. Kartoffeln (gebürstet unter fließendem Wasser, in dünne Scheiben geschnitten) auch in die Pfanne geben. Deckel auflegen, zum Kochen bringen. Wenn Dampf unter dem Deckel austritt, auf kleinste Einstellung drehen. 15 Min. dünsten. Zitronensaft, Colombo-Paste, Öl und Kräutersalz unterrühren.

✇ Rosenkohl mit Reisduett

Reis, Wildreis und Wasser im Schnellkochtopf auf Stufe 2 kochen lassen, nach 8 Min. die Herdplatte abschalten, den Topf aber stehen und langsam abdampfen lassen. Öffnen, etwas Salz unterrühren und wieder geschlossen stehen lassen, bis der Rosenkohl fertig ist.
Erdnussöl in einer kleinen Pfanne (20 cm) erhitzen. Fenchelsamen kurz im Öl anrösten, dann Paste und Peperoni unterrühren. Wenn die äußeren Blätter des Rosenkohls welk oder beschädigt sind, entfernen. Die Röschen längs halbieren und kurz mit anbraten. In einem kleinen Mixer Mohn mit Garam masala und Salz mahlen, dann mit den abgezupften Rosmarinblättern und Wasser verquirlen, zu dem Rosenkohl geben und mit aufgelegtem Deckel bei schwacher Hitze garen (dauert ca. 20 Min). Mit Sambhar und Joghurt verrühren, kurz durchziehen lassen. Mit dem Reis servieren.

✇ Rosenkohl-Reis-Otto

25 g Kichererbsen 24 Std. in Wasser einweichen und 12 Std. keimen lassen. Reis, Kichererbsenkeime und 200 g Wasser in einem kleinen Topf zum Kochen bringen. Auf kleinster Einstellung 30 Min. köcheln lassen. In der Zwischenzeit Paste, Blätter, Salz, Sambhar und 20 g Wasser verrühren. 1 TL Öl und 45 g Wasser in eine kleine Pfanne geben. Rosenkohl putzen (Außenblätter ggf. entfernen, Strunk kreuzweise einschneiden) und mit den Kokosraspeln in die Pfanne geben. Chilischote in Scheiben hinzufügen. Deckel auflegen, zum Kochen bringen. Sobald Dampf unter dem Deckel entweicht, auf kleinste Einstellung drehen und 13-15 Min. dünsten lassen, ohne den Deckel anzuheben. Die Tamarindenpastenmischung unter die Erbsen-Reis-Mischung rühren, noch 5 Min. köcheln. Reismischung zu dem Rosenkohl geben, Cashewnussmus hinzufügen und verrühren, bis es sich aufgelöst hat. 3 Min. köcheln lassen.

Gemüse & Co

✿ Rotkohl mit zweierlei Reis

Reis, Peperoni und Essig in den Schnellkochtopf geben. Rotkohl klein schneiden, Knoblauch abziehen und beides hinzufügen. Wasser hinzugeben und 11 Min. auf Stufe 2 kochen. Dann vom Herd nehmen und langsam abdampfen lassen. Kokosöl in einer kleinen Pfanne erhitzen, Panchphoran und Curryblätter darin anbraten (= Seasoning). Restechutney, Salz und Seasoning unter das Gemüse rühren.

100 g Naturreis
25 g Wildreis
2 cm Essig-Peperoni
3 TL Peperoni-Essig
200 g Rotkohl
2 Knoblauchzehen
300 g Wasser
1 geh. TL Kokosöl
1,5 TL Panchphoran
1 TL Curryblätter
1 EL Restechutney
1 geh. TL Salz

Rotkohl mit zweierlei Reis

🌱 Rotkohl mit Kichererbsen

50 g schwarze Kichererbsen
135 g Rotkohl (netto)
20 g Erdnussöl
1 TL Panchphoran
1 TL weißer Mohn
1 Lorbeerblatt
2 cm Zimtstange
15 g Kokoschips
1/2 TL Kurkuma
1/2 TL Kreuzkümmel
1 TL Zucchinichutney
150 g Wasser
1 TL Gemüsesalz
1 TL Mangopulver
1/2 TL Cashewnussmus

Kichererbsen 48 Std. keimen lassen.
Rotkohl klein schneiden. Erdnussöl in einer Pfanne stark erhitzen, Panchphoran, Mohn, Lorbeerblatt und Zimtstange darin anbraten. Kokoschips unterrühren, bis sie hellbraun sind, dann Kurkuma und Kreuzkümmel einrühren. Gemüse und Erbsen 2-3 Min. in der Würzmischung anbraten (Hitze etwas herunterstellen), dabei das Chutney unterrühren. Schließlich das Wasser hinzugeben, Deckel auflegen. Sobald alles gut kocht, auf kleinste Einstellung drehen und 30 Min. köcheln lassen. Salz und Mangopulver unterziehen, Cashewnussmus hinzufügen, unter Rühren kurz aufkochen, damit das Nussmus die Soße dickt.

🌱 Porree-Dal

80 g rote Linsen
260 g Porree
135 g Kartoffeln
115 g Zwiebeln (netto)
60 g Kokosmilch
440 g Wasser
1 TL Rosensalz
1 TL Gemüsebrühextrakt
1 TL Lavendelcurry

Linsen in eine Pfanne geben. Porree und Kartoffeln unter fließendem Wasser waschen und klein schneiden. Zwiebeln schälen. Gemüse in der oben angegebenen Reihenfolge in die Pfanne geben. Die restlichen Zutaten miteinander verquirlen, über das Gemüse gießen. Einen ofenfesten Deckel auflegen und die Pfanne auf den Gitterrost in den kalten Ofen geben. 45 Min. bei 225 °C (Umluft) backen.
Hinweis: Zwiebeln möglichst klein schneiden, sie garen am langsamsten.

Rotkohl mit Kichererbsen

Gemüse & Co

☙ Topinambur in Kokos

Kokosraspeln, Nüsse, Mohn und 80 g Wasser in einem kleinen Mixer zu einer Paste verarbeiten. Topinambur ggf. waschen und in Scheiben schneiden

Erdnussöl in einem kleinen Wok erhitzen, Senfkörner darin aufplatzen lassen und sofort Chilis, Curryblätter und Kurkuma unterrühren. Topinambur und Hirse hinzugeben, gut untermischen.

Sahne, 115 g Wasser, Honig und Salz zugeben. Deckel auflegen, zum Kochen bringen und 20 Min. auf kleinster Einstellung köcheln. Goda masala unterrühren und servieren.

Hinweis: Veganer nehmen Cashewnussmus statt Sahne und Honig.

20 g Kokosraspeln | 10 g Cashewnüsse
2 TL schwarzer Mohn
80 g + 115 g Wasser
100 g Topinambur | 1 EL Erdnussöl
1/2 TL schwarze Senfkörner
2 frische grüne Chilis
1 TL getr. Curryblätter
1/2 TL gem. Kurkuma
50 g Hirse | 35 g Sahne
2 TL Honig | 1 TL Kräutersalz
1 TL Goda masala

☙ Topinambur scharf-sauer

Pilze 40 Min. in 200 g Wasser einweichen (Einweichwasser verwahren). Öl in einem kleinen Wok erhitzen, Panchphoran, Curryblätter und Lorbeerblatt kurz darin anbraten. Chilischoten dritteln, Zwiebel und Knoblauch schälen und in Ringe schneiden, zu den Gewürzen geben. Unter Rühren braten, bis die Zwiebelringe glasig sind. Pilze abtropfen lassen, Kartoffel und Topinambur unter fließendem Wasser abbürsten, in Scheiben schneiden und alles in den Wok geben. Kurz anbraten. 100 g vom Einweichwasser und den grünen Pfeffer hinzugeben. Deckel auflegen, auf höchster Einstellung zum Kochen bringen, bis Dampfschwaden hochsteigen. Auf kleinster Einstellung 15 Min. dünsten.

Restliche Zutaten mit 50 g Einweichwasser in einem kleinen Mixer 45 Sek. schlagen, unterrühren und aufkochen. Heiß servieren.

20 g getr. Steinpilze | 200 g Wasser
2 EL Erdnussöl | 1 TL Panchphoran
2 TL getr. Curryblätter
1/2 Lorbeerblatt
2 grüne frische Chili
25 g Zwiebel (netto)
1 große Knoblauchzehe
1 Kartoffel (75 g)
110 g Topinambur | 1 gestr. TL Salz
1 TL eingelegter gr. Pfeffer
1 EL Zitronensaft
20 g Cashewnüsse
1 EL Mandelöl | 1 geh. TL Sambhar

Topinambur scharf-sauer

✿ Fenchelgemüse mit Nudeln

1 TL Kreuzkümmel
1 TL braune Senfkörner
1 TL weißer Mohn
1 TL Knobl.-Ingwer-Paste fix
10 g Kokosöl
10 g Kokosraspeln
100 g + 40 g Wasser
200 g Fenchel
1 Stück Peperoni
1 TL Salz
1 TL Edles CC-Nussmus
125 g Vollkornmehl-Bandnudeln

In diesem Rezept werden die Gewürze einmal nicht angebraten, sondern als Paste vermischt und mitgekocht. Das ist für empfindliche Menschen magengünstiger als das Anbraten der Gewürze in Öl. Dies findet sich durchaus auch in indischen Kochbüchern.

Gewürze, Paste, Öl, Raspeln und 100 g Wasser in einem kleinen Mixer gut verquirlen. In eine kleine Pfanne (20 cm) geben. Becher mit 40 g Wasser „nachspülen", dieses Wasser ebenfalls unterrühren. Fenchel klein schneiden, hinzugeben und Deckel auflegen (Nudeln aufsetzen). Zum Kochen bringen, dann auf kleiner Flamme köcheln, bis die Nudeln fertig sind. Peperoni in Streifen schneiden und kurz miterhitzen. Ist die Soße zu dick, noch etwas Wasser unterrühren, ist sie zu dünn mit Nussmus dicken. Mit Salz abschmecken.

Nudeln nach Anweisung kochen.

✿ Butternusskürbis unter Brot gekuschelt

2 Scheiben Brot (140 g) | 1 Knoblauchzehe | 1 EL Rosmarinblätter
1 TL Kreuzkümmel | 2-3 cm Essig-Peperoni | 10 g Mandeln
40 g Vindaloo-Öl | 100 g + 50 g Wasser | 1 gestr. TL Kräutersalz
1 gestr. TL Kurkuma
200 g Butternusskürbis

Brot in Stücke schneiden, Knoblauchzehe schälen. Beides mit Gewürzen, Peperoni, Mandeln, Öl, 100 g Wasser, Salz und Kurkuma in einem Mixer zusammen zu einem Brei schlagen. 50 g Wasser in eine Pfanne geben, Butternusskürbis klein schneiden, in das Wasser geben. Esslöffelweise die Brotmischung auf den Kürbis geben. Deckel auflegen, auf höchster Einstellung zum Kochen bringen, bis Dampf unter dem Deckel austritt. Auf kleinste Einstellung drehen und 14 Min. dünsten, ohne den Deckel anzuheben.

✿ Kichererbsen, Reis und Butternusskürbis

65 g Kichererbsen
350 g + 45 g Wasser
60 g Naturreis
2 EL Senföl (20 g)
1 TL Kreuzkümmel
1 TL braune Senfkörner
1 Zwiebel (netto 45 g)
1 Knoblauchzehe
1 TL Knobl.-Ingwer-Paste
1,5 cm Essig-Peperoni | 2 TL Salz
120 g Butternusskürbis (netto)
45 g Wasser
1-2 TL Nussmus
etwas geh. Petersilie

Erbsen ca. 10 Std. in 300 g Wasser einweichen. Einweichwasser mit etwa 50 g Wasser auf 250 g auffüllen und mit dem Reis im Schnellkochtopf (Ring 2) 10 Min. kochen lassen. Platte abdrehen und Topf noch 10 Min. auf dem Herd stehen lassen, dann vorsichtig öffnen (ist noch nicht ganz abgedampft).

Senföl in einer kleinen Pfanne (20 cm) stark erhitzen, Kreuzkümmel und Senfkörner darin anbraten, Zwiebel und Knoblauch schälen, würfeln und mit anbraten, dann Paste, Peperoni und Salz unterrühren. Butternusskürbis nicht schälen, aber Kerne entfernen und den Kürbis in kleine Stücke schneiden. In der Pfanne mit anbraten, dann 45 g Wasser hinzugeben und auf schwacher Hitze 10 Min. köcheln lassen, bis der Kürbis fast weich ist. Gemüse zu den Reis-Erbsen geben, salzen, Nussmus einrühren und aufkochen. Gehackte Petersilie unterrühren.

🌱 Muskatkürbis-Gemüse

Wasser in eine Pfanne (20 cm) geben. Muskatkürbis (nach Belieben schälen, wenn die Schale dünn ist, geht es auch ungeschält) in dünne Scheibchen schneiden, Knoblauchzehe abziehen. Lauchzwiebel in Ringe schneiden, Gemüse in die Pfanne geben. Deckel auflegen, auf höchster Einstellung zum Kochen bringen, bis Dampf unter dem Deckel austritt. Auf die kleinste Einstellung drehen und 14 Min. garen, ohne den Deckel anzuheben. Erdnussmus, Sonnenblumenkernmus, Salz und Sambhar unterrühren, aufkochen.
Mit Brot, Reis oder Kartoffelpüree servieren.

60 g Wasser
250 g Muskatkürbis (netto)
1 Knoblauchzehe
5 g Lauchzwiebel
1 gestr. TL Erdnussmus
1/2 TL Sonnenblumenkernmus
1/2 TL Salz
1 TL Sambhar

Kichererbsen, Reis und Kürbis | Butternusskürbis | Muskatkürbis-Gemüse

Gebratener Hokkaido mit rosa Bohnenreis

70 g Kidney-Bohnen
250 g Wasser
1/2 Zwiebel (20 g netto)
1 Knoblauchzehe
2 TL Chili-Essig
1 EL Vindaloo-Öl
2 EL + 2 EL Erdnussöl
1 TL Kreuzkümmelsamen
55 g Naturreis
1/2 Teelöffel Salz
100 g Hokkaidokürbis (netto)
1 TL Salz
10 g Zwiebelstück (netto)
1/2 TL Bockshornkleesamen
1/2 TL Zwiebelsamen
1 geh. TL Mangopulver
1 gestr. TL gem. Koriander
1/2 TL Garam masala
60 g Quasi-Grundjoghurt

Bohnen 12 Std. im Wasser einweichen. Dann das Wasser auf 250 g auffüllen.

Zwiebel schälen und in zwei Stücke schneiden. Knoblauchzehe abziehen. Im großen Becher eines kleinen Mixers mit Essig, Vindaloo-Öl und 50 g Einweichwasser schlagen. 2 EL Erdnussöl im Schnellkochtopf erhitzen, kurz den Kreuzkümmel, dann den Reis darin rösten. Wenn die ersten Reiskörner goldfarben werden, die Bohnen, dann das Gewürzwasser hinzugeben. Topf schließen, auf den 2. Ring erhitzen und 10 Min. kochen. Langsam abdampfen lassen und salzen. Kerne vom Hokkaidokürbis entfernen, nicht schälen. Mit Salz etwas ziehen lassen. Zwiebelstück schälen und in Stücke schneiden. 2 EL Erdnussöl in einer kleinen Pfanne (20 cm) erhitzen, Zwiebel darin anbraten, bis die Enden goldbraun sind. Bockshornkleesamen und Zwiebelsamen mit anrösten, dann Mangopulver, Koriander und Garam masala einrühren. Den Hokkaidokürbis mit anbraten, Deckel auflegen und bei mittlerer Hitze rösten, bis der Kürbis gar ist (etwa 8-9 Min.). Den Joghurt über den Kürbis gießen. Deckel auflegen, die Pfanne vom Herd nehmen und noch 5 Min. ziehen lassen. Mit dem rosa Bohnenreis servieren.

Bratbataten

30 g Kokosöl
1 TL Kreuzkümmel
1 TL schwarze Zwiebelsamen
1 cm rote Peperoni
50 g Porreecreme
400-410 g Bataten netto
20 g Peperoni-Essig
etwas Salz
frisch gem. schwarzer Pfeffer

Kokosöl in einer beschichteten Pfanne (24 cm) erhitzen. Kreuzkümmel und Zwiebelsamen einrühren, Hitze leicht mindern und Peperoni mit Porreecreme einrühren. Bataten gut waschen, je nach Größe längs halbieren und in dünne Scheiben schneiden. In die Pfanne geben, mit Essig ablöschen. Deckel auflegen und sobald Dampf unter dem Deckel austritt, auf kleinste Einstellung drehen. 20 Min. dünsten, salzen und pfeffern.

Hinweis: Ein schnelles und unkompliziertes Essen!

Gemüse & Co

🌱 Kürbisplätzchen mit Rosen-Grünkohl

Kürbis entkernen und klein schneiden, Knoblauchzehe abziehen und mit Sonnenblumenkernen, Salz, Gewürzen und Ingwer in einem Hochleistungsmixer zu einer Paste verarbeiten. Haferflocken, Hirse fein mahlen und unter die Kürbismasse rühren. Quellen lassen, bis das Gemüse noch 8 Min. zu dünsten hat. Pfanne (24 cm) leicht anwärmen, Öl hinzugeben und auf höchster Einstellung erhitzen. Hitze leicht herunterdrehen, mit einem Esslöffel vier Plätzchen in die Pfanne setzen. Sobald sie sich leicht vom Boden abheben lassen, umdrehen; abwechselnd von beiden Seiten backen, bis sie braun sind.

Für das Gemüse 50 g Wasser in eine Pfanne (20 cm) geben. Salbeicreme darin verrühren. Rosenkohl putzen (äußere Blätter entfernen und Röschen halbieren), Grünkohl waschen und mit Stängeln klein schneiden. Gemüse in die Pfanne geben. Deckel auflegen. Auf höchster Stufe zum Kochen bringen, bis Dampf unter dem Deckel austritt. Auf kleinste Einstellung drehen und 15 Min. dünsten, ohne den Deckel anzuheben. Die restlichen Zutaten plus 125 g Wasser in einem kleinen Mixer verquirlen und zum Gemüse geben. Einmal kurz umrühren. Mit den Plätzchen servieren.

200 g Kürbis (netto)
1 Knoblauchzehe
30 g Sonnenblumenkerne
1/2 TL Salz
1/4 TL Chiliflocken
1/2 TL Kreuzkümmel
4 g Ingwer, ungeschält
50 g Nackthafer, geflockt
25 g Hirse
20-30 g Erdnussöl zum Backen

Gemüse:
50 g + 125 g Wasser
5 g Salbeicreme
100 g Rosenkohl
100 g Grünkohl
15 g Porreecreme
20 g Nussmus
20 g weißer Mohn

🌱 Süßsaurer Kürbis mit Reis

125 g Reis
300 g Wasser
2 Streifen Zitronenschale
etwas Salz (1-2 Prisen)

(1) 2 EL Erdnussöl
1 TL Kreuzkümmelsamen
1 Lorbeerblatt
1 TL Fenchelsamen
(2) 170 g Hokkaidokürbis (netto)
1 TL Knobl.-Ingwer-Paste
1 Chilischote
(3) 1 gestr. TL Kurkuma
1 TL Kräutersalz
(4) 2 TL Honig (30 g)
30 g Zitronenkonzentrat
1 TL getr. Mangopulver
1 gestr. TL Garam masala
75 g Wasser

Für die Dekoration: etwas Broccoli

Damit alles zusammen fertig wird, die Portionen wie nummeriert zurechtlegen: Als erstes die Zutaten für das Kürbisgemüse in kleinen Schälchen vorbereiten, dann den Reis (Schnellkochtopf aufsetzen), und schließlich den Kürbis kochen. So wird alles zusammen fertig.

Reis, Wasser und Zitronenschale im Schnellkochtopf auf dem zweiten Ring 10 Min. kochen. Herdplatte abstellen, den Topf noch 3 Min. auf der Platte stehen lassen. Topf vom Herd nehmen und langsam abdampfen lassen. Den Topf öffnen, etwas Salz unter den Reis rühren und die Zitronenschalen entfernen.

Erdnussöl in einer kleinen Pfanne (20 cm) erhitzen, die Gewürze der Stufe 1 kurz darin anbraten. Den Deckel schnell auflegen, weil die Gewürze sonst aus der Pfanne springen können. Die Hitze dabei ein wenig herunterdrehen.

Kürbis in etwa 2x2 cm große Stücke schneiden und mit den anderen Zutaten der Stufe 2 in die Pfanne mit den Gewürzen einrühren und gut anbraten, jetzt die beiden Zutaten der Stufe 3 einrühren. Nach etwa 1 Min. die Zutaten der Stufe 4, gut miteinander verquirlt (z.B. in einem kleinen Mixer) hinzufügen, das kocht sofort. Deckel auflegen und auf kleinster Einstellung noch ein paar Min. köcheln lassen. Je einen Teil von Reis und Gemüse auf einen Teller geben und mit etwas rohem Broccoli dekorieren.

GEMÜSE & CO

✑ Senfkürbis mit Kichererbsenpüree

Kichererbsen 10-12 Std. in 400 g Wasser einweichen. Verbliebenes Einweichwasser auf 250 g auffüllen, Kichererbsen mit Einweichwasser im Schnellkochtopf 10 Min. auf dem 2. Ring garen, dann langsam abdampfen lassen. Die Hälfte der Kichererbsen mit der Hälfte des übrig gebliebenen Kochwassers, etwas Salz und 2 EL Öl in einem kleinen Mixer (hochstehendes Messer) pürieren. Dann die nächste Portion verarbeiten. Wer das Rezept für mehrere Personen kocht, nimmt besser einen größeren Mixer oder eine Küchenmaschine. Es geht sicher auch mit dem Kartoffelstampfer, dann wird es ein wenig gröber.

Die Senfkörner in einem kleinen Mixer mahlen und mit 2 EL warmem Wasser verrühren. Kurkuma, Paprikapulver, 75 g Wasser und Salz zugeben, nochmals durchschlagen und mindestens 10 Min. stehen lassen (= Gewürzwasser). Kürbis ungeschält in schmale Stücke schneiden (ca. 1 x 2 cm). Die Zwiebel schälen, halbieren und in feine Streifen schneiden. Das Öl in einer kleinen Pfanne (20 cm) bis kurz unter den Rauchpunkt erhitzen, darin die Zwiebelstreifen braten, bis sie goldgelb sind. Kürbis, Chilischote und Sambhar hinzugeben und 3 Min. braten. Gewürzwasser hinzugießen, Deckel auflegen und warten, bis Dampf unter dem Deckel austritt. Hitze reduzieren und dünsten, bis der Kürbis weich ist (ca. 10 Min.), ohne den Deckel anzuheben.

125 g Kichererbsen
400 g Wasser
1 TL Salz
4 EL Macadamianussöl

Gewürzwasser:
1 EL braune Senfkörner
2 EL warmes Wasser
1 gestr. TL Kurkuma
1 TL Paprikapulver, edelsüß
1 TL Kräutersalz
75 g Wasser

110 g Hokkaidokürbis (netto)
1 Zwiebel (35 g brutto)
1 rote in Essig eingelegte Chilischote
2 EL Senföl
1 TL Sambhar

✑ Butternusskürbis in mung-reisiger Begleitung

Mungbohnen, Reis, Peperoni und 375 g Wasser im Schnellkochtopf 11 Min. garen. Langsam abdampfen lassen. Vindaloo-Öl mit 30 g Wasser in eine kleine Pfanne (20 cm) geben. Zwiebel und Knoblauchzehe schälen und in Ringe bzw. Scheiben schneiden, ebenfalls in die Pfanne geben. Butternusskürbis ungeschält in Streifen schneiden, hinzufügen. Deckel auflegen, auf höchster Einstellung zum Kochen bringen, bis Dampf unter dem Deckel austritt. Auf die kleinste Einstellung drehen und 14 Min. bzw. bis es gar ist, dünsten, ohne den Deckel anzuheben. 50 g Wasser (oder Kochflüssigkeit) mit Mandelmus, Gemüsesalz und Sambhar in einem kleinen Mixer verquirlen. Mit dem gedünsteten Kürbis unter die Mungbohnen rühren. Kurz aufkochen.

65 g Mungbohnen
60 g Naturreis
1 Stück Peperoni
375 g + 30 g + 50 g Wasser
10 g Vindaloo-Öl
20 g Zwiebel (netto)
1 Knoblauchzehe
115 g Butternusskürbis
20 g Mandelmus
1 TL Gemüsesalz
1 TL Sambhar

155

✍ Süßkartoffelpfanne

1 EL Erdnussöl
(1) 1 getrocknete Chili
1/2 TL Senfkörner
1 Prise Fenchelsamen
1/2 TL Kreuzkümmelsamen
6 getr. Curryblätter
12 g geschälte Zwiebel (netto)
(2) 1 Prise Kurkuma
1 Prise Asafoetida
6 g Ingwer, ungeschält
1 TL Knobl.-Ingwer-Paste
170 g Batate (= Süßkartoffel)
50 g Wasser
1 Prise Chilipulver
1 TL gem. Koriander
(3) 2 TL Sesam ungeschält
2 TL Kokosraspeln
1 gestr. TL Salz
1 TL Tamarindenpaste
5 g Honig

Öl auf mittlerer Einstellung erhitzen, darin die Gewürze von Stufe (1) kurz anbraten, bis die Senfkörner knacken. Zwiebel hacken, hinzugeben und unter Rühren glasig werden lassen. Dann die Gewürze von Stufe (2) gefolgt von der Knoblauch-Ingwer-Paste einrühren. Batate in Stifte schneiden und ebenfalls kurz mit anbraten. 50 g Wasser hinzugeben, Chilipulver und Koriander unterrühren. Deckel auflegen. Sobald Dampf unter dem Deckel entweicht, auf kleinster Einstellung 10 Min. dünsten, ohne den Deckel anzuheben.

2 TL Sesam und 2 TL Kokosraspeln fein mahlen, mit den anderen Zutaten aus Stufe (3) zu den Bataten geben. Aufkochen, und zur gewünschten Konsistenz einkochen. Je nach Schärfevorliebe die Chilischote entfernen.

Hinweis: Schmeckt gut mit Roti-Fladen.

Für meine indischen Kochversuche habe ich mir kleine Glasschüsselchen gekauft (Durchmesser 4 und 6 cm). Darin kann ich nach Durchlesen des Rezepts erst einmal die Gewürzgruppen zusammenstellen.

Man kann mit etwas Petersilie dekorieren und mit Dattelsoße servieren. Statt Petersilie ist gehacktes Koriandergrün authentischer, jedoch mag nicht jeder den Geschmack von frischem Koriander, den Europäer gelegentlich als seifig empfinden.

✍ Mangold-Dal (Für 2-3 Personen)

110 g rote Linsen
500 g Mangold netto
145 g Möhre netto
1 kl. Apfel (85 g)
30 g Rosinen
330 g Wasser

Soße:
40 g Sonnenblumenkerne
1 TL Salz
6 g Zitronensaft (1 TL)
1 TL Lavendelcurry
1 Mandarine (65 g netto)
30 g Sonnenblumenöl
100 g Wasser

Linsen in eine Pfanne geben. Mangold waschen, in Streifen, Möhre in Scheiben schneiden und mischen. Gewürfelten Apfel und Rosinen unterziehen und alles auf die Linsen geben. Wasser an den Rand gießen.

Deckel auflegen und bei höchster Einstellung zum Kochen bringen. Sobald Dampf unter dem Deckel entweicht, auf kleinste Einstellung drehen und 16 Min. dünsten, ohne den Deckel anzuheben.

Soßenzutaten in einem kleinen Mixer zu einer homogenen Masse schlagen. Unter das Gemüse rühren und aufkochen lassen.

Tipp: Man kann auch zuerst das Wasser in die Pfanne geben. Ich habe es anders gehandhabt, weil ich das Dhal für Besuch vorbereitet habe. Hätte ich das Wasser schon hinzugegeben, wären die Linsen zu weich geworden.

Kartoffeln

🌱 Kartoffelbohnen in weißem Mohn

Kartoffeln unter fließendem Wasser abbürsten und würfeln. Bohnen waschen, in 2-3 cm lange Stücke schneiden. Zwiebel schälen und in feine Würfel schneiden.

Mohnsamen in einem kleinen Mixer fein mahlen, mit Wasser und Salz verquirlen. Öl in einem kleinen Wok stark erhitzen, die Kartoffeln mit den Bohnen hinzufügen und unter gelegentlichem Rühren 5 Min. hellbraun braten. Zwiebel, Peperoni, Kurkuma und Paprikapulver 2 Min. mitbraten, dann das Mohnwasser zugeben. Bei mittlerer bis kleiner Hitze ca. 8-10 Min. köcheln lassen, bis Kartoffeln und Bohnen weich sind.

300 g Kartoffeln
100 g Buschbohnen
15 g Zwiebel (netto)
2 EL weißer Mohn
155 g Wasser
1 TL Salz
2 EL Senföl
3 Ringe Essig-Peperoni
1 TL Kurkuma
1/2 TL Paprikapulver, edelsüß

Süßkartoffelpfanne

🌱 Kartoffelgemüse (Aloo Masala)

360 g Kartoffeln
4 EL Erdnussöl
1 TL schwarze Senfkörner
1 Zwiebel (40 g netto)
6 getr. Curryblätter
1 Prise Chiliflocken
1/2 TL gem. Kurkuma
1 TL Kreuzkümmelsamen
1 gestr. TL Salz | 1 EL geh. Petersilie
2 EL Kokosraspeln
2 TL Zitronenschaum
2 EL Wasser

Kartoffeln als Pellkartoffeln kochen. Kurz abkühlen lassen, Schale abziehen und Kartoffeln in Scheiben schneiden. Öl in einer Pfanne (24 cm) erhitzen. Senfkörner darin anrösten, bis sie anfangen zu springen. Zwiebel schälen und hacken, im Öl goldbraun anbraten. Curryblätter, Chiliflocken, Kurkuma, Kreuzkümmel und Salz hinzugeben. Umrühren, kurz anbraten, dann die Kartoffeln untermischen. Auf mittlerer Einstellung 10 Min. mit Deckel weiterbraten, ab und zu umrühren. Petersilie, Kokosraspeln, Zitronenschaum und Wasser unterrühren.

🌱 Currykartoffeln

200 g Kartoffeln
8 g Knoblauch (netto)
20 g Zwiebel (netto)
10 g Ingwer | 3 EL Olivenöl
1 Prise Kardamom
1 TL Kreuzkümmelsamen
1 TL Hanf-Curry
1 TL schwarze Senfkörner
1/2 TL Asafoetida
2 TL Zitronenschaum

Kartoffeln als Pellkartoffeln kochen. Unter kaltem Wasser lassen sie sich leicht pellen. Knoblauch und Zwiebel schälen und mit Ingwer in einem Zerkleinerer hacken. Öl erhitzen, Zwiebelgemisch etwa 2 Min. unter Rühren anbraten. Dann die Gewürze mischen und hinzugeben, ebenfalls anbraten (2 Min.). Kartoffeln in Scheiben schneiden, in der Gewürzmasse braten und mit 2 TL Zitronenschaum ablöschen.

🌱 Kartoffeln in Koriander

250 g Kartoffeln
5 EL Erdnussöl
1 TL gelbe Senfkörner
1 TL Koriandersamen
2 TL Knobl.-Ingwer-Paste
1 MS Chili harrissari
1 gestr. TL Salz
20 g Erdnussmus herzhaft
2 EL Zitronenschaum
60 g Wasser
2 EL geh. glatte Petersilie

Ich hatte das Glück, frisch getrocknete Koriandersamen aus dem Garten von Freunden zu bekommen: ein unvergleichliches Aroma!

Kartoffeln unter fließendem Wasser bürsten, in Scheiben schneiden. In einer Pfanne (20 cm) Erdnussöl erhitzen. Senfkörner und Koriandersamen einrühren, Deckel auflegen, wenn der Senf zu springen anfängt. Die Paste einrühren. Kartoffeln und Chili harrissari hinzugeben. Auf höchster Einstellung zum Kochen bringen, bis Dampf unter dem Deckel austritt. Auf kleinster Einstellung 13 Min. dünsten lassen (die Zeit richtet sich danach, wie dick die Kartoffelscheiben sind, meine waren so ca. 3-4 mm), ohne den Deckel anzuheben.
Salz, Erdnussmus, Zitronenschaum und Wasser einrühren, unter Rühren zum Kochen bringen. Dann Petersilie unterrühren und servieren.

GEMÜSE & CO

Bei Kartoffelrezepten gilt: Kartoffeln immer unter fließendem Wasser abbürsten und ungeschält verwenden.

✿ Indamelkartoffeln Nr. 1

Kokosöl, Wasser und Gemüsebrühextrakt in eine Pfanne geben. Kartoffeln in Scheiben schneiden, hinzugeben. Zum Kochen bringen, dann auf kleiner Einstellung 12 Min. dünsten. Mit den restlichen Zutaten verrühren und kurz aufkochen.

20 g Kokosöl | 30 g Wasser
1 TL Gemüsebrühextrakt
185 g Kartoffel | 1/2 TL Hanfcurry
1/4 TL Asafoetida | 1/2 TL Kreuzkümmelsamen | 1/2 TL Mangopulver | 1/2 TL Kurkuma
16 g Erdnussmus | 4 g Tamarindenpaste | 90 g Wasser | etwas Salz

✿ Indamelkartoffeln Nr. 2

Kartoffeln in Scheiben schneiden. 10 g Kokosöl, 60 g Wasser, Gemüsebrühextrakt und Kartoffeln in eine Pfanne geben. Deckel auflegen, aufkochen, bei kleinster Einstellung 15 Min. dünsten. In einem kleinen Mixer Zitronenschaum, Sonnenblumenkerne, Salz, Vindaloo-Paste, 10 g Kokosöl, Garam Masala und 40 g Wasser vermischen. Unter die Kartoffeln rühren und nochmals kurz aufkochen.

210 g Kartoffeln | 10 g + 10 g Kokosöl | 60 g + 40 g Wasser
1 TL Gemüsebrühextrakt
1 EL Zitronenschaum | 15 g Sonnenblumenkerne | 1 gestr. TL Salz
1 MS Vindaloo-Paste
2 Prisen Garam masala

✿ Kartoffeln in roter Soße

Zwiebel schneiden und fein hacken. Öl, 55 g Wasser, Paste, Mark und Extrakt in eine Pfanne geben und verrühren. Kartoffeln klein schneiden, in die Pfanne geben. Bei aufgelegtem Deckel zum Kochen bringen, auf kleinster Einstellung 13 Min. dünsten. 30 g Wasser, Salz und Erdnussmus einrühren und kurz aufkochen.

10 g Zwiebel (netto) | 2 EL Sonnenblumenöl | 55 g + 30 g Wasser
1 TL Knobl.-Ingwer-Paste
1 TL Tomatenmark (10 g)
1 TL Gemüsebrühextrakt
190 g rote Kartoffeln
1 gestr. TL Salz | 1 TL Erdnussmus

Kartoffelbohnen in weißem Mohn

Kartoffelpfanne

190 g Kartoffeln | 8 g Zwiebel
20 g Kokosöl | 35 g Wasser
1 Chilischote | 1 TL Knobl.-Ingwer-
Paste | 1/2 TL Rauchkräutersalz
1/2 TL Kreuzkümmel
1 TL Tomatenmark

Kartoffeln in Scheiben schneiden. Zwiebelstück schälen und würfeln. Die restlichen Zutaten bis auf das Tomatenmark in eine Pfanne geben. Auf höchster Einstellung zum Kochen bringen, bis Dampf unter dem Deckel austritt. Auf kleinste Einstellung stellen und 15 Min. dünsten. Tomatenmark unterrühren, nach Bedarf noch salzen.

Kartoffeln sauer-scharf

30 g Kokosöl
230 g Kartoffeln
2 Esslöffel Kokosraspeln
10 g Zitronensaft
1 MS Chili harrissari
1 TL Kräutersalz
25-40 g Wasser

Kartoffeln in Scheiben schneiden. Öl in eine Pfanne geben, auf mittlerer Einstellung erhitzen. Kartoffelscheiben in das heiße Fett legen, Raspeln darüber streuen. Deckel auflegen. Bei höchster Einstellung zum Kochen bringen. Sobald Dampf unter dem Deckel entweicht, auf kleinste Einstellung drehen. Die restlichen Zutaten mit einer Gabel verquirlen und nach 1-2 Min. zu den Kartoffeln geben. Dann noch 15 Min. dünsten.

Kartoffeln mit Kichererbsendip

160 g Kartoffeln
70 g Wasser
200 g gekochte Kichererbsen
2 TL Zitronenschaum | 1 Prise Salz
1/2 TL Kreuzkümmel
2 EL Olivenöl | 2 EL Wasser

Kartoffeln in dünnen Scheiben mit Wasser zum Kochen bringen, 10-11 Min. dünsten. Kichererbsen, Zitronenschaum, Salz, Kreuzkümmel, Olivenöl und 2 EL Wasser zu einem Püree mixen (geht, etwas mühsam, in einem kleinen Mixer). Einen Esslöffel des Pürees mit dem Kartoffelkochwasser verrühren, aufkochen (= Soße). Den Püreerest als Dip zu den Kartoffeln servieren.

Kartoffel-Bohnen-Pfanne

400 g Kartoffeln | 15 g Zwiebel
20 g Kokosöl | 100 g +50 g Wasser
1 TL Knobl.-Ingwer-Paste
1 TL Gemüsebrühextrakt
1 TL gem. Kurkuma
1 TL Kreuzkümmelsamen
20 g Kokosflocken | 1 EL Tomaten-
mark (25 g) | 1-2 TL Salz
1 gestr. TL Garam masala
1-2 EL Zitronenschaum
125 g gek. Kidneybohnen

Kartoffeln in Scheiben schneiden. Zwiebel schälen und würfeln. Beides mit Kokosöl, 100 g Wasser, Paste, Extrakt, Gewürzen und Flocken in einen kleinen Wok geben. Zum Kochen bringen, 15 Min. auf kleinster Einstellung köcheln. Dann die restlichen Zutaten und 50 g Wasser hinzufügen. Nochmals aufkochen, auf mittlerer Hitze 5 Min. köcheln lassen.
Hinweis: Im Wok dauert das Garen länger als in einer Pfanne.

Gemüse & Co

🌿 Kartoffeln säuerlich

Kartoffel unter fließendem Wasser gut abbürsten, in Würfel schneiden (1×1 cm). Öl in kleiner Pfanne (20 cm) erhitzen, Fenchel und Chili darin goldbraun rösten. Kartoffelwürfel kurz mit rösten, 30 g Wasser hinzugeben. Deckel auflegen, auf kleinster Einstellung 10 Min. dünsten. Restliche Zutaten außer der Sahne miteinander verrühren, zu den Kartoffelwürfeln geben, gut durchrühren. Noch 6 Min. köcheln. Sahne (Veganer: 2 TL Nussmus) unterrühren, kurz aufkochen.

1 Kartoffel (175 g) | 2 EL Erdnussöl
1 TL Fenchelsamen
1 kleine Chilischote | 30 g Wasser
20 g Tamarindenpaste
20 g Tomatenmark
1/2 TL Kurkuma
1/2 TL Garam masala
1 TL Kräutersalz | 30 g Sahne

🌿 Kicherkartoffeln in Soße

Kichererbsen 36-48 Std. keimen lassen. Kartoffel unter fließendem Wasser abbürsten und in Scheiben schneiden. In eine Pfanne (20 cm) Wasser, Kichererbsen und Kartoffelscheiben geben. Deckel auflegen und auf höchster Einstellung zum Kochen bringen, bis Dampf unter dem Deckel austritt. Auf kleinster Einstellung 15 Min. dünsten lassen, ohne den Deckel anzuheben. Die restlichen Zutaten außer der Petersilie in einem kleinen Mixer gut verquirlen und unterrühren. Zum Kochen bringen. 5 Min. köcheln lassen. Einen Teller füllen und am Rand mit Petersilie dekorieren.

3 EL Kichererbsen | 1 kleine Kartoffel (60 g) | 50 g Wasser
1 EL Cashewnüsse
2 TL Zitronenschaum
1 TL Knobl.-Ingwer-Paste
30 g Cashewnussmus
1 EL Scharfe Soße | 10 g Sesamöl
1 TL Salz | 2 TL Apfelessig
1 EL glatte Petersilie

🌿 Kokoskartoffeln

Kartoffel unter fließendem Wasser abbürsten und in Scheiben schneiden. Mit Kokosöl, 30 g Wasser und Petersilienwürze in eine Pfanne geben. Zum Kochen bringen, der Deckel liegt auf. Sobald Dampf unter dem Deckel austritt, auf kleinster Einstellung 15 Min. dünsten. Peperonipaste, Kokosraspeln, Sonnenblumenkerne, Öl und 50 g Wasser in einem kleinen Mixer verquirlen. Unter die Kartoffelscheiben rühren, kurz aufkochen. Dann Zitronensaft und Goda masala einrühren.

1 Kartoffel (200 g) | 20 g Kokosöl
30 g + 50 g Wasser
1 TL Petersilienwürze
1 TL Peperonipaste Fingerschleck
1 EL Kokosraspeln
20 g Sonnenblumenkerne
1 EL Sonnenblumenöl
50 g Wasser | 2 TL Zitronensaft
1 TL Goda masala

Kartoffeln sauer-scharf

1-2 TL grüne getr. Pfefferkörner
etwa 20 mg Apfelessig
2 EL Erdnussöl
6 Pipali
1 TL Kreuzkümmelsamen
30 g Zwiebel (netto)
2 frische grüne Chilis
1 TL Knobl.-Ingwer-Paste
1/2 TL gem. Kurkuma
1 TL Rauchkräutersalz
235 g Kartoffeln
50 g Wasser
1 geh. EL Kokosraspeln

310 g Kartoffeln
20 g Kokosöl
60 g Wasser
6 g frische Korianderblätter
1 gestr. TL Salz
1 TL Zitronensaft
1 EL Weizenkeimöl

260 g Kartoffeln
15 g Kokosöl
50 g + 75 g Wasser
1 TL Petersilienwürze
2 frische grüne Chilischoten
1 TL Panchphoran
1 TL Viernussmus
1 TL Kräutersalz
Kräutersalz

✆ Pfefferkartoffeln

Pfefferkörner 24 Std. im Essig einweichen. Öl auf hoher Einstellung in einer Pfanne erhitzen, bis sich „Schlierenwellen" zeigen. Pipali im Mixer grob mahlen und zusammen mit dem Kreuzkümmel 1 Min. im Öl rösten. Zwiebel schälen, in Ringe schneiden, 3-4 Min. darin rösten und bei geschlossenem Deckel dünsten (mittlere Einstellung). Chilis durchschneiden, mit Paste in die Zwiebeln einrühren. Kurkuma, Salz und Kartoffeln hinzufügen, gut miteinander verrühren. Wasser hinzugießen, Deckel auflegen. Auf höchster Einstellung erhitzen, bis Dampf unter dem Deckel austritt. Auf kleinster Einstellung 15 Min. dünsten. Kokosraspeln unterrühren, auf einen Teller geben und abgetropften, grünen Pfeffer darüber verteilen.

✆ Korianderkartoffeln zum unscharfen Einstieg

Kartoffeln unter fließendem Wasser abbürsten und in Scheiben schneiden. Kokosöl, Wasser und Kartoffeln in eine Pfanne (20 cm) geben. Deckel auflegen, zum Kochen bringen. Auf kleinster Einstellung 15 Min. dünsten. Korianderblätter hacken. Mit den restlichen Zutaten unterrühren.
Hinweis: Wer den Geschmack von frischem Koriander mag, wird sich über dieses einfache und superleckere Essen freuen!

✆ Chilikartoffeln

Kartoffeln unter fließendem Wasser abbürsten und in Scheiben schneiden. Kokosöl, 50 g Wasser und Petersilienwürze in einer Keramikpfanne (20 cm) verrühren. Chilischoten in Stücke schneiden, mit Panchphoran hinzufügen. Kartoffelscheiben in die Pfanne geben. Deckel auflegen, auf größter Einstellung zum Kochen bringen, bis Dampf unter dem Deckel austritt. Auf kleinster Einstellung 15 Min. dünsten. Nussmus, Salz und 75 g Wasser einrühren, einmal aufkochen.

Gemüse & Co

🌱 Kartoffelbohnen mit Seasoning

Kokosmilch in eine Pfanne geben. Kartoffeln unter fließendem Wasser abbürsten, in Scheiben schneiden. Bohnenspitzen abzupfen, Bohnen in 3 cm lange Stücke schneiden. Peperoni würfeln. Alles in die Pfanne geben. Gemüse auf höchster Einstellung zum Kochen bringen. Sobald Dampf unter dem Deckel ausweicht, auf kleinste Einstellung drehen und 13 Min. dünsten. Kokosöl in einer zweiten Pfanne erhitzen. Hanf, Kümmel und Mohn einrühren. Wenn die Samen nicht mehr springen, Salz und Kokosraspeln hinzufügen (= Seasoning). Bei mittlerer Hitze rühren, bis die Kokosraspeln goldbraun sind. Sofort aus der Pfanne nehmen. Asafoetida und eine Prise Salz mit dem Gemüse mischen, dann Seasoning einrühren.

100 g Kokosmilch (aus der Dose)
285 g Kartoffeln
115 g grüne Bohnen
5 g Essig-Peperoni
20 g Kokosöl
1 TL Hanfsamen
1 TL Kreuzkümmel
1 TL weißer Mohn
1 TL Kräutersalz
20 g Kokosraspeln
1 Prise Salz
1 MS Asafoetida

Korianderkartoffeln zum unscharfen Einstieg

Kartoffelplätzchen Sari

25 g Haselnüsse
40 g Kichererbsen
1 TL gem. Kreuzkümmel
1 TL Sambhar
1/2 TL gem. Kurkuma
1 Kartoffel (135 g)
55 g Wasser
1 EL Sonnenblumenöl
1/4 TL Chili harrissari
1 gestr. TL Kräutersalz
3 EL Erdnussöl zum Braten

Haselnüsse grob mahlen. Kichererbsen fein mahlen (z.B. in einem kleinen Mixer). Alle trockenen Zutaten miteinander vermischen. Kartoffel unter fließendem Wasser gut abbürsten und in Stücke schneiden. Mit Wasser und Öl mit dem kleinen Mixer (hochstehendes Messer) zu einem feinen Brei schlagen. Mit den restlichen Zutaten (außer Öl) verrühren und 5 Min. ruhen lassen.

In einer Pfanne (20 cm) 2 EL Öl stark erhitzen. Mit dem Esslöffel drei Plätzchen in das Fett geben. Hitze etwas reduzieren, Deckel auflegen und 2 Min. braten. Wenn die Unterseite schön braun ist, drehen und erneut 2-3 Min. braten. Auf einen Teller geben. Einen weiteren Esslöffel Öl in die Pfanne geben und aus dem restlichen Teig nochmals drei Plätzchen braten.

Mungkartoffeln

50 g Mungbohnen
175 g Kartoffeln
2 x 100 g Wasser
1 TL Petersilienwürze
1 TL Knobl.-Ingwer-Paste
1 TL grüner Pfeffer, in Essig eingelegt
1 TL Goda masala
1 MS Asafoetida
1 gestr. TL Kräutersalz
1 TL Viernussmus
2 TL Apfelessig

Bohnen 12 Std. in Wasser einweichen. Abschütten, durchspülen und 12 Std. keimen lassen. Nochmals abspülen, abtropfen lassen und in eine Pfanne geben. Kartoffeln gut unter fließendem Wasser abbürsten, in Stücke schneiden und mit 100 g Wasser, Petersilienwürze, Paste und Pfeffer hinzugeben. Deckel auflegen und auf höchster Einstellung zum Kochen bringen. Auf kleinste Einstellung drehen und 15 Min. dünsten, ohne den Deckel anzuheben. Aufpassen, dass das Gemüse nicht ansetzt, sonst noch ein wenig Wasser nachfüllen. Die restlichen Zutaten und 100 g Wasser hinzugeben und unter Rühren aufkochen.

Hinweis: Statt Essig kann man Zitronensaft nehmen, statt Petersilienwürze 1 EL getrocknete Korianderblätter. Auch das Nussmus ist austauschbar.

GEMÜSE & CO

🌱 Pfannenkartoffeln mit Kichererbsensoße

Öl und Wasser in eine Pfanne geben. Möglichst gleich große Kartoffeln unter fließendem Wasser gut abbürsten, längs („flach") halbieren. Mit der Schnittfläche nach unten in die Pfanne legen. Deckel auflegen, auf höchster Einstellung zum Kochen bringen, bis Dampf unter dem Deckel entweicht. Auf kleinste Einstellung drehen und 20 Min. dünsten (in dieser Zeit die Soße und evtl. eine Rohkost zubereiten). Mit etwas Salz bestreuen.

Kichererbsen fein mahlen (z.B. in einem kleinen Mixer) und mit dem Wasser verschlagen. Salz, Öl und Kreuzkümmel ebenfalls unterrühren. In einen Topf geben und unter ständigem Rühren zum Kochen bringen. Auf kleinste Einstellung drehen und rühren, bis es kaum noch köchelt. Deckel auflegen und auf kleinster Einstellung nachquellen lassen, bis die Kartoffeln fertig sind. Zitronensaft einrühren.

Kartoffelstücke mit der gebräunten Seite nach oben auf einen Teller legen, mit Soße und evtl. Rest Öl aus der Pfanne umgießen, mit etwas Dill bestreuen.

Kartoffeln:
30 g Olivenöl
30 g Wasser
280 g Kartoffeln
etwas Salz

Soße:
30 g Kichererbsen
300 g Wasser
1 TL Kräutersalz
2 EL Olivenöl
1 TL gem. Kreuzkümmel
1 TL Zitronensaft

Dekoration:
etwas Dill

Pfannenkartoffeln mit Kichererbsensoße

✿ Schnelle Kartoffelpfanne

20 g Kokosöl
50 g Wasser
270 g Kartoffeln
1 geh. TL Peperonipaste
2 TL Zitronensaft
1-2 Prisen Salz
1 TL Garam masala

Kokosöl und Wasser in eine kleine Pfanne geben. Kartoffeln unter fließendem Wasser gut abbürsten. Klein schneiden, in die Pfanne geben. Den Deckel auflegen, auf höchster Einstellung zum Kochen bringen. Sobald Dampf unter dem Deckel entweicht, auf kleinste Einstellung drehen und 15 Min. dünsten, ohne den Deckel anzuheben. Peperonipaste, Zitronensaft, Salz und Garam masala unterrühren – fertig.

✿ Kartoffeln mit Tahin-Soße

25 g Kokosöl
235 g Kartoffeln
120 g Romanesco

Soße:
5 g Knoblauch-Ingwer-Paste fix
1 gestr. TL Salz
10 g Zitronensaft
1 MS Chili harrissari
25 g Tahin | 65 g Wasser
10 g Honig

Öl in eine Pfanne (20 cm) geben; falls es fest ist, auf kleiner Hitze zerlassen. Kartoffeln unter fließendem Wasser gut abbürsten, längs („flach") halbieren und klein schneiden, in die Pfanne legen. Romanesco klein schneiden, über den Kartoffeln verteilen. Deckel auflegen, auf höchster Einstellung zum Kochen bringen, bis Dampf unter dem Deckel entweicht. Auf kleinste Einstellung drehen und 10 Min. dünsten (in dieser Zeit die Soße und evtl. eine Rohkost zubereiten).

Die Soßenzutaten in einem kleinen Mixer gut verquirlen. Unter die gedünsteten Kartoffeln rühren, kurz aufkochen lassen.

✿ Quetschkartoffeln

230 g Kartoffeln
1 TL Gemüsebrühextrakt
1 TL Knobl.-Ingwer-Paste
1 gestr. TL Kreuzkümmelsamen
1 gestr. TL Piment
1 TL Rauchkräutersalz
100 g Wasser
1-2 TL getr. Korianderblätter
2 EL Olivenöl

Kartoffeln unter fließendem Wasser abbürsten, in Scheiben schneiden und in einen Topf geben. Gemüsebrühextrakt, Paste, Gewürze, Salz und Wasser hinzufügen. Deckel auflegen, zum Kochen bringen. Auf mittlerer Einstellung 15 Min. kochen. Deckel abnehmen, Korianderblätter einrühren und so lange köcheln, bis fast alle Flüssigkeit verdampft ist. Auf einen Suppenteller geben, Olivenöl hinzufügen, mit einer Gabel zerquetschen. Mit der Gabel ein Muster auf der Oberfläche ziehen.

Hinweis: Da die Kartoffeln wegen der Schale und der Gewürze etwas dunkel sind, wäre etwas Deko mit Petersilie o.ä. hübsch.

3 kleinere bis mittelgroße Kartoffeln (200 g)
1,5 EL Sonnenblumen- oder Olivenöl
1 TL getrockneter Thymian
1/2 TL Kümmelsamen
3 TL Sesam, ungeschält

Für den Dip:
30 g Quasi-Grundjoghurt
20 g Petersilie, inklusive Stängel
15 g Sonnenblumenkernmus
1 Prise Salz

Folienkartoffeln mit Petersiliendip

Ich habe mir aus Energiespargründen angewöhnt, die Kartoffeln z.B. mit Brot zusammen zu backen. Da kommt die Backzeit auch gerade gut hin, die mir in herkömmlichen Rezepten immer viel zu kurz ist.

Kartoffeln unter fließendem Wasser gut abbürsten. Kartoffeln jeweils mit einem Grillspieß oder Ähnlichem ca. 20 Mal einstechen. Mit Öl bepinseln. Thymian zwischen den Händen „rebbeln", damit er sein Aroma entfalten kann. Mit Kümmel und Sesam mischen. Je eine Kartoffel oben und unten mit zwei Fingern halten, mit dem Sesamgemisch von allen Seiten bestreuen. Auf ein nicht zu kleines Stück Alufolie setzen, zwei Seiten hochklappen und umklappen, dann die beiden anderen Seiten darüber schlagen und fest um die Kartoffel schließen. In den kalten Ofen geben, 20 Min. auf 250 °C (Umluft) vorheizen, dann 10 Min. bei 250 °C und 45 Min. bei 200 °C backen. Die Dipzutaten in einem kleinen Mixer zu einer glatten Creme schlagen und im Kühlschrank etwas eindicken lassen, während die Kartoffeln backen. Zu den Kartoffeln servieren.

Öl für die Form
275 g Kartoffeln
35 g Zwiebel (netto)
10 g Knoblauchzehen
20 g Nussmus
10 g Zitronensaft
30 g Sonnenblumenöl
1 TL Salz
1 TL Paprika edelsüß
1 Prise gem. Piment
2 g Ingwer, ungeschält
310 g Wasser

Kartoffelgratin

Eine Auflaufform mit etwas Öl auspinseln. Kartoffeln unter fließendem Wasser gut abbürsten und in 3-4 mm dicke Scheiben schneiden, die Form damit dachziegelartig auslegen. Zwiebel und Knoblauchzehen schälen, Ringe bzw. Scheiben schneiden und darüber verteilen. Die restlichen Zutaten im Mixer gut miteinander verquirlen, über die Kartoffeln gießen. Die Auflaufform auf dem Gitterrost in den kalten Ofen schieben und das Gericht 45 Min. bei 200 °C (Umluft) backen. Mit Tomate oder anderem rohen Gemüse servieren.

Gemüse & Co

🌱 Gefüllte Sesamkartoffel

Kartoffel in Schale in 250 g Wasser im Schnellkochtopf 10 Min. auf dem 2. Ring garen (oder als Pellkartoffeln normal kochen). Langsam abdampfen lassen.

Sesamöl in einer Pfanne (20 cm) erhitzen, die Gewürze darin anbraten, bis sie etwas springen. Hitze reduzieren. Zwiebel schälen und klein schneiden, mit Peperoni unterrühren. Kohlrabi schälen und würfeln. Dann nach und nach die anderen Füllungszutaten in der angegebenen Reihenfolge unterrühren. Deckel wieder auflegen und auf geringer Hitze 8 Min. köcheln.

Kartoffel quer halbieren, jede Hälfte vorsichtig auslöffeln, die Stücke vorsichtig mit einem Messer vorschneiden. Vorsicht: Die Kartoffel kann an der Außenseite aufbrechen, man kann dann trotzdem weitermachen. Kartoffelinneres klein schneiden, noch mit der Füllung zusammen köcheln. Kartoffelhälften nebeneinander in eine kleine Pfanne setzen, füllen. 50 g Wasser hinzufügen und wie oben beschrieben 8 Min. köcheln.

Die restliche Füllung mit den Soßenzutaten in einem kleinen Mixer verquirlen, um die Kartoffeln gießen und langsam mit dem Kochwasser verrühren. Eine Kartoffel mit Hilfe von zwei Löffeln oder Gabeln auf einen Teller setzen, die Hälfte der Soße um die Kartoffel herum gießen. Wer noch frische Kräuter hat (Koriander, Petersilie), kann damit dekorieren.

1 Kartoffel (200 g)
250 g Wasser

Füllung:
15 g Sesamöl
1 TL braune Senfkörner
1 TL Fenchelsamen
1 TL Kreuzkümmel
1 Zwiebel (85 g brutto)
1 cm Essig-Peperoni
20 g Sesam ungeschält
20 g Knoblauch-Ingwer-Paste fix
25 g Wasser
1 gestr. TL Salz
1/2 TL Kurkuma
80 g Kohlrabi (netto)
50 g + 50 g Wasser

Soße:
etwa 100 g Füllung
20 g Tahin
2 TL Peperoni-Essig
80 g Wasser

Gefüllte Sesamkartoffel

169

✿ Shepherd's Pie Indian Style

50 g Augenbohnen
50 g + 50 g + 70 g Wasser
190 g Kartoffeln
40 g Sellerie (netto)
15 g Kokosöl
1 gestr. TL Kräutersalz
1 TL Garam masala
1 TL scharfe Basilikumpaste Nr. 2
20 g Sonnenblumenkerne
20 g Sonnenblumenöl
1 gestr. TL Kräutersalz
1/2 TL Kurkuma

Augenbohnen 24 Std. in Wasser einweichen, dann 12 Std. keimen lassen.

Augenbohnen mit 50 g Wasser zum Kochen bringen, dann auf kleinster Einstellung 30 Min. köcheln.

Kartoffeln unter fließendem Wasser abbürsten, in Scheiben schneiden. Sellerie würfeln. Kokosöl und 50 g Wasser in eine Pfanne (20 cm) geben, Kartoffeln und Sellerie hinzufügen. Mit aufgelegtem Deckel zum Kochen bringen, bis Dampf entweicht. Dann auf kleinster Einstellung 15 Min. dünsten. Salz, Garam masala und Paste unterrühren. Auf einen flachen Teller geben und mit einem Kartoffelstampfer pürieren, das muss nicht sehr fein sein.

Sonnenblumenkerne mit Öl, Salz, 70 g Wasser und Kurkuma im kleinen Mixer glatt schlagen. Unter die Augenbohnen rühren und aufkochen.

Eine kleine Auflauf-/Lasagneform mit etwas Öl einpinseln. Augenbohnen hineingeben, dann mit dem Kartoffelpüree bedecken. In den kalten Ofen schieben, 10 Min. bei 225 °C (Umluft) backen, dann noch 5-6 Min. grillen bzw. auf höchster Einstellung überbacken.

✿ Dünstkartoffeln mit Seasoning

20 g Kokosöl
70 g Wasser
1 große Kartoffel (ca. 305 g)
120 g Fenchelgemüse (netto)
1 gestr. TL Salz
Seasoning:
5 g Kokosöl
1 TL Fenchelsamen
1/2 TL Kreuzkümmelsamen
20 g Kokosraspeln
20 g Cashewnussbruch

20 g Kokosöl und Wasser in eine Pfanne (24 cm) geben. Kartoffel(n) unter laufendem Wasser gut abbürsten. Klein schneiden, Fenchel ebenfalls in dünne Scheiben schneiden. Beides in die Pfanne geben. Deckel auflegen, auf höchster Einstellung zum Kochen bringen. Sobald Dampf unter dem Deckel entweicht, auf kleinste Einstellung drehen und 15 Min. dünsten, ohne den Deckel anzuheben. Salz darüber streuen.

In einer kleinen Pfanne 5 g Kokosöl erhitzen. Fenchel und Kreuzkümmel hinzugeben, gelegentlich rühren, bis sie anfangen zu springen. Dann Kokosraspeln und Cashewnüsse hinzugeben, unter Rühren weiter erhitzen (auf 2/3 der Hitze), bis die Raspeln hellbraun sind. Vom Herd nehmen und umfüllen (damit sich die Raspeln nicht noch dunkler färben). Über die Kartoffeln streuen und in der größeren Pfanne servieren.

Pilze

Bratreis mit Austernpilzen

Naturreis mit 250 g Wasser und 1 Prise Salz im Schnellkochtopf, 2. Ring, 11 Min. garen. Flüssigkeit auffangen. In einer Pfanne (20 cm) Traubenkernöl erhitzen, Reis und 2 EL der Kochflüssigkeit hinzufügen. Deckel auflegen, 2 Min. bei Stufe 9 garen, dann auf kleinster Einstellung dünsten. In dieser Zeit die Pilze vorbereiten.

25 g Vindaloo-Öl und 25 g Wasser in eine zweite Pfanne (20 cm) geben. Zwiebel schälen, in Ringe schneiden und hinzufügen. Austernpilze klein schneiden, auf die Zwiebeln häufeln. Deckel auflegen, auf höchster Einstellung zum Kochen bringen, bis Dampf unter dem Deckel austritt. Auf kleinster Einstellung 10 Min. dünsten. Nussmus mit 20 g Wasser unter die Pilze rühren. 25 g Zitronenkonzentrat (größere Stück klein schneiden) unterziehen. Reis mit der gebackenen Seite noch oben neben die Pilze auf einen Teller legen, mit etwas gezupftem Grünkohl dekorieren.

100 g Naturreis
250 g + 25 g + 20 g Wasser
1 Prise Salz
2 EL Traubenkernöl
25 g Vindaloo-Öl
1 Zwiebel (50 g netto)
200 g Austernpilze
1 TL Nussmus (20 g)
25 g Zitronenkonzentrat
etwas gezupfter frischer Grünkohl

🌱 Austernpilz-Grünkohlpfanne

65 g + 160 g Wasser
1 TL Wildkräuterpesto
1 TL Zitronenkonzentrat
1 cm rote Peperoni
225 g Austernpilze
90 g Grünkohl
20 g Sonnenblumenkerne
10 g Zitronensaft
1/2 TL Salz

65 g Wasser in eine Pfanne (24 cm) geben. Pesto und Zitronenkonzentrat darin verrühren. Peperoni hinzufügen. Pilze und Gemüse klein schneiden und in die Pfanne geben. Deckel auflegen und auf höchster Einstellung zum Kochen bringen, bis Dampf unter dem Deckel austritt. Auf kleinste Einstellung drehen und 15 Min. garen, ohne den Deckel anzuheben. Die restlichen Zutaten mit 160 g Wasser in einem kleinen Mixer verquirlen, unterrühren und aufkochen. Dazu passt Fladenbrot oder Reis, dann reicht das Gericht für 2 Personen.

🌱 Reisdublette mit Champs

100 g Naturreis 20 g Wildreis
410 g Wasser | 2 EL Erdnussöl
1 TL Kreuzkümmelsamen
1 TL schwarzer Senf
1 geschälte Knoblauchzehe
3 Ringe frische Peperoni
1 TL Wildkräuterpesto
1 TL Kurkuma | 1 TL Salz
125 g Champignons
2 EL Wasser
1 TL Macadamianussmus
3-4 Blätter Basilikum

Reis mit 410 g Wasser im Schnellkochtopf 12 Min. kochen (2. Ring), dann abdampfen lassen. In dieser Zeit die Champignons vorbereiten. Öl in einer Pfanne (20 cm) erhitzen, Kreuzkümmel und Senf kurz anbraten (Deckel auflegen). Knoblauch in Scheiben und Peperoni in Ringe schneiden, beides in die Pfanne geben und braten, bis der Knoblauch goldgelb ist. Pesto, Kurkuma und Salz einrühren, dann die Champignons in Scheiben schneiden und unterrühren. 2 EL Wasser unterrühren, mit aufgelegtem Deckel auf kleiner Einstellung köcheln lassen, bis der Reis fertig ist (ohne Schnellkochtopf gelten andere Zeiten).
Reis mit dem Kochwasser in die Pfanne geben, mit Salz abschmecken. Nussmus einrühren und kochen, bis das überschüssige Wasser verdampft ist. Mit ein bisschen Basilikum servieren.

🌱 Champignonpfanne mit Kokosbrot

Für das Brot:
40 g Dinkel | 1 EL Kokosraspeln
2 TL Sonnenblumenöl
2 EL Wasser
1 gestr. TL Kräutersalz

Für die Gemüsepfanne:
2 EL Wasser | 10 g Kokosöl
110 g Champignons
60 g Grünkohl, gewaschen
1 Tomate (75 g) | 1 EL Sonnenblumenöl | 1 gestr. TL Kräutersalz
1 TL Colombo-Paste

Dinkel fein mahlen, mit den anderen Teigzutaten gründlich verkneten. Abgedeckt 15-20 Min. ruhen lassen. Als Fladen ausrollen, Durchmesser ca. 13-14 cm. Eine beschichtete Pfanne erhitzen, Fladen hineingeben. Hitze etwas herunterstellen. Rand des Fladens mit Öl bestreichen, drehen. Auch auf der anderen Seite Rand mit Öl bestreichen. Mehrmals umdrehen, bis der Fladen ein bisschen blasig wird und dunkle Flecken auf beiden Seiten hat.
Wasser und Kokosöl in eine Pfanne geben. Champignons vierteln, Grünkohl in Streifen und Tomate in Scheiben schneiden, in die Pfanne geben. Deckel auflegen, auf höchster Einstellung zum Kochen bringen. Sobald Dampf unter dem Deckel entweicht, auf kleinste Einstellung drehen, 15 Min. dünsten. Dann Sonnenblumenöl, Salz und Colombo-Paste unterrühren.

GEMÜSE & CO

✿ Kichererbsen süßsauer mit Steinpilzen

Kichererbsen 12 Std. in Wasser einweichen, dann 48 Std. keimen lassen. Steinpilze mindestens 20 Min. in 125 g Wasser einweichen. Mit dem restlichen Einweichwasser zu den Kichererbsen geben und 30 Min. auf kleiner Einstellung köcheln. Kurkuma, Salz und Honig untermischen.

Öl in einer kleinen Pfanne (20 cm) erhitzen. Panchphoran darin rösten, bis die Samen knacken. Chili aufschneiden, Kerne entfernen. Mit Lorbeer, Mangopulver und Rosinen in die Pfanne geben. Hitze reduzieren und die Mischung zu den Kichererbsen geben. Aufkochen und auf einen Teller füllen.

50 g Kichererbsen
20 g getr. Steinpilze
125 g Wasser
1/2 TL Kurkuma
1 TL Kräutersalz
1 TL Honig
2 EL Erdnussöl
2 TL Panchphoran
1 frische grüne Chilischote (oder 1 getr. rote)
1/2 Lorbeerblatt
1 TL Mangopulver
1 geh. TL Rosinen

✿ Kicheraustern

Kichererbsen 12 Std. in Wasser einweichen und dann keimen lassen. Erdnussöl und 45 g Wasser in eine Pfanne (24 cm) geben. Die gekeimten Kichererbsen darin verteilen. Austernpilze grob auseinanderzupfen und auf die Erbsen geben. Deckel auflegen, auf höchster Einstellung zum Kochen bringen, bis Dampf unter dem Deckel austritt. Auf kleinster Einstellung 25-30 Min. dünsten lassen.

Salz, Nussmus, Mangopulver, Essig, 70 g Wasser und die beiden Pasten in einem kleinen Mixer gut durchschlagen. In die Pfanne einrühren. Becher mit 65 g Wasser „nachspülen", das Wasser ebenfalls hinzugeben und einmal kräftig aufkochen.

75 g Kichererbsen
30 g Erdnussöl
45 g + 70 g + 65 g Wasser
270 g Austernpilze
1 gestr. TL Salz
15 g Viernussmus
1 TL Mangopulver
2 TL Apfelessig
1 TL Colombo-Paste
1/2 TL Vindaloo-Paste (4 g)

Shiitakepilze und Grünkohl

🌱 Kräuterseitlinge mit Curryhirse

(Hauptspeise, 2 Personen)

20 g + 30 g Olivenöl
1 TL Lavendelcurry
155 g Hirse
30 g Rosinen
450 g + 35 g Wasser
1/2 TL Salz
390 g Seitlinge

Soße:
50 g Cashewnussbruch
1 TL Salz
2 TL Zitronenschaum
25 g Sonnenblumenöl
1 Mandarine (netto 65 g)
105 g Wasser

20 g Öl in einer Pfanne bei mittlerer Einstellung erhitzen, Curry einrühren, bis sich kleine Bläschen bilden. Hirse hinzugeben und verrühren, bis alle Körnchen in eine Öl-Curry-Schicht eingehüllt sind (soweit sich das beurteilen lässt). Rosinen, 450 g Wasser und Salz hinzugeben. Deckel auflegen und aufkochen. Herdplatte auf die kleinste Einstellung drehen und 20 Min. köcheln lassen. Herd abstellen und Hirse nachquellen lassen.

Während die Hirse köchelt, die Seitlinge in Scheiben schneiden. Wenn die Hirse nachquillt, mit der Zubereitung fortfahren. 30 g Öl und 35 g Wasser in einer Pfanne verrühren, Pilzscheiben hinzugeben. Deckel auflegen und bei höchster Einstellung zum Kochen bringen. Sobald Dampf unter dem Deckel entweicht, auf kleinste Einstellung drehen und 10 Min. dünsten, ohne den Deckel anzuheben.

Soßenzutaten in einem kleinen Mixer zu einer homogenen Masse schlagen. Unter die Pilze rühren und aufkochen lassen. Die Hirse mit einem Esslöffel nockenartig auf einen Teller setzen, Pilze mit Soße daneben legen.

🌱 Pilzbohnen

20 g Kokosöl | 1 TL schwarze Senfkörner | 1/2 gestr. TL weißer Mohn | 1 Prise gem. Chilipulver
12 g Zwiebel | 6 g Knoblauch
2 g Ingwer | 1 gestr. TL gem. Koriander
1/4 TL Asafoetida
1 gestr. TL Garam masala
1 Prise Kardamom | 135 g gekeimte Augenbohnen (Sprossen ca. 2-3 cm)
125 g in Scheiben geschnittene Champignons | 50 g Wasser
1 TL Mangopulver

Kokosöl in einer Pfanne auf mittlerer Einstellung erhitzen. Senfkörner, Mohn und Chili im Öl anbraten. Zwiebel und Knoblauch schälen und klein schneiden, Ingwer fein würfeln und alles ebenfalls in die Pfanne geben. Kurz Koriander, Asafoetida, Garam masala und Kardamom mitbraten. Champignons in Scheiben schneiden. Gekeimte Augenbohnen, Champignons und Wasser hinzufügen. 15 Min. auf kleiner Flamme köcheln lassen. Mangopulver unterrühren.

GEMÜSE & CO

✍ Pilzreispfanne bequem

Den Einsatz eines kleinen Reiskochtopfs (0,6 Liter) mit 5 g Sonnenblumenöl bestreichen. Reis und 320 g Wasser hinzugeben und garen lassen (ca. 45 Min.).
Curry und Erdnussöl in einer Pfanne (24 cm) verrühren. Knoblauchzehe abziehen und in Scheiben schneiden. Große Pilze halbieren oder vierteln. Beides mit den Rosinen ebenfalls in die Pfanne geben. Deckel auflegen, auf höchster Einstellung zum Kochen bringen. Sobald Dampf unter dem Deckel austritt, auf kleinste Einstellung drehen und 13 Min. dünsten. Salz, gegarten Reis und Zitronensaft unterrühren.

5 g Sonnenblumenöl
100 g Naturreis
320 g Wasser
1 TL Curry
50 g Erdnussöl
1 Knoblauchzehe
220 g weiße Champignons
10 g Rosinen
1 gestr. TL Salz
1 EL Zitronensaft

✍ Pilze Vindaloo

Champignons säubern (Schmutz nur locker abpinseln, Pilze nicht waschen). Kartoffel unter fließendem Wasser gut abbürsten, in 3 mm dicke Scheiben schneiden. Geschälte Zwiebel würfeln. Kokosöl in einer Pfanne (24 cm) erhitzen. Zwiebel und Knoblauch-Paste mit Kartoffelscheiben und Champignons 3-4 Min. darin anbraten (Hitze etwas reduzieren). Vindaloo-Paste und Salz dazugeben, unterrühren. Wasser und Petersilienwürze hinzugeben, Deckel auflegen. Sobald Dampf entweicht, auf kleinster Stufe insgesamt 14 Min. köcheln lassen. Nach 7 Min. Tomatenmark und Kardamom unterrühren. Mit Petersilie dekorieren.

210 g Champignons
155 g Kartoffel
12 g Zwiebel (netto)
30 g Kokosöl
1 TL Knobl.-Ingwer-Paste
1 geh. TL Vindaloo-Paste
1 TL Kräutersalz | 80 g Wasser
1 TL Petersilienwürze
2 TL Tomatenmark
1 gestr. TL Kardamom
geh. Petersilie

✍ Pilz-Kartoffel-Pfanne

Kartoffeln unter fließendem Wasser gut abbürsten, in dünne Scheiben schneiden. Champignons in 0,5 cm dicke Scheiben schneiden. Sesam in der trockenen Pfanne auf mittlerer Hitze rösten, bis er gut duftet oder goldbraun ist. In einen Mixbecher umschütten, Öl in die Pfanne geben. Urad Dal in das heiße Öl einrühren. Zwiebel, Knoblauch und Ingwer schälen und klein schneiden und im Öl mit anbraten. Salz, Curryblätter, Kurkuma und Dill (in 3-cm-Stücken) 20-30 Sek. einrühren. Kartoffeln, Pilze und 75 g Wasser hinzugeben.
Deckel auflegen und 10 Min. auf unveränderter Hitze köcheln lassen. Sesam mit Kokosraspeln im kleinen Mixer grob mahlen. Mit dem Koriander unter das Gericht rühren, Deckel wieder auflegen und weitere 4 Min. garen.

100 g Kartoffeln
150 g Champignons
1 EL Sesam
1 EL Kokosraspeln
1 EL Sonnenblumenöl
1 EL Urad Dal
6 g Zwiebel (netto)
1 Knoblauchzehe
1 Scheibe Ingwer
1 Prise Salz
5 getr. Curryblätter
1/2 TL Kurkuma
10 g Dillstängel
75 g Wasser
1/2 TL gem. Koriander

Pilze Vindaloo | Pilzreispfanne | Kräuterseitlinge mit Curryhirse

✂ Austernpilze senfig

20 g Senföl | 1 TL Senfkörner
80 g Gemüsezwiebel
140 g Austernpilze
1 TL Gemüsesalz
1 TL Zitronenkonzentrat
1 TL Honig | 20 g Peperoni-Essig
30 g Wasser | 1 TL Mandelmus

Öl in einer Pfanne (20 cm) erhitzen, Senfkörner darin anrösten. Zwiebel schälen, in Streifen schneiden und gründlich in dem Öl anbraten. Pilze, Salz, Zitronenkonzentrat und Honig mit unterrühren. Schließlich Essig und Wasser hinzufügen, Deckel auflegen und auf kleinster Einstellung 10 Min. dünsten. Mandelmus unterrühren und aufkochen lassen. Mit Fladen servieren.

✂ Seitling in Sahnesoße

100 g Bandnudeln
35 g Kokosöl
2 TL Panchphoran erweitert
1 Chilischote
2 TL Knobl.-Ingwer-Paste
150 g Tiefkühl-Kräuterseitlinge
2-3 Prisen Salz
65 g Sahne
2 TL Garam masala
35 g Wasser

Nudeln in Salzwasser nach Anweisung kochen.
Öl in eine Pfanne (24 cm) geben; erhitzen. Panchphoran und Chilischote, dann die Paste darin anbraten, Hitze herunterstellen. Pilze tiefgekühlt hinzugeben und von allen Seiten anbraten, bis die Teile sich getrennt haben. Salzen und Sahne mit Garam masala hinzugeben, etwas einkochen, dann das Wasser einrühren und noch 1 Min. köcheln lassen. Nudeln abgießen, unter die Pilzsoße rühren. In der Pfanne servieren.
Hinweis: Veganer nehmen statt der Sahne 1 EL Nussmus.

✂ Champignons auf mungäner Erdnusssoße

2 EL Distelöl
1/2 TL gelbe Senfkörner
1/2 TL Knobl.-Ingwer-Paste
50 g Mungbohnen
180 g Champignons
100 g + 50 g Wasser
1 TL Paprika edelsüß
1/2 TL Hanfcurry
1/2 TL Salz | 1/2 TL Honig
30 g Erdnussmus gesalzen

Öl in einer Pfanne erhitzen. Senfkörner kurz darin anbraten, bis sie knacken. Paste einrühren. Mungbohnen in einem kleinen Mixer nur so weit zerkleinern, dass keine mehr ganz sind. Mit anbraten. Champignons in Scheiben schneiden, ebenfalls anbraten. 100 g Wasser hinzugeben. Zum Kochen bringen, auf kleiner Einstellung 20 Min. köcheln lassen. Mit Paprika edelsüß, Hanfcurry und Salz bestreuen. Honig, Erdnussmus und 50 g Wasser einrühren und aufkochen.
Tipp: Veganer nehmen statt Honig etwas pürierte Dattel.

GEMÜSE & CO

🍄 The Champion

Champignons vierteln, Kartoffeln gut unter fließendem Wasser abbürsten und in feine Scheiben schneiden.

Öl auf etwas mehr als mittlerer Einstellung erhitzen, darin die Gewürze von Stufe (1) kurz anbraten, bis die Senfkörner knacken.

Zwiebel (Stufe 2) hacken, hinzugeben und unter Rühren glasig werden lassen.

Stufe (3) gefolgt von (4) einrühren. Gemüse darin wenden, 50 g Wasser hinzugeben. Aufkochen und 10 Min. auf kleinster Einstellung köcheln.

Die Chilischote entfernen, wenn man nicht gerne sehr scharf isst. Mit Garammasala abschmecken und in offener Pfanne zur gewünschten Konsistenz einkochen.

115 g Champignons
80 g Kartoffeln
2 EL Distelöl
50 g Wasser
etwas Garam masala

(1) 1 getrocknete Chili
1 TL schwarze Senfkörner
1 TL weißer Mohn
1 TL Urad Dal
(2) 15 g Zwiebel
(3) 1 gestr. TL Knobl.-Ingwer-Paste
1 gestr. TL Salz
(4) 1/2 TL Asafoetida
1/2 TL Kreuzkümmelsamen
1/2 TL Kardamom
1/2 TL Kurkuma
etwas gem. Chiliflocken

Seitling in Sahnesoße

177

HÜLSEN-FRÜCHTE

Schon in den anderen Kapiteln sind Hülsenfrüchte immer wieder in den Rezepten aufgetaucht. Die Hülsenfrüchte sind für mich eine der hervorstechenden Bereicherungen meiner Küche unter dem indischen Einfluss. Ich habe immer gerne Hülsenfrüchte gegessen, kannte aber lediglich Variationen von Erbsensuppen etc., allenfalls noch Kichererbsendips. Da Hülsenfrüchte in einer konsequenten Vollwerternährung einen wichtigen Platz einnehmen, ist diese Vielfalt ein richtiger sogenannter „Augenöffner". Da lernen wir viele uns vorher unbekannte Sorten kennen wie Mattenbohnen oder Urad Dal (weiße Linsen = geschälte schwarze Linsen).

In dieses Kapitel fallen die Rezepte, wenn die Hülsenfrüchte das charakteristische Merkmal einer Mahlzeit sind. Da sich die Rubrik häufig mit dem Kapitel Gemüse überschneidet, mögen Leser mir verzeihen, wenn sie sie anders eingeordnet hätten :-)

Augenbohnen

✿ Augenbohnencurry

100 g Augenbohnen
250 g Wasser | 1 Prise Salz
1 gestr. EL Kokosraspeln
1 TL Kreuzkümmelsamen
12 g rote Paprikaschote
1 EL Erdnussöl | 1 TL schwarze
Senfkörner | 1/4 TL Asafoetida
1/2 TL gem. Koriander
2 Knoblauchzehen | 20 g Zwiebel
1 gestr. TL Honig
1/2 TL Tamarindenpaste
1 TL getr. Korianderblätter

Augenbohnen in 250 g Wasser 48 Std. einweichen. Bohnen im Einweichwasser aufkochen, 30 Min. köcheln lassen. Salzen und kaltstellen. Kokosraspeln und Kreuzkümmel in einer trockenen Pfanne rösten, bis die Kokosraspeln leicht gebräunt sind. In einem kleinen Mixer mit roter Paprika zu einer Paste schlagen. Öl in einer Pfanne erhitzen, Senfkörner darin anbraten, Asafoetida und Koriander mitrösten. Die Knoblauchzehen und Zwiebel schälen und würfeln. Mitbraten, bis die Zwiebelstückchen glasig sind. Bohnen mit Rest Kochflüssigkeit hinzugeben. Kokosraspeln mit Honig, Tamarindenpaste und getrockneten Korianderblättern hinzufügen, sobald die Bohnen kochen. Noch 5 Min. kochen. In der Pfanne auf den Tisch stellen.

✿ Augenbohnen mit Wirsing

3 EL Augenbohnen (50 g)
65 g + 45 g Wasser
75 g Wirsing (netto)
40 g Topinambur (netto)
20 g Kokosraspeln
1 TL Colombo-Paste
1 TL Scharfe Basilikumpaste Nr. 3
1 TL Kräutersalz
2 TL Zitronensaft
2 EL Weizenkeimöl
60 g + 20 g Wasser

Augenbohnen 12 Std. einweichen, anschließend 36 Std. keimen lassen. Mit 65 g Wasser zum Kochen bringen, 30 Min. köcheln. 45 g Wasser in eine kleine Pfanne geben. 75 g Wirsing waschen und in Streifen schneiden. 40 g Topinambur in Scheiben schneiden und beides in die Pfanne geben. Deckel auflegen, auf höchster Einstellung zum Kochen bringen, bis Dampf unter dem Deckel entweicht. Dann auf kleinster Einstellung 15 Min. köcheln lassen. Für die Soße Kokosraspeln, Colombo-Paste, scharfe Basilikumpaste, Salz, Zitronensaft, Öl und 60 g Wasser in einem kleinen Mixer verquirlen. Alles zum Wirsing in die Pfanne geben, umrühren. Becher mit 20 g Wasser „nachspülen".

✿ Augenbohnentopf

200 g Augenbohnen | 450 g Wasser
3 EL Distelöl | 1 TL gelbe Senfkörner
40 g Zwiebel
1 TL Kreuzkümmelsamen
1 TL gem. Kurkuma
130 g Wasser
Saft von 1/2 Zitrone

Augenbohnen 24 Std. in 450 g Wasser einweichen. Dann 30 Min. im Einweichwasser kochen. Öl erhitzen. Senfkörner im heißen Öl anbraten. Zwiebel schälen, hacken, hinzufügen und glasig braten. Kreuzkümmel und Kurkuma kurz mit anbraten. Bohnen hinzufügen, mit 130 g Wasser verrühren. Zitronensaft untermischen. Aufkochen und 5 Min. bzw. bis zur gewünschten Konsistenz köcheln lassen.

HÜLSENFRÜCHTE

🌱 Augenbohnen mit Zwiebeln

Augenbohnen 48 Std. keimen lassen. Zwiebel(n) schälen und in Stücke schneiden. Porree putzen (Wurzelende abschneiden, waschen) und in Scheiben schneiden.
Augenbohnen, 105 g Wasser, gewürfelte Zwiebel, Porree und Chutney in einen kleinen Wok geben. Deckel auflegen, zum sprudelnden Kochen bringen und 30 Min. auf kleiner Flamme köcheln lassen. Kokosraspeln in einem kleinen Mixer fein mahlen. Die restlichen Zutaten und 50 g Wasser hinzugeben und gut durchmixen. Unter das Gemüse rühren und kurz aufkochen.

55 g Augenbohnen
85 g Zwiebeln (netto)
75 g Porree (netto)
105 g + 50 g Wasser
1 gestr. EL Zwiebelchutney
2 EL Kokosraspeln
1 TL Cashewnussmus
1 TL Sambhar
1 TL Gemüsesalz
1 EL Zitronensaft

🌱 Augenbohnenporree

Augenbohnen 12 Std. in Wasser einweichen, durchspülen, 12 Std. keimen lassen. Augenbohnen und 100 g Wasser in einen kleinen Wok geben. Porree waschen, in Scheiben schneiden und darauf verteilen. Deckel auflegen. Auf höchster Einstellung zum Kochen bringen, bis Dampf unter dem Deckel entweicht. 30 Min. auf kleinster Einstellung dünsten, ohne den Deckel anzuheben. Restliche Zutaten in einem kleinen Mixer mischen, unter das Gemüse rühren und aufkochen.

80 g Augenbohnen
100 g Wasser
140 g Porreegrün (netto)
10 g Kokosraspeln
1 TL Colombo-Paste
1 TL Kräutersalz
1 TL Petersilienwürze
50 g Wasser

Augenbohnen

🌱 Augenbohnenklößchen mit saurer Soße

Für die Klößchen:
85 g Augenbohnen
1 gestr. TL gem. Koriander
1 Prise Chilipulver
1 Prise Kräutersalz
1 EL Sonnenblumenöl
2 EL + ggf. 1 TL Wasser
Wasser zum Kochen

Für die Soße:
30 g Sonnenblumenkerne
1 EL Sonnenblumenöl | 1 Prise Salz
1 gestr. TL Petersilienwürze
1 EL Zitronensaft | 1 Prise gem.
Kreuzkümmel | 125 g Wasser

Augenbohnen in einem kleinen Mixer fein mahlen. Mit den restlichen Klößchenzutaten zu einem festen Teig verkneten. Dritteln und zu dünnen Rollen formen (brechen evtl. in Stücke, was aber nicht schlimm ist).
In einem Topf Wasser zum Kochen bringen, die Rollen oder Stücke hineingeben und 7 Min. kochen (Hitze etwas reduzieren). Dann in einem Sieb abtropfen und leicht abkühlen lassen. In Stücke von 1-2 cm Größe schneiden.
Die Soßenzutaten in einem kleinen Mixer schaumig schlagen. In eine Pfanne (20 cm) geben und vorsichtig erhitzen. Die Klößchen hineingeben, die Soße wieder zum Köcheln bringen und noch 5 Min. köcheln lassen.

🌱 Wokgerührte Augenbohnen

80 g Augenbohnen
160 g Wasser
2 EL Erdnussöl
1 TL Kreuzkümmelsamen
1 kleine Chilischote
12 g Zwiebel (netto)
1 Prise Asafoetida
1 TL Knobl.-Ingwer-Paste
1/2 TL gem. Kurkuma
1 Tomate (55 g)
1 TL Sambhar
1/2 TL Honig
1 TL Salz
etwas glatte Petersilie

Augenbohnen 24 Std. in Wasser einweichen. Öl in einem kleinen Wok (24 cm) erhitzen. Kreuzkümmel und Chilischote darin anbraten, bis sie goldbraun sind. Zwiebel schälen und fein würfeln, mit Asafoetida in den Wok geben und eine Weile rühren, bis die Zwiebeln glasig sind (Herd etwas herunterstellen). Knoblauch-Ingwer-Paste untermischen. Bohnen abtropfen lassen, Einweichflüssigkeit auffangen und evtl. mit Wasser auf 50 g auffüllen. Bohnen mit Kurkuma hinzugeben, 1 Min. mitbraten. Tomate würfeln, mit Sambhar, Honig und Salz einrühren. Einweichflüssigkeit hinzugeben. Bei kleiner Hitze 30 Min. köcheln lassen. Wenn die Bohnen dann noch nicht weich genug sind, noch weitere 5 oder 10 Min. köcheln. Mit etwas Petersilie garnieren.

Wokgerührte Augenbohnen

Linsen

Beluga-Ofen-Linsen

Kichererbsen und Linsen getrennt 36-48 Std. vorher zum Keimen ansetzen. Die Keime sind kaum sichtbar bis max. 1 mm lang. Keime abspülen, in eine ofenfeste Pfanne geben. Champignons und geschälte Knoblauchzehe in Scheiben schneiden, hinzufügen. Nussmus, Zitronenschaum, Kreuzkümmel, Ingwer, Salz, Curry und Kokosmilch in einem kleinen Mixer gut verquirlen, dann das Wasser untermischen und das Gemisch über die Keime gießen.

Deckel auflegen, Pfanne in den kalten Ofen schieben und bei 225 °C (Umluft) für 30 Min. backen. Deckel abnehmen und weitere 10 Min. backen.

50 g Kichererbsen
50 g Beluga-Linsen
100 g Champignons
1 Knoblauchzehe
30 g Erdnussmus
1 EL Zitronenschaum
1/2 TL gem. Kreuzkümmel
2 dünne Scheiben Ingwer
1 TL Salz | 1 TL Curry
125 g Kokosmilch | 150 g Wasser

Belugalinsenkugeln

Linsen 36 Std. keimen lassen. Mit 3 EL Wasser und ein paar Curry-Blättern in einem kleinen Mixer zu einem Brei schlagen. Mit den restlichen Gewürzen vermischen. Zwiebelstück ggf. schälen, fein würfeln und untermischen. 15-30 Min. ruhen lassen. Kokosöl auf großer Einstellung in einer Keramikpfanne erhitzen. Mit einem Teelöffel 5 Häufchen in die Pfanne setzen, Deckel aufsetzen und 5 Min. bei mittlerer Hitze braten. Wenden und nochmals 3 Min. braten. (Vorsicht – bei mir „explodierte" nach einigen Min. etwas in der Pfanne, es ist also wichtig, dass der Deckel aufliegt). Mit einigen Kokoschips dekorieren.

50 g Belugalinsen
3 EL Wasser
einige getr. Curry-Blätter
Galgantwurzel (2-3 Prisen)
ganz wenig Cayenne-Pfeffer
1 Prise Asafoetida
5 g Zwiebel
35 g Kokosöl
Kokoschips

Linsenkartoffeln unscharf

Kartoffel unter fließendem Wasser abbürsten, klein schneiden. Mit roten Linsen und der gehackten Zwiebel in einen Topf geben. Mit 125 g Wasser zum Kochen bringen, 15-17 Min. auf kleinster Flamme köcheln. Sonnenblumenkerne, Zitronenschaum, Tamarindenpaste, Petersilienwürze, Salz und 30 g Wasser in einem kleinen Mixer schlagen. Asafoetida und Korianderblätter unterrühren. Alles zu den Linsen geben, Becher mit 30 g Wasser nachspülen und auch unterrühren.

1 Kartoffel (90 g)
55 g rote Linsen
10 g Zwiebel
125 g + 30 g Wasser
1 TL Sonnenblumenkerne
1 TL Zitronenschaum
1 TL Tamarindenpaste
1/2 TL Petersilienwürze
etwas Salz
1 MS Asafoetida
1 TL getr. Korianderblätter

🌱 Gelbe Linsen mit Zwiebeln

90 g gelbe Linsen | 265 g + 50 g Wasser | 1 EL (10 g) Erdnussöl
1 TL Kreuzkümmelsamen
30 g Zwiebel (netto)
1 kleine rote Chilischote
10 g Tomatenmark
1 TL Knobl.-Ingwer-Paste
1/2 TL gem. Kurkuma
1 TL Kräutersalz | 1/2 TL Garam masala | 1 MS Asafoetida
10 g geh. glatte Petersilie

Linsen mit 265 g Wasser zum Kochen bringen, 15 Min. auf kleinster Einstellung garen. Erdnussöl erhitzen, Hitze leicht reduzieren, Kreuzkümmel einrühren, bis er knackt; Zwiebel schälen, würfeln, mit Chili darin rösten, bis die Zwiebelwürfel goldbraun sind. Aufpassen dass die Hitze hoch genug ist, ohne dass die Zwiebelwürfel anbrennen. Tomatenmark, Paste, Kurkuma und Salz zu den Zwiebelwürfeln geben, 50 g Wasser ergänzen und rühren, Herdplatte ausstellen. Offen köcheln lassen, bis sich eine glatte Masse ergibt. Zusammen mit Garam masala, Asafoetida und gehackter Petersilie unter die Linsen rühren. Noch 2 Min. offen köcheln.

🌱 Grüne Linsen

80 g Grüne (Depuy) Linsen
200 g Wasser
1 TL Knobl.-Ingwer-Paste
1 Chilischote | 1 gestr. TL Salz
2 TL Zitronenschaum
2-3 Prisen Garam masala

Die Linsen ca. 6 Std. vorher in Wasser einweichen. Mit Knoblauch-Ingwer-Paste und Chilischote zum Kochen bringen. Dann auf kleinster Einstellung 15 Min. köcheln. Mit Salz, Zitronenschaum und Garam masala abschmecken. Mit Fladen servieren.

Linsen-Grühnkohl-Auflauf

HÜLSENFRÜCHTE

Linsen-Grünkohl-Auflauf (2 Personen)

Linsen in eine ofenfeste Form geben. Grünkohl waschen, klein schneiden und darüber schichten. Mit den Pflaumen belegen. Wasser mit Salz und Curry verquirlen, darüber gießen. Deckel auflegen. In den kalten Ofen auf den Gitterrost stellen. Bei 225 °C (Umluft) 45 Min. backen. Aus dem Ofen nehmen, Öl darüber träufeln.

125 g gelbe Linsen | 400 g Grünkohl (netto) | 250 g tiefgekühlte oder frische Pflaumen
400 g Wasser | 2 TL Kräutersalz
1 TL Lavendelcurry | 2 EL Olivenöl

Linsencurry mit Champs

Linsen mit 140 g Wasser aufsetzen, zum Kochen bringen und auf kleiner Einstellung 20 Min. köcheln. In dieser Zeit die anderen Zutaten vorbereiten: Pilze in dünnere Scheiben schneiden, mit Garam masala bestreuen und mit einem Mix aus Zitronenschaum und Wasser beträufeln. Knoblauchzehe und Zwiebel schälen, klein schneiden. Ingwer, ungeschält klein schneiden.
Curry und Kurkuma in einer kleinen Glasschale bereitstellen.
Kokosöl in einer Pfanne auf mittlerer Hitze erhitzen. Knoblauch, Zwiebel und Ingwer einrühren. Sobald die Zwiebelstücke leicht glasig sind, die Gewürze hinzugeben und einige Sek. mitrösten. Dann die Pilze hinzufügen, durchrühren und den Deckel auflegen. Einige Min. anbraten, dann die Linsen mit dem restlichen Kochwasser hinzugeben. Deckel wieder auflegen und, immer noch bei mittlerer Hitze, 10 Min. köcheln lassen. In den letzten 5 Min. die Herdplatte noch etwas herunter drehen. Salzen, mit etwas Petersilie dekorieren und z.B. mit Dattelsoße servieren.

70 g kleine Linsen
140 g Wasser
115 g Champignons
1-2 TL Garam masala
1 TL Zitronenschaum
2 EL Wasser
1 Knoblauchzehe
10 g Zwiebel
1-2 Scheiben Ingwer
1 gestr. TL Curry
1 TL Kurkuma
20 g Kokosöl
1/2 TL Rauchkräutersalz
etwas geh. Petersilie

Linsen gedünstet

Beim indischen Essen werden auch Gewürze mit angebraten. Der Vollwertler scheut sich immer ein bisschen davor, Dinge anzubraten. So habe ich dann heute mal die Gewürze ein wenig anders zubereitet, indem ich mehr angedünstet als angebraten habe. Ergebnis? Sehr lecker.

1 EL Sonnenblumenöl mit 2 EL Wasser erhitzen. Senfkörner und Ajowan darin andünsten. Zwiebel schälen und würfeln, mit der Chilischote in der Pfanne andünsten, bis die Zwiebelwürfel durchsichtig sind, gefolgt von der Knoblauch-Ingwer-Paste und dann den Gewürzen Kurkuma, Kreuzkümmel, Kardamom und Zimt. Die Linsen einrühren, bis sie alle von der Masse eingedeckt sind, 240 g Wasser hinzugeben und zum Kochen bringen. Auf kleinster Einstellung 15 Min. dünsten. Salz, Koriander und gehackte Petersilie unterrühren. Mit Chapati servieren.
Hinweis: Wer mag, kann natürlich die Gewürze wie gewohnt anbraten.

1 EL Sonnenblumenöl
2 EL Wasser
1/2 TL schwarze Senfkörner
1/2 TL Ajowan
10 g Zwiebel | 1 frische Chilischote
1 TL Knobl.-Ingwer-Paste
1 TL Kurkuma
1 TL gem. Kreuzkümmel
2-3 Prisen gem. Kardamom
1 Prise gem. Zimt
80 g rote Linsen
240 g Wasser
1/2 TL Salz
2 TL getr. Koriander
1 EL frische Petersilie

✂ Linsen mit Rosenkohl Nr. 1

165 g Rosenkohl (netto) | 1 Tomate (155 g) | 1 Zwiebel (65 g netto)
125 g gelbe Linsen | 380 g Wasser
1 geh. TL Gemüsesalz
1 TL Sambhar | 2 EL Sonnenblumenöl | 1 EL Zitronensaft
2 TL Sonnenblumenkernmus

Rosenkohl putzen (äußere Blätter entfernen) und halbieren. Tomate klein schneiden. Zwiebel schälen und in Ringe schneiden. Gemüse mit Linsen und Wasser in eine Pfanne geben. Deckel auflegen und auf höchster Einstellung zum Kochen bringen, bis Dampf unter dem Deckel entweicht. Auf kleinste Einstellung drehen und 15 Min dünsten, ohne den Deckel anzuheben. Salz, Sambhar, Öl, Zitronensaft und Sonnenblumenkernmus einrühren und aufkochen.

✂ Linsen mit Rosenkohl Nr. 2

50 g Linsen | 20 g Kokosöl
55 g + 50 g Wasser
150 g Rosenkohl (netto)
1 MS Vindaloo-Paste
1 TL Scharfe Basilikumpaste Nr. 3
10 g Mandeln | 1 TL Gemüsesalz
1 EL Zitronensaft | 2 EL Sonnenblumenöl | 1 TL Sambhar

Linsen 48 Std. keimen lassen. Öl, 55 g Wasser und Linsensprossen (110 g) in eine Pfanne (20 cm) geben. Vom Rosenkohl die äußeren Blätter und alles, was nicht gut ist, entfernen, längs halbieren und zu den Linsen geben. Deckel auflegen, auf höchster Einstellung zum Kochen bringen. Sobald Dampf unter dem Deckel entweicht, auf kleinste Einstellung drehen und 15 Min. dünsten. Die restlichen Zutaten mit 50 g Wasser in einem kleinen Mixer gut durchschlagen (30 Sek.), unter die Linsen rühren und kurz aufkochen.

✂ Masala Dhalute

100 g gelbe Linsen
300 g Wasser
1 EL Kokosöl
15 g Zwiebel
1 TL Knobl.-Ingwer-Paste
1 Prise Kurkuma
1 gestr. TL Salz
1 TL Koriander gem.
1 Prise Chilipulver
1/2-1 TL Garam masala

Linsen in Wasser kochen, aber nicht ganz gar werden lassen (Thermomix: 100 °C, Stufe 1, 10 Min, sobald es kocht, auf 90°C herunterstellen). Kokosöl in einer Pfanne erhitzen. Die Zwiebel schälen, hacken und kurz im heißen Fett anrösten. Knoblauch-Ingwer-Paste hinzugeben und schließlich Kurkuma, Salz, Koriander und Chilipulver einrühren, etwa 1 Min braten. Linsen mit Kochwasser hinzufügen, ebenso Garam masala und noch ca. 5 Min. köcheln. Ich habe ohne Deckel gekocht, weil ich sehr viel Flüssigkeit hatte.
Hinweise: Schmeckt gut mit Brot „Reis-Roti".
Wer die Linsen im Topf und nicht im Thermomix kocht, braucht vermutlich nur 250 g Wasser.

Linsencurry mit Champs

HÜLSENFRÜCHTE

✿ Linsentopf

Belugalinsen 48 Std. keimen lassen. Öl erhitzen. Zwiebel und Knoblauchzehe schälen, klein schneiden und kurz im Öl anbraten. Curry und Asafoetida mit anbraten. Linsenkeimlinge und gelbe Linsen in der Pfanne einige Min. mitbraten. Mit dem Wasser ablöschen, zum Kochen bringen, dann auf kleiner Flamme 15 Min köcheln. Mit Salz abschmecken.

50 g Belugalinsen | 2 EL Erdnussöl
15 g Zwiebel | 1 Knoblauchzehe
1 TL Curry | 1/4 TL Asafoetida
50 g gelbe Linsen | 125 g Wasser
etwas Salz

✿ Linsenpüree

Linsen 2 Tage keimen lassen, das ergibt ein Gewicht von etwa 110 g. Knoblauchzehe abziehen und in Scheiben schneiden. Mit Linsen und Wasser zum Kochen bringen, auf kleinster Einstellung etwa 12 Min. dünsten. Die restlichen Zutaten hinzugeben und mit dem Pürierstab pürieren. Ein Mixer ist ebenfalls geeignet, das lohnt aber erst bei größeren Mengen. Püree mit Petersilie dekorieren.

50 g Linsen
1 Knoblauchzehe
110 g Wasser
2 TL Zitronensaft
2 TL Sonnenblumenöl
1/2 TL Salz
1 Prise Koriander
1/2 gem. Kreuzkümmel
Petersilie

✿ Mung Dal

Mungbohnen in einer Küchenmaschine oder einem Mixer so zerkleinern, dass sie etwa halbiert sind. Mit 250 g Wasser garen (z.B. Thermomix: 100 °C, Stufe 1, 20 Min; wenn es kocht, auf 90 °C). Pürieren. Kokosnussraspeln, Kreuzkümmel, Koriander und die geschälte Knoblauchzehe in einem kleinen Mixer pürieren, mit 1 TL Kräutersalz unter die Bohnenmasse rühren, aufkochen lassen (vorsichtig, setzt leicht an). Öl erhitzen und darin Senfkörner, Zwiebelsamen, Chili und Curryblätter anbraten, bis die Körner springen. Unter die Bohnenmasse rühren.

100 g Mungbohnen
250 g Wasser
20 g Kokosnussraspeln
1 TL gem. Kreuzkümmel
1 gestr. TL gem. Koriander
1 geschälte Knoblauchzehe
1 TL Kräutersalz 1 EL Erdnussöl
1/2 TL schwarze Senfkörner
1/4 TL schw. Zwiebelsamen
4 Prisen gem. rote Chili
2-3 getr. Curryblätter

Linsen mit Rosenkohl

187

🌱 Saure Linsen

100 g gelbe Linsen
250 g Wasser
1/2 TL gem. Kurkuma
2 TL Tamarindenpaste
1 geh. TL Rohkräutersalz
1 EL Erdnussöl
1 TL Kreuzkümmelsamen
1 Prise Asafoetida
2 Knoblauchzehen
1 getrocknete rote Chili
einige Mungbohnensprossen

Linsen in einem kleinen Topf mit Kurkuma und 250 g Wasser zum Kochen bringen, Deckel liegt die ganze Zeit auf. Auf kleinster Einstellung 20 Min. dünsten. Tamarindenpaste und Salz unterrühren. Herdplatte abstellen, aber den Topf auf der Platte mit geschlossenem Deckel stehen lassen. Öl in einer kleinen Pfanne erhitzen. Kreuzkümmel und Asafoetida unter Rühren rösten, bis der Kreuzkümmel goldgelb oder etwas dunkler ist. Knoblauch abziehen, würfeln und mit dem Chili hinzugeben. Bei leicht abgesenkter Hitze unter Rühren rösten, bis der Knoblauch goldbraun ist. Chili entfernen, Rest auf die Linsen schütten und unterrühren. Mit Mungbohnensprossen dekorieren.

Linsenpüree

HÜLSENFRÜCHTE

Kichererbsen & grüne Erbsen

✺ Kicherbataten

Kichererbsen 12 Std. in 350 g Wasser einweichen; Flüssigkeit mit Wasser auf 250 g auffüllen. Im Schnellkochtopf 11 Min. auf dem 2. Ring kochen, dann abseits vom Herd langsam abdampfen lassen. Kokosöl und 35 g Wasser in eine Pfanne geben.
Batate gut unter fließendem Wasser abbürsten, Schadstellen entfernen und Batate in Scheiben schneiden. In die Pfanne geben, Deckel auflegen, auf höchster Einstellung zum Kochen bringen, bis Dampf unter dem Deckel entweicht. Auf kleinster Einstellung 14 Min dünsten. Etwa 1/3 der gegarten Kichererbsen mit dem Rest Kochflüssigkeit (130 g) sowie Salz, Sambhar, Nussmus und Zitronensaft pürieren, unter die Batate geben, kurz aufkochen. Mit etwas Petersilie dekorieren.

125 g Kichererbsen
(Rest für eine andere Mahlzeit verwenden oder nur 40 g Kichererbsen ansetzen)
350 g + Wasser zum Auffüllen + 35 g Wasser
20 g Kokosöl
1 mittelgroße Batate (285 g netto)
1 TL Salz
1 geh. TL Sambhar
1 EL Nussmus
1 TL Zitronensaft
Petersilie

✺ Erbsen mit Maronen

Erbsen 12 Std. in Wasser einweichen und 12 Std. keimen lassen.
In einem Wok das Erdnussöl erhitzen, Senf, Mohn und die Kardamomsamen einrühren. Deckel auflegen und warten, bis die Samen nicht mehr springen. Die Chilischote in dicke Ringe schneiden. Zwiebel schälen, würfeln und mit dem Chili in den Wok geben. Auf hoher Einstellung unter gelegentlichem Rühren braten, bis die Zwiebelränder braun werden. Erbsenkeime hinzugeben, gut durchrühren und etwa 2 Min. anrösten. 100 g Wasser hinzufügen, Deckel auflegen, zum Kochen bringen und 20 Min. köcheln lassen. In dieser Zeit die Maronen vorbereiten: Maronen mit heißem Wasser bedeckt zum Kochen bringen und 5 Min. kochen lassen. Abgießen und die harte Außenschale und die etwas raue, dunkle Innenschale abschälen. Halbieren oder dritteln. Rosenkohl putzen, d.h. die Außenblätter entfernen. Halbieren und beides zu den Erbsen geben. Erneut zum Kochen bringen, dann auf kleiner Einstellung 25 Min. köcheln. Salz, Sambhar, Cashewnussmus und 50 g Wasser hinzugeben. Unter Rühren aufkochen.

55 g grüne Erbsen
1 EL Erdnussöl
1 TL schwarze Senfkörner
1 TL weißer Mohn
Samen von einer Kardamomkapsel
1 größere grüne Chilischote
15 g Zwiebel (netto)
100 g Wasser
200 g Maronen brutto (130 g netto)
45 g Rosenkohl (netto)
1 TL Kräutersalz
1 TL Sambhar
1 geh. TL Cashewnussmus
50 g Wasser

🌱 Kichererbsen mit Rosenkohl in Senfsoße

130 g Kichererbsensprossen (60 Std. Keimzeit) | 100 g + 75 g Wasser
130 g Rosenkohl (netto)
1 TL Gemüsesalz
10 g Mandeln
25 g Sonnenblumenöl
25 g Senf | 15 g Zitronensaft

Kichererbsensprossen mit 100 g Wasser in eine Pfanne (20 cm) geben. Den Rosenkohl putzen (äußere Blätter entfernen), halbieren und hinzufügen. Deckel auflegen und bei höchster Einstellung zum Kochen bringen. Ohne den Deckel anzuheben, auf kleinster Einstellung 15 Min. dünsten. Restliche Zutaten mit 75 g Wasser in einem kleinen Mixer miteinander verquirlen, unter das Gemüse rühren und aufkochen lassen.

🌱 Würzige Kichererbsen – Chole

75 g Kichererbsen
1 EL getr. Granatapfelkerne
1 TL Kreuzkümmel
2 EL Erdnussöl
12 g Zwiebel (netto)
1 rote Chilischote
1 TL Knobl.-Ingwer-Paste
1 TL Mangopulver
1 TL Rohkräutersalz
150 g Wasser | 1 TL Honig
12 g Cashewnussmus
1 kleine Tomate (40 g)
1 EL geh. glatte Petersilie

75 g Kichererbsen 12 Std. einweichen und 24 Std. zum Keimen stehen lassen.
Granatapfelkerne und Kreuzkümmel ohne Fett in einer kleinen Pfanne stark rösten, abkühlen lassen und in einem kleinen Mixer zerkleinern.
Öl in einem kleinen Wok erhitzen, Zwiebel schälen, hacken, mit Chili und Paste kurz anbraten. Gemahlenes Pulver aus dem Mixer, Kichererbsen (abgespült), Mangopulver, Salz und Wasser hinzugeben. Mit aufgelegtem Deckel aufkochen, bei kleiner Einstellung 30 Min. köcheln. Honig und Nussmus einrühren, ohne Deckel einkochen lassen, bis die Soße dicklich ist. Petersilie und gehackte Tomate darüber streuen.

🌱 Kichererbsencurry Nr. 1 *(2 Personen)*

200 g Kichererbsen
450 g + 100 g Wasser
15 g Zwiebel | 6 g Ingwer
10 g Knoblauch | 2 EL Erdnussöl
1 TL Curry | 1 gestr. TL Koriander
1 TL Kreuzkümmelsamen
1/2 TL Asafoetida | 15 g Cashewnussmus | 1 EL Zitronenschaum
etwas Dill

Kichererbsen 24 Std. in 450 g Wasser einweichen; 35 Min. im Einweichwasser kochen und auf der Platte stehen lassen.
Zwiebel, Ingwer und Knoblauch schälen und klein hacken, im Öl 1 Min. erhitzen. Curry, Koriander, Kreuzkümmel und Asafoetida im Öl mit anbraten (1 Min). 100 g Wasser und Cashewnussmus einrühren. Alles offen 5 Min. köcheln. Kichererbsen hinzugeben, 10-15 Min. köcheln. Zitronenschaum unterrühren, mit etwas Dill dekorieren.

Kicherbataten

HÜLSENFRÜCHTE

🌱 Kichererbsencurry Nr. 2

Kichererbsen 48 Std. keimen lassen. Öl erhitzen. Senfkörner darin anbraten. Zwiebel schälen und klein schneiden, hinzugeben. Kichererbsen abtropfen lassen (Wasser auffangen) und in den Topf geben.
Kreuzkümmel, Kurkuma und Cashewnüsse hinzufügen, gut durchrühren und die Hälfte des Einweichwassers hinzugießen. Auf kleiner Flamme 15 Min. köcheln lassen, Salz unterrühren. Nochmals 15 Min. köcheln lassen.

50 g Kichererbsen
3 EL Distelöl
2 TL Senfkörner gelb
30 g Zwiebel
2 TL Kreuzkümmelsamen
1 TL gem. Kurkuma
20 g Cashewnüsse
1 TL Salz

🌱 Kichererbsen-Gnocchi in Soße

Kichererbsen und Kreuzkümmel in einem kleinen Mixer fein mahlen. In einer Schüssel mit Salz, Olivenöl und 45 g Wasser zu einem Teig verkneten, der nur wenig klebt. Abgedeckt 1 Std. quellen lassen. Ausreichend Wasser in einem Heißwassergerät aufkochen, in einen Topf geben, Salz hinzufügen. Auf dem Herd zum Kochen bringen. Aus dem Kichererbsenteig längliche kleine Rollen aus etwa je 1 gestr. TL Teig formen und zusammen in das kochende Wasser geben. Gnocchi nur ziehen, nicht kochen lassen. Nach etwa 8-9 Min. sind sie fertig (wenn sie alle oben schwimmen).
Öl in einer Pfanne (20 cm) zerlassen. Knoblauch abziehen und hacken. Mit Curry im Öl anbraten. Erdnussmus und Zitronenschaum einrühren, Gemüsebrühextrakt und 125 g Wasser hinzugeben. Bis zur gewünschten Konsistenz der Soße köcheln lassen. Gehackte Petersilie einrühren.
Hinweis: Die Gnocchi zerfallen, wenn sie kochen oder zu lange im kochenden Wasser sind. Also vorsichtig beobachten! Die Soße sollte nicht zu knapp bemessen sein, da die Gnocchi von innen recht trocken sind.

75 g Kichererbsen
1/2 TL Kreuzkümmelsamen
1 Prise Salz
1 EL Olivenöl (12 g)
45 g +125 g Wasser
20 g Kokosöl
1 TL Curry
1 Knoblauchzehe
1 EL Erdnussmus
1 TL Zitronenschaum
1 Gemüsebrühextrakt
1 EL geh. Petersilie
Wasser zum Garen

Würzige Kichererbsen - Chole

🌱 Kichererbsen in Pilzsoße

100 g Kichererbsen
20 g Kokosöl | 1 TL Hanfcurry
2 dünne Scheiben Ingwer, ungeschält
1 geschälte Knoblauchzehe
70 g Champignons
90 g Kochwasser/Wasser
1 TL Kräutersalz
1 TL Zitronenschaum
1 geh. TL Pecannussmus

Kichererbsen 48 Std. lang keimen lassen. Kokosöl in einer Pfanne (20 cm) erhitzen, Curry kurz darin anbraten. Ingwer und Knoblauch würfeln und mit den abgetropften Kichererbsen hinzugeben. Champignons in dünne Scheiben schneiden, hinzugeben und verrühren. Deckel auflegen, auf höchster Einstellung erhitzen, bis Dampf unter dem Deckel austritt. 10 Min. dünsten. Wasser, Salz, Zitronenschaum und Nussmus hinzugeben, unter Rühren aufkochen, Deckel wieder auflegen und auf kleiner Einstellung noch 4-5 Min. köcheln lassen.

🌱 Kichererbsen-Linsen-Bratlinge

50 g Kichererbsen
50 g Beluga-Linsen | 20 g Zwiebel
6 g Knoblauch | 15 g Ingwer
1 TL getr. Minze | 1 TL Kreuzkümmel
1/2 TL Asafoetida
1 TL Salz | 1 MS Chili harrissari
10 g Kichererbsen
3 EL Erdnussöl zum Braten

Soße:
10 g Kokosraspeln | 1 TL getr. Minze
1 Prise Salz | 1 TL gem. Kreuzkümmel
50 g Wasser

Hülsenfrüchte getrennt 12 Std. einweichen und 36-48 Std. keimen lassen.

Zwiebel und Knoblauch abziehen, würfeln. Mit Hülsenfrüchten, Ingwer, Gewürzen und Salz pürieren (z.B. im Thermomix). 10 g Kichererbsen in einem kleinen Mixer mahlen, mit dem Teig verkneten und 30-45 Min. quellen lassen.

Erdnussöl in einer Pfanne erhitzen, auf mittlere Hitze stellen und sieben frikadellengroße Bratlinge in dem heißen Fett von beiden Seiten insgesamt ca. 10 Min. braten lassen (4 reichen für eine Hauptmahlzeit mit Brot).

Kokosraspeln mahlen und mit den restlichen Zutaten in einem kleinen Mixer verquirlen.

Tipp: Schmeckt gut zu Fladenbrot.

🌱 Kichererbsen mit Blumenkohl und Kokosnuss

100 g Kichererbsen
350 g + 30 g Wasser
2 EL Olivenöl
1 TL Kreuzkümmelsamen
1 TL schwarze Senfkörner
1/2 TL Ajowan
1 gestr. TL Kurkuma
1 gestr. TL Kräutersalz
10 g Kokosraspeln
50 g Blumenkohl
10 g Sonnenblumenkernmus
10 g Dinkelmehl
1 TL Tamarindenpaste

Kichererbsen in 350 g Wasser 12 Std. einweichen, dann mit dem Einweichwasser, aufgefüllt auf 250 g Wasser, im Schnellkochtopf 10 Min. beim 2. Ring, garen. Abdampfen lassen und in dieser Zeit den Blumenkohl vorbereiten: In einer Pfanne (20 cm) Olivenöl erhitzen, darin Kreuzkümmel, Senfkörner und Ajowan kurz anrösten. Kurkuma und Kräutersalz mit anbraten, dann Kokosraspeln darin hellgelb rösten.

Blumenkohl, in kleine Röschen geteilt, hinzugeben, ebenfalls kurz anbraten, mit 30 g Wasser ablöschen, Deckel auflegen und dünsten, bis die Kichererbsen fertig sind (s.o.). Alles zusammen in die Pfanne geben, dazu noch Sonnenblumenkernmus, Mehl und 1 TL Tamarindenpaste unterrühren und köcheln, bis die gewünschte Konsistenz erreicht ist.

⚘ Schwarze Kichererbsen mit Porree

Kichererbsen 48 Std. keimen lassen. Öl in kleinem Wok stark erhitzen, Panchphoran, Kümmel und Lorbeer kurz darin erhitzen, bis es ein wenig „springt" (evtl. Deckel auflegen). Zwiebel schälen, würfeln und im heißen Öl glasig anbraten. Herdplatte etwas herunterstellen, die Kichererbsen unterrühren und 2-3 Min. anbraten. Den Vorgang mit Kokosraspeln, Wirsingpaste und Kurkuma wiederholen. Porree waschen, in Stücke schneiden und obenauf legen. Mit aufgelegtem Deckel zum Kochen bringen, dann auf kleiner Einstellung 25 Min. köcheln lassen. Paste, Saft, Nussmus (z.B. Sonnenblumenkernmus) und Salz unterrühren und nochmals kurz aufkochen.

55 g schwarze Kichererbsen
12 g Erdnussöl
1 TL Panchphoran
1 TL Kreuzkümmelsamen
1 Lorbeerblatt
15 g Zwiebel (netto)
20 g Kokosraspeln
1 geh. TL Wirsingpaste
1/2 TL Kurkuma
180 g Porree (netto)
1 TL Colombo-Paste
2 TL Zitronensaft
1 TL beliebiges Nussmus
1 TL Kräutersalz

Kichererbsen mit Porree | Kichererbsen-Bratlinge | Kichererbsen mit Blumenkohl

✿ Rosen-Kicherkohl-Erbsen

70 g Kichererbsen
100 g + 40 g Wasser
100 g Rosenkohl (netto)
2 EL Erdnussöl
1 TL Kreuzkümmel
1 TL schwarze Senfkörner
1 TL Panchphoran
1 Knoblauchzehe
1 grüne Chilischote
1 TL scharfe Basilikumpaste Nr. 2
1 TL Kräutersalz
1/2 TL Kurkuma
1/4 TL Asafoetida
15 g Viernussmus
2 EL geh. Petersilie

Kichererbsen 12 Std. lang in reichlich Wasser einweichen, 36 Std. keimen lassen.

100 g Wasser in einen kleinen Wok geben, Kichererbsen hinzufügen. Deckel auflegen und zum Kochen bringen. In dieser Zeit den Rosenkohl putzen (Außenblätter ggf. entfernen) und halbieren, auf die Kichererbsen geben. Mit aufgelegtem Deckel zum Kochen bringen, dann auf kleinster Einstellung 25 Min. köcheln.

In einer Keramikpfanne (20 cm) Erdnussöl erhitzen. Kreuzkümmel, Senfsaat und Panchphoran hinzufügen, schnell den Deckel auflegen, denn besonders der Senf „springt". Knoblauch abziehen und mit Chili in Scheiben schneiden. Hitze herunterdrehen, Basilikumpaste, Knoblauch, Salz und Chili einrühren. Kurz Kurkuma und Asafoetida unterrühren. Erbsen und Rosenkohl hinzufügen, durchrühren und 2-3 Min. köcheln lassen. Nussmus unter Rühren auflösen, 40 g Wasser hinzugeben, alles gut verrühren. Offen noch 2 Min. kochen lassen. Petersilie unterrühren.

✿ Schwarze Kichererbsen mit Wirsing

75 g schwarze Kichererbsen
215 g + 40 g Wasser
75 g Wirsing
10 g Cashewnussmus
1 gestr. TL Kräutersalz
2 EL Sonnenblumenöl
20 g Tomatenmark
1 TL Sambhar
1 MS Vindaloo-Paste

Kichererbsen 24 Std. in 215 g Wasser einweichen. In einen kleinen Wok umfüllen.

Wirsing in Streifen schneiden und hinzugeben. Deckel auflegen und auf höchster Einstellung zum Kochen bringen, dann auf kleinster Einstellung 30 Min. köcheln. Für die Soße Cashewnussmus, Salz, Öl, Tomatenmark, Sambhar, Vindaloo-Paste und 40 g Wasser in einem kleinen Mixer gut durchschlagen, unter das Essen rühren und einmal kurz aufkochen.

✿ Schwarze Kichererbsen mit Wirsing und Porree

50 g schwarze Kichererbsen
1 grüne Chilischote
105 g Wasser
1 EL gelbe Linsen
1/2 Stange Zimt
45 g Wirsing
70 g Porree
1 TL Salz
1 TL Goda masala
2 EL Weizenkeimöl
1 TL Cashewnussmus

Kichererbsen 12 Std. in Wasser einweichen und 36 Std. keimen lassen. In einen kleinen Wok umfüllen. Chili in Streifen schneiden. Mit 105 g Wasser, gelben Linsen und Zimt in den Wok geben. Wirsing waschen und in Streifen, Porree waschen und in Ringe schneiden. In den Wok geben.

Deckel auflegen und auf höchster Einstellung zum Kochen bringen, dann auf kleinster Einstellung 30 Min. köcheln. Salz, Goda masala, Weizenkeimöl und Cashewnussmus einrühren. Kurz aufkochen lassen.

HÜLSENFRÜCHTE

✻ Pura (indischer Pfannkuchen) mit Kartoffeln

Kichererbsen mahlen (z.B. in einem kleinen Mixer). Chilischote in Ringe schneiden. Mehl, Chili, Paste, Salz und Wasser gut verrühren und quellen lassen.

Kartoffel unter fließendem Wasser gut abbürsten. In 5 mm dicke Scheiben schneiden. Mit Cashewnüssen, Salz und 55 g Wasser in einem Topf mit aufgelegtem Deckel zum Kochen bringen, dann auf kleinster Einstellung 13 (-15) Min. dünsten.

Für die Soße Nussmus, Saft, Öl, Salz, Goda masala und 45 g Wasser in einem kleinen Mixer gut verquirlen.

Wenn die Kartoffeln noch ca. 8 Min. brauchen, Erdnussöl in einer kleinen Pfanne (20 cm) erhitzen. Den Pfannkuchenteig auf einmal hineingeben, mit dem Löffelrücken gleichmäßig verteilen. Hitze etwas reduzieren.

Auf jeder Seite ca. 2-3 Min goldbraun braten. Soße zu den Kartoffeln geben, gut umrühren und einmal aufkochen. Mit Petersilie dekorieren.

Für die Pfannkuchen:
50 g Kichererbsen
1 grüne Chilischote
1 TL Knobl.-Ingwer-Paste
1 Prise Rohkräutersalz
80 g Wasser
2 EL Erdnussöl zum Braten

Für die Kartoffeln:
1 Kartoffel (135 g)
1 geh. EL Cashewnüsse
1 Prise Salz
55 g + 45 g Wasser
20 g Viernussmus
1 EL Zitronensaft
1 EL Sonnenblumenöl | 1 Prise Rohkräutersalz | 1 TL Goda masala

Für die Dekoration:
glatte Petersilie

Rosen-Kicherkohl-Erbsen

195

Mungbohnen

🌱 Schlichte Mungbohnen

100 g Mungbohnen | 250 g Wasser
1 TL Rauchkräutersalz
2 TL Zitronenschaum | 1 geh. EL Kokosraspeln | 1 TL gem. Kreuzkümmel | 1 EL Sonnenblumenöl

Mungbohnen ca. 3-4 Std. in 250 g Wasser einweichen. Zum Kochen bringen, dann auf kleinster Einstellung 30 Min. köcheln lassen. Rauchkräutersalz, Zitronenschaum, Kokosraspeln und Kreuzkümmel unterrühren. Sonnenblumenöl darauf gießen.
Tipp: Mit Rosinensoße servieren.

🌱 Mungtopf mit Seasoning – *Für 3 Personen*

200 g Mungbohnen
600 g + 230 g Wasser
250 g Kartoffeln | 50 g gelbe Linsen
30 g Kokosöl
(1) 2 TL schwarze Senfkörner
2 TL weißer Mohn | 1 TL Ajowan
(2) 2 TL Knobl.-Ingwer-Paste
(3) 30 g Zwiebeln (netto)
1 Chilischote | 2 Lorbeerblätter
1 TL Rauchkräutersalz
1 TL Garam masala
1 TL Cashewnussmus

Mungbohnen 12 Std. in 600 g Wasser einweichen. Abspülen, in eine Schüssel geben, mit einem Tuch bedecken und 12 Std. keimen lassen. Kartoffeln unter fließendem Wasser abbürsten und in Scheiben schneiden.

Kokosöl in einem Topf erhitzen. Die Gewürzzutaten (1)-(3) nacheinander in Portionen darin anbraten. Erst die Kartoffeln, dann die Linsen und die Mungbohnenkeime mit anbraten. 230 g Wasser hinzugeben, zum Kochen bringen. Auf kleinster Einstellung 20 Min. köcheln. Mit Salz und Garam masala abschmecken. Lorbeerblätter und Chilischote entfernen, Nussmus einrühren.

Verschiedene Hülsenfrüchte

HÜLSENFRÜCHTE

Mungbohnenkeimlinge aus dem Wok

Mungbohnen 12 Std. einweichen, dann 12 Std. keimen lassen. Öl in einem kleinen Wok (24 cm) erhitzen, Senfkörner darin aufplatzen lassen (in das heiße Fett geben, sofort Deckel auflegen). Kreuzkümmel, Chili und zerbrochene Lorbeerblätter einrühren. Zwiebel schälen, hacken, hinzugeben und andünsten. Mungbohnenkeimlinge, Kurkuma und Salz unterrühren. 100 g Wasser hinzugeben, aufkochen. Deckel auflegen und auf kleiner Hitze 20 Min. garen. Cashewnussmus und 20 g Wasser einrühren, aufkochen. Petersilie (etwas beiseitelegen), Kokosraspeln und Zitronenschaum unterrühren. Mit Petersilie dekorieren.

85 g Mungbohnen | 1 EL Erdnussöl
1 TL gelbe Senfkörner
1 TL Kreuzkümmelsamen
1 rote Chilischote | 2 Lorbeerblätter
10 g Zwiebel (netto) |1/2 TL gem.
Kurkuma | 1 TL Rohrkräutersalz
100 g + 20 g Wasser
10 g Cashewnussmus
10 g geh. glatte Petersilie
1 EL Kokosraspeln
2 TL Zitronenschaum

Mungbohnen mit Suppengemüse-Seasoning

Mungbohnen mit dem Wasser im Schnellkochtopf, 2. Ring, 10 Min. kochen. Langsam abdampfen lassen.
Öl in einer Pfanne (20 cm) erhitzen. Mohn, Granatapfelkerne und Kreuzkümmel darin anbraten, auf mittlere Hitze stellen. Dann Paste und Schote einrühren, ganz kurz noch Kurkuma und Salz unterziehen. Gemüse würfeln und zu den Gewürzen geben. Öl und Wasser darüber gießen, Deckel auflegen und auf kleinster Einstellung dünsten (ca. 8-10 Min.).
Gekochte Mungbohnen mit dem Gemüse vermischen.

125 g Mungbohnen | 340 g Wasser
2 EL Erdnussöl
2 TL weißer Mohn
1 TL getr. Granatapfelkerne
1 TL Kreuzkümmel
1 TL Knobl.-Ingwer-Paste
1 Chilischote | 1 TL Kurkuma
1 TL Kräutersalz | 30 g Möhre
65 g Porree | 30 g Lauchzwiebel
1 EL Vindaloo-Öl | 1 EL Wasser

Mungbohnen mit Kokoshauch

Mungbohnen 3-4 Std. in 220 g Wasser einweichen. Im Einweichwasser zum Kochen bringen und dann auf kleinster Einstellung 30 Min. köcheln. Salz und Öl unter die Bohnen rühren. Fertig.

100 g Mungbohnen
220 g Wasser
1 gestr. TL Salz
1 EL Kokosöl

✿ Mung-Rosenkohl

55 g Mungbohnen
125 g + 50 g Wasser
2 Bird Eye Chili-Schoten
85 g Rosenkohl netto
65 g Topinambur
15 g Cashewnüsse
15 g Kokosraspeln
1 TL Rohkräutersalz
1/2 TL Kreuzkümmelsamen
1/2 TL Koriandersamen
1/2 TL gem. Kurkuma
Saft von 1/2 Limette (12 g)
10 g Kokosöl

Mungbohnen 24 Std. in Wasser einweichen. Abspülen und 12 Std. ankeimen lassen. In einen kleinen Wok geben. 125 g Wasser und Chili hinzufügen. Vom Rosenkohl die äußeren Blätter entfernen, halbieren. Topinambur ggf. unter fließendem Wasser abbürsten und in Scheiben schneiden. Das Gemüse in den Wok geben. Deckel auflegen, auf höchster Stufe zum Kochen bringen. Auf kleinster Einstellung 20 Min. köcheln.
Nüsse, Kokosraspeln, Salz, Samen, 50 g Wasser und Kurkuma in einem kleinen Mixer gut mixen. Limettensaft und Kokosöl hinzufügen und gut durchschlagen. In das Gemüse einrühren und kurz aufkochen.

✿ Mungbohnen mit Wirsing im Schnellkochtopf

100 g Mungbohnen
2 cm rote Peperoni
1 geschälte Knoblauchzehe
250 g + 55 g + 70 g Wasser
1 TL Wildkräuterpesto
150 g Wirsing (netto)
13 g Zitronensaft
20 g Liebstöckelfeige
15 g Sonnenblumenöl
1 geh. TL Kräutersalz

Mungbohnen mit Peperoni in den Schnellkochtopf geben. Knoblauchzehe abziehen und mit 250 g Wasser hinzufügen. Auf dem 2. Ring 10 Min. garen, langsam abdampfen lassen. 55 g Wasser in einer Pfanne (20 cm) mit Wildkräuterpesto verrühren. Wirsing in Streifen schneiden, hinzufügen. Deckel auflegen, auf höchster Einstellung zum Kochen bringen, bis Dampf unter dem Deckel entweicht. Auf kleinster Einstellung ca. 14 Min. dünsten. Zitronensaft, Liebstöckelfeige, Sonnenblumenöl, Kräutersalz und 70 g Wasser in einem kleinen Mixer verquirlen, alles miteinander verrühren. Nicht aufkochen.

Mungbohnen mit Wirsing

HÜLSENFRÜCHTE

❁ Mungbohnen mit Wirsing

Mungbohnen 48 Std. lang keimen lassen. Öl, 80 g Wasser und Mungbohnensprossen (110 g) in eine Pfanne (20 cm) geben. Wirsing in Streifen schneiden (wenn nötig, vorher Schadstellen abschneiden) und zu den Mungbohnen geben. Deckel auflegen, auf höchster Einstellung zum Kochen bringen. Sobald Dampf unter dem Deckel entweicht, auf kleinste Einstellung drehen und 15 Min. dünsten, ohne den Deckel anzuheben.
Die restlichen Zutaten und 50 g Wasser in einem kleinen Mixer 30 Sek. durchschlagen, unter die Bohnen rühren und kurz aufkochen. Petersilie unterheben.

50 g Mungbohnen
15 g Kokosöl
80 g + 50 g Wasser
125 g Wirsing (netto)
1 MS Vindaloo-Paste
1 TL Scharfe Basilikumpaste Nr. 3
20 g Sonnenblumenkerne
1 TL Gemüsesalz
1 EL Zitronensaft
2 EL Sonnenblumenöl
1 TL Lavendelcurry
2 EL geh. glatte Petersilie

❁ Saure Mungbohnen

Mungbohnen 24 Std. einweichen, Wasser abgießen, Bohnen durchspülen und 12 Std. keimen lassen. Kräuterwürze und Wasser in einem kleinen Topf verrühren, Mungbohnen und gewaschene, in etwa 5 cm lange Stücke geschnittene Wachsbohnen hinzufügen. Deckel auflegen, Bohnen auf höchster Einstellung zum Kochen bringen. Ohne den Deckel anzuheben, 16-20 Min. auf kleinster Einstellung dünsten lassen (nach 20 Min. sind die Bohnen weich). Die Soßenzutaten in einem kleinen Mixer gut verquirlen, unter die Bohnen rühren und einmal kurz aufkochen.
Für die Fladen das Getreide fein mahlen, mit Salz und Wasser verkneten und 15 Min. ruhen lassen. Teig zu 2-3 kleinen Fladen ausrollen. In einer beschichteten, mit Öl eingepinselten Pfanne von beiden Seiten 2-3 Min. backen, dabei jede Seite ebenfalls einmal mit Öl bepinseln.
Tomate in Scheiben schneiden, mit Gemüse und Fladen auf einen Teller geben. Mit Petersilie dekorieren.

50 g Mungbohnen
1 TL Kräuterwürze
75 g Wasser
100 g Wachsbohnen

Soße:
15 g Sonnenblumenkerne
25 g Zitronenscheiben
75 g Wasser
1 Prise Salz
2 EL Sonnenblumenöl

Fladen:
35 g Roggen
1 Prise Salz
18-20 g Wasser
1/2 Tomate (etwa 50 g)
etwas Petersilie

Saure Mungbohnen

✿ Mung-Reis-Pfannkuchen mit Seitlingsoße

Pfannkuchen:
30 g Naturreis
30 g Mungbohnen
115 g Wasser
1 Prise Salz
1 EL Erdnussöl zum Ausbraten

Soße:
2 EL Sonnenblumenöl
1 Kräuterseitling (70 g)
15 g Cashewnussmus
30 g Sahne oder Kochcreme
25 g Wasser
1 TL Meerrettichcreme
1 Prise Salz
25 g schwarze Johannisbeeren oder 1-2 TL Rosinen

Reis und Bohnen 10-12 Std. in 115 g Wasser einweichen. Mit dem Salz im Mixer zu einer glatten Flüssigkeit schlagen. Ruhen lassen, bis die Soße noch ca. 10 Min. zu dünsten hat. Erdnussöl in einer kleinen Pfanne (20 cm Durchmesser) erhitzen, bis an einem in das Fett gehaltenen Holzkochlöffel kleine Bläschen hochsteigen. Teig in die Pfanne geben. Wenn nötig glattstreichen. Deckel auflegen. Pfannkuchen auf jeder Seite ca. 4 Min. braten.

Für die Soße 2 EL Öl in eine Pfanne (20 cm) geben. Kräuterseitling in Scheiben schneiden, hinzufügen. Deckel auflegen, auf höchster Einstellung zum Kochen bringen, bis Dampf unter dem Deckelrand austritt. Auf kleinste Einstellung drehen und 15 Min. dünsten, dabei den Deckel nicht anheben. Nussmus, Sahne, Wasser, Meerrettichcreme und Salz gut verquirlen (z.B. in einem kleinen Mixer), zu den Pilzen geben, unterrühren. Einmal kurz aufkochen. Die Johannisbeeren unterziehen, erhitzen, aber nicht mehr kochen, damit sie nicht platzen. Rosinen können noch einmal kurz mitkochen. Pfannkuchen in der Mitte durchschneiden, auf einem Teil mit Soße bedecken, die zweite Hälfte auflegen. Dies ist eine eher kleine Mahlzeit, da kann z.B. die Rohkost vorher großzügiger ausfallen.

✿ Scharfe Mungbohnen

70 g Mungbohnen | 210 g Wasser
1 Red Pepper in Vinegar
1 TL Scharfe Basilikumpaste Nr. 3
100 g Blumenkohl | 2 TL Zitronensaft | 1 TL Cashewnussmus
1 gestr. TL Salz | 1 EL gehackte frische Korianderblätter

Mungbohnen 6 Std. in Wasser in einem kleinen Wok einweichen. Dann die Chilischote in drei Teile schneiden, hinzufügen. Paste einrühren. Blumenkohl aufgeteilt in Röschen obenauf legen. Deckel auflegen, zum Kochen bringen. Dann auf kleinster Einstellung 25 Min. köcheln. Zitronensaft, Cashewnussmus und Salz unterrühren, kurz aufkochen. Koriander unterheben. Je nach Chilischote kann das ziemlich scharf sein!

✿ Mungbohnen mit Rotkohl

1 TL Kreuzkümmelsamen
1 TL schwarze Senfkörner
1/2 TL Ajowan | 1 gestr. TL Kurkuma
5 g Peperoni | 25 g Knoblauch-Ingwer-Paste | 15 g Zitronenkonzentrat | 250 g Wasser
200 g Rotkohl | 100 g Mungbohnen
1 gestr. TL Salz | 15 g Kokosöl
1-2 TL Kokosraspeln | 1 TL fein geraspelte Petersilie (tiefgekühlt)

Gewürze in einem kleinen Mixer fein mahlen. Mit Peperoni, Paste, Konzentrat und 100 g Wasser gut mixen. Mit dem Rest des Wassers mischen und in den Schnellkochtopf gießen. Rotkohl klein schneiden, mit den Mungbohnen zu dem Gewürzwasser geben. Schnellkochtopf schließen. Auf dem 2. Ring 10 Min. garen, dann die Herdplatte abstellen und den Topf noch 2 Min. stehen lassen. Den Topf vom Herd ziehen und langsam abdampfen lassen. Deckel öffnen, Gemüse mit Salz und Öl verrühren. Auf dem Teller mit Kokosraspeln und Petersilie bestreuen.

HÜLSENFRÜCHTE

Andere Hülsenfrüchte

🌱 Kidneybohnen mit Reis und Spinat

Bohnen in 300 g Wasser 8-10 Std. einweichen. Einweichwasser auf 240 g auffüllen. Mit Reis, Öl und Peperoni 12 Min im Schnellkochtopf auf Stufe 2 kochen lassen. Herdplatte abstellen, Topf noch 7 Min. stehen lassen. Dann vom Herd nehmen und langsam abdampfen lassen.

Erdnussöl in einer kleinen Pfanne (20 cm) erhitzen, Kreuzkümmel, Zwiebelsamen und Senfkörner anbraten. Zwiebel und Knoblauch schälen, würfeln und mit anbraten, dann Porreecreme und Salz unterrühren. Spinat gut waschen, abtropfen lassen und die Wurzeln abschneiden. Nicht weiter zerkleinern. Kurz in der Pfanne mit anbraten und auf schwacher Hitze 5-7 Min köcheln lassen, bis der Spinat zusammengefallen ist.

Kochflüssigkeit über ein Sieb auffangen, mit Wasser auf 100 g auffüllen, mit Nussmus und Salz im Mixer glatt schlagen. Reis-Bohnen mit dem Spinat und der Soße aus dem Mixer verrühren. Aufkochen, bis die Flüssigkeit zur gewünschten Menge eingedampft ist.

Für die Bohnen:
65 g Kidney-Bohnen
300 g + ca. 40 g Wasser
60 g Naturreis
10 g Sonnenblumenöl
3 cm Essig-Peperoni

Für den Spinat:
2 EL Erdnussöl
1 TL Kreuzkümmelsamen
1 TL schwarze Zwiebelsamen
1 TL braune Senfkörner
50 g Zwiebel (netto)
1 Knoblauchzehe
20 g Porreecreme
1 TL +1 Prise Salz
100 g Spinat, netto
40 g Cashewnussmus
etwa 60 g Wasser

Mung-Reis-Pfannkuchen mit Seitlingsoße

201

Urad Dal

100 g Urad Dal
1 TL Knobl.,-Ingwer-Paste
250 g Wasser
1/2 TL Rauchkräutersalz
frisch gem. Pfeffer | 20 g Butter
(oder Öl) | 1 TL Kreuzkümmel-
samen | 1 getr. rote Chilischote
etwas getrocknete Minze

Urad Dal in einem Sieb waschen und in einen Topf geben. Knoblauch-Ingwer-Paste und Wasser hinzugeben. Zum Kochen bringen und 20 Min. auf kleiner Einstellung köcheln. Mit Salz und Pfeffer verrühren. In einer kleinen Pfanne Butter erhitzen. Kreuzkümmel und Chilischote darin anbraten. Chilischote entfernen, Rest mit den Linsen mischen. Getrocknete Minze unterrühren.

Mattenbohneneintopf

100 g Mattenbohnen
250 g + 50 g Wasser | 1 Chilischote
120 g Wirsing | 1 Knoblauchzehe
1 Zwiebel (45 g netto)
1 geh. TL Kräutersalz
1 EL Vanilleöl | 1 EL Zitronensaft
50 g Restechutney | 1 TL Garam
masala | 10 g Zitronenkonzentrat
1-2 TL geh. Petersilie

Bohnen mit 250 g Wasser und Chilischote in den Schnellkochtopf geben. Wirsing klein schneiden. Knoblauch und Zwiebel schälen, in Scheiben schneiden und ebenfalls in den Topf geben. 9 Min. auf dem 2. Ring garen, langsam abdampfen lassen.
Die restlichen Zutaten bis auf die Petersilie mit 50 g Wasser in einem kleinen Mixer verquirlen, unterrühren und in einen Teller füllen. Mit Petersilie dekorieren.

Schlaffe Bohnen kaum scharf

100 g weiße Bohnen
490 g Wasser
170 g Broccolistrunk
1/2 Tomate (70 g)
30 g Frühlingszwiebel
25 g Vindaloo-Öl
10 g Zitronensaft
1 TL getr. Oregano
1 geh. TL Paprikapulver, edelsüß
1 geh. TL Sumach
20 g Sonnenblumenkerne

Bohnen mit 490 g Wasser uneingeweicht im Schnellkochtopf 30 Min. auf dem 2. Ring garen, Herdplatte ausstellen und Bohnen darauf abdampfen lassen. Kochflüssigkeit auffangen.
50 g Kochflüssigkeit in eine Pfanne (24 cm) geben. Gemüse zerkleinern, hinzugeben. Deckel auflegen, zum Kochen bringen, bis Dampf unter dem Deckel austritt. Dann auf kleinste Einstellung drehen und – ohne den Deckel anzuheben! – 8-10 Min dünsten lassen.
Bohnen unterrühren und erhitzen. Die restlichen Zutaten mit weiteren 110 g Kochflüssigkeit in einem kleinen Mixer verquirlen, unterrühren und etwas einkochen lassen.

Schlaffe Bohnen kaum scharf

HÜLSENFRÜCHTE

✿ Weiße Bohnen mit Spinat

Bohnen 12 Std. im Wasser einweichen. Einweichwasser auf 250 g auffüllen, mit den Bohnen im Schnellkochtopf 9 Min. auf dem 2. Ring garen, dann abdampfen.

Spinat waschen und in Streifen schneiden. Öl in einer Pfanne (20 cm) erhitzen, Kreuzkümmel und Mohn darin anbraten (auf mittlere Hitze stellen). Knoblauchzehe abziehen, in Scheiben schneiden und mit der gewürfelten Peperoni anbraten. Unter Rühren Kurkuma, Pesto und Salz hinzufügen. Schließlich den Spinat unterrühren, Hitze auf kleinste Einstellung drehen, Deckel auflegen und ca. 5-6 Min. dünsten. Bohnen mit Kochwasser hinzugießen, verrühren. Mit Salz abschmecken. 1 TL Sonnenblumenkernmus einkrümeln. Unter Rühren köcheln lassen, bis die Soße die gewünschte Konsistenz hat. Mit etwas Petersilie dekorieren.

125 g weiße Bohnen
360 g Wasser
100 g Spinat brutto
20 g Öl
1 TL Kreuzkümmelsamen
2 TL weißer Mohn
1 Knoblauchzehe
1 cm Peperoni
1 TL gem. Kurkuma
1 TL Wildkräuterpesto
1 TL Kräutersalz
Salz zum Abschmecken
1 TL Sonnenblumenkernmus
etwas Petersilie

✿ Weiße Bohnen mit Tomaten

Bohnen 12 Std. im Wasser einweichen. Einweichwasser auf 250 g auffüllen, mit dem Lorbeerblatt im Schnellkochtopf 9 Min. auf dem 2. Ring garen, dann abdampfen lassen und Lorbeerblatt entfernen.

Öl in einer Pfanne (20 cm) erhitzen, Kreuzkümmel, Mohn und Senfkörner darin anbraten (auf mittlere Hitze stellen). Zwiebel schälen und würfeln, mit der Paste und Chilischote im Gewürzöl anbraten. Unter Rühren Kurkuma und Salz hinzufügen. Schließlich die Tomaten hinzufügen und mit 5 EL Kochwasser der Bohnen auf kleiner Einstellung ca. 5-6 Min. dünsten. 200 g der gekochten Bohnen unterrühren (Restbohnen z.B. für einen Salat nehmen). Mit Fladen servieren.

125 g weiße Bohnen
350 g Wasser
1 Lorbeerblatt
2 EL Sonnenblumenöl
1 TL Kreuzkümmelsamen
1 TL weißer Mohn
1 TL schwarze Senfkörner
35 g Zwiebel (netto)
1 TL Knobl.-Ingwer-Paste
1 Chilischote in Essig
1/2 TL Kurkuma
1 TL Kräutersalz
65 g Cocktailtomaten
5 EL Bohnenkochflüssigkeit

Kidneybohnen mit Reis und Spinat

130 g weiße Bohnen
400 + 100 + 50 g Wasser
1 cm Peperoni
105 g Wildreis
2 gestr. TL Salz
1 TL Sambhar
1 Löffelspitze Asafoetida
1 EL Macadamianussöl
1 EL Sonnenblumenöl
25 g Salbeicreme
200 g Wirsing (netto)
100 g Cashew-Joghurt

✿ Weiße Bohnen mit Wirsing

(2 Personen)

Bohnen in 400 g Wasser 12 Std. einweichen. Wassermenge mit etwa 100 g Wasser auf 300 g auffüllen, Bohnen mit Peperoni und Wildreis im Schnellkochtopf, 2. Ring, 10 Min. kochen. Herd ausschalten und langsam 8-9 Min. auf der Platte stehen lassen. Vom Herd nehmen und völlig abdampfen lassen. Salz, Gewürze und Öl unterrühren.

50 g Wasser in eine kleine Pfanne (20 cm) geben. Salbeicreme einrühren. Wirsingblätter waschen, gut abtropfen lassen und in kleine Stücke (2x2 bis 2x3 cm) schneiden, in die Pfanne geben. Deckel auflegen, auf höchster Einstellung zum Kochen bringen, bis Dampf unter dem Deckel entweicht. Auf kleinste Einstellung drehen und 15-16 Min. dünsten lassen, ohne den Deckel anzuheben. Unter die Bohnen mischen, zum Schluss Joghurt unterrühren.

Hinweis: Für Freunde des nicht-scharfen Essens!

100 g Mattenbohnen
20 g Wildreis
280 g + 50 g Wasser
1 Chilischote in Essig
190 g Blumenkohlgrün
10 g Korinthen
45 g Sonnenblumenmayonnaise
1 gestr. TL Salz

✿ Mattenbohnen mit Blumenkohlgrün

Mattenbohnen, Reis und 280 g Wasser in den Schnellkochtopf geben. 11 Min. auf dem 2. Ring garen, langsam abdampfen lassen.

50 g Wasser mit der Chilischote in eine Pfanne (20 cm) geben. Blumenkohlgrün ggf. waschen, klein schneiden und mit den Korinthen in die Pfanne geben. Deckel auflegen, auf höchster Einstellung zum Kochen bringen. Sobald Dampf unter dem Deckel entweicht, auf kleinste Hitze reduzieren und ca. 8-10 Min. dünsten.

Mayonnaise und Salz unter die Mattenbohnen rühren, dann mit dem Gemüse mischen.

SÜßSPEISEN

Bei der Lektüre indischer Kochbücher ist mir immer wieder aufgefallen, dass die Süßigkeiten relativ wenig Platz einnehmen. Der Hang zum süßen Nachtisch scheint eine europäische Eigenart zu sein, so meine Vermutung. Zwar gibt es orientalische Köstlichkeiten „in Süß", sie sind aber wohl eher nicht für den Alltag gedacht. Dennoch war es kein Problem, für dieses Kapitel einige schöne Rezepte zusammenzustellen. Denn lernen konnte ich auch hier von den Vorgaben in indischen Kochbüchern: Allein das Würzen ist schon interessant. Neben freien Inspirationen gibt es auch Rezepte, die auf indischen Originalrezepten fußen, wie z.B. Gulab Jamun oder Möhrenhalva.

In diesem Kapitel verwende ich zum Süßen vorwiegend Honig, selten einmal Trockenfrüchte. Das ist im vollwertigen Sinne gehandelt. Wer vegan-vollwertig leben möchte, sei auf den rohen Agavendicksaft verwiesen, der meines Erachtens eine vertretbare Alternative darstellt. Andere Süßungsmittel halte ich persönlich eher für problematisch.

Reis, süß

Dekorierter Milchreis (4 Personen)

150 g Rundkorn-Naturreis
400 g Wasser
1 Stange Zimt
1 Stange Vanille
50 g Sahne
90 g getrocknete Aprikosen
4 große Datteln
16 Pistazien
evtl. 1-2 TL Honig

(Nachspeise für 4 Personen)
Zeitaufwand (nicht Arbeit!): 26 Std.; Arbeitsaufwand: ca. 15 Min.
Reis in Wasser 24 Std. einweichen. Sahne, Zimtstange und in drei Stücke geschnittene Vanillestange hinzugeben, aufkochen. Bei kleinster Einstellung 25 Min. köcheln lassen. Auf der ausgeschalteten Platte (Deckel geschlossen) lauwarm werden lassen, bis alle Flüssigkeit aufgesogen ist. Vanille- und Zimtstange entfernen. Evtl. bis zur Zubereitung in den Kühlschrank stellen.
Milchreis auf 4 Portionen verteilen. Jede Portion in eine kleine Glasschale drücken, herausstürzen und mit der Wölbung nach oben auf einen Glasteller setzen. Aprikosen in Streifen schneiden, um den Milchreishügel legen. Datteln entkernen, in je vier Streifen schneiden und oben auf jeden „Hügel" die Streifen kreuzweise von der Mitte nach unten legen. In die Lücken je eine Pistazie platzieren.
Veganer ersetzen die Sahne durch 50 g Cashewmilch.

Reisbrei für Eilige Nr. 1

90 g Rundkorn-Naturreis
500 g Wasser | 1/2 Vanillestange
1/2 Stange Zimt
1 EL grüne Rosinen
1 TL Mandelöl
1 Prise Salz | 1 TL Honig (20 g)

Reis flocken. Wasser, Vanillestange (vorher aufschneiden), Zimt, Rosinen, Mandelöl und Salz in einen Topf geben. Mit einem Schneebesen den Reis einrühren. Unter Rühren vorsichtig zum Kochen bringen. Sobald es „blubbert", klein stellen und den Reis unter Rühren 5 Min. köcheln lassen. Vanille- und Zimtstangen herausnehmen. Honig einrühren.

Reisbrei für Eilige Nr. 2

260 g Wasser
2 TL Sonnenblumenöl
1 TL Cashewnussmus
30 g Rundkorn-Naturreis
1 Streifen frische Zitronenschale
1/3 Stange Vanille
20 g Honig
einige Salzkörnchen
100 g rote Beeren

Wasser mit Sonnenblumenöl und Nussmus in einem starken Mixer zu einer glatten „Milch" schlagen. Reis fein mahlen und mit der „Milch" und den restlichen Zutaten unter Rühren aufkochen. Da diese „Milch" kein Eiweiß enthält, brennt das Ganze nicht so schnell an! Auf kleiner Einstellung noch 4 Min. weiter rühren, in den letzten 3 Min. beim Elektroherd die Platte ganz abstellen. Zitronenschale und Vanillestange herausnehmen, den Reisbrei in kleine Glasschälchen füllen, abkühlen lassen. Dann noch in den Kühlschrank stellen. Vor dem Servieren stürzen und mit püriertem roten Obst servieren. Die „Milch" kann man auch zur Herstellung von konventionellem (also körnigem) Milchreis verwenden.

SÜSSPEISEN

🌱 Reispudding

Reis, Sonnenblumenkerne, Kardamomkapseln und Safranfäden in einem Hochleistungsmixer ganz fein mahlen, dabei die Geschwindigkeit langsam höher drehen, nicht die Turbostufe nehmen. Gerät ausstellen, die anderen Zutaten hinzugeben, langsam bis zur Höchststufe steigern. Etwa 5 Min. laufen lassen, bis die Masse dickt (entspricht dem Aufkochen), d.h. der Flüssigkeitspegel bleibt unverändert. Auf zwei bis drei Schüsselchen verteilen und jeweils einen Klecks Orangeat in die Mitte geben.

3 EL Rundkorn-Naturreis (ca. 50 g)
1 EL Sonnenblumenkerne (ca. 10 g)
3 Kardamomkapseln
1 Prise Safranfäden
1 EL Sonnenblumenöl
1 TL gemahlener Zimt
1 TL gemahlener Ingwer
35 g Honig (wird dann nicht sehr süß!)
375 g Wasser
2 TL Orangeat

Reisbrei für Eilige Nr. 2

Hafer

✿ Haferbrei deluxe

Sonnenblumenkernsahne:
25 g Reis
25 g Sonnenblumenkerne
einige Salzkörnchen
125 g Wasser

Haferbrei:
245 g Wasser
5 g Sonnenblumenöl
35 g Nackthafer
1 kleine Prise Salz
20 g grüne Rosinen
½ Stange Zimt
1 Apfel (90 g)
1 TL Orangeat
2-3 TL Sonnenblumenkernsahne

Die Zutaten für die Sonnenblumenkernsahne in einem Hochleistungsmixer so lange auf der Höchststufe laufen lassen, bis die Masse stockt (etwa 5 Min.). Alternativ Kerne und Reis mahlen, mit Salz und der Hälfte des Wassers aufkochen, pürieren. Eventuell noch Wasser zum Verdünnen zugeben.

Für den Haferbrei aus Wasser und Öl erst eine „Milch" herstellen (Wasser und Öl weißlich mixen; wer keinen Mixer hat, der stark genug ist, nimmt Wasser und Öl einfach so). Hafer flocken. Mit Salz, Rosinen, Zimtstange und „Milch" zum Kochen bringen, dabei gelegentlich umrühren. Herdplatte abstellen, Topf mit geschlossenem Deckel noch 12 Min. auf der Platte stehen lassen. Zimtstange herausnehmen.

Apfel auf einer Reibe raffeln, unter den lauwarmen Brei ziehen. Auf einen Suppenteller füllen und in die Mitte einen dicken Klecks der „Sonnenblumenkernsahne" und darauf das Orangeat geben.

✿ Haferpotpourri

60 g Nackthafer
1 Prise Salz
2 cm Vanillestange
1 TL Sonnenblumenöl
25 g Rosinen
400 g Wasser
50 g Banane
45 g Apfel
1 EL Leinsamen
1 TL Orangeat

Hafer flocken, mit Salz, Vanillestange, Öl, Rosinen und Wasser zum Kochen bringen. Durchrühren, Herdplatte abstellen und etwa 30 Min. quellen lassen, in der Zwischenzeit lassen sich andere Küchenarbeiten erledigen.

Banane und Apfel würfeln, Leinsamen flocken, alles unter den heißen Brei rühren, eine kleine Schüssel füllen (reicht für zwei Schüsselchen) und mit Orangeat dekorieren.

Haferbrei deluxe

SÜSSPEISEN

Speiseeis

Wer keinen Hochleistungsmixer hat, muss die Masse schlagen und einfrieren. Das geht dann aber nicht ohne Sahne. In dem Rezept für Kürbiscassata ist dies erklärt.

Apfeleis

Frische Äpfel vierteln, mit Nüssen, Kardamom, Ingwer und Zitronensaft pürieren. Gefrorenes Obst und Eiswürfel hinzugeben und in einem Hochleistungsmixer bis zur Eisbildung vermischen.

Wer es süßer möchte, erhöht den Bananenanteil. Ich habe übrigens immer eine Reihe von Obststücken im Tiefkühlschrank parat liegen. Manchmal, wenn ich abends einfach nicht mehr kochen will und schnell etwas Leckeres genießen möchte, ist so ein Eis ideal.

2 kleine Äpfel (220 g)
20 g Haselnüsse
1 Kardamomkapsel
1 dünne Scheibe Ingwer
10 g Zitronensaft
100 g gefrorene Apfelstücke
50 g gefrorene Bananenscheiben
200 g Eiswürfel

Kardamomeis

Reis, Sonnenblumenkerne, Kardamomkapseln und Safranfäden in einem Hochleistungsmixer ganz fein mahlen, dabei die Geschwindigkeit langsam höher drehen, nicht die Turbostufe nehmen. Gerät ausstellen und die anderen Zutaten hinzugeben, langsam hochdrehen, bis auf die Höchststufe. Dann ca. 5 Min. laufen lassen, bis die Masse dickt. Das merkt man daran, dass der Flüssigkeitspegel unverändert bleibt. Diese Menge reicht für fünf Portionen. Vier Portionen eventuell für später einfrieren.

Dann zu einer Portion eine entsteinte Dattel und 200 g Eiswürfel geben. Mit dem Stößel zu Eis verarbeiten. Das Eis ist sehr erfrischend, allerdings nicht sehr süß!

25 g Rundkorn-Naturreis
10 g Sonnenblumenkerne
2 Kardamomkapseln
2-3 Safranfäden
2 TL Sonnenblumenöl
1/2 TL gemahlener Zimt
1/2 TL gemahlener Ingwer
20 g Honig
190 g Wasser
1 Dattel (20 g netto)
150-200 g Eiswürfel

Apfeleis

211

🍃 Kürbiscassata

50 g Kürbiskerne
1 kleine süße Apfelsine (105 g netto)
etwa 25 g Honig
1/2 TL gem. Kardamom
200 g Sahne
25 g Orangeat
etwas Orangeat zum Dekorieren

Kürbiskerne hacken (z.B. im Zerkleinerer). Geschälte Apfelsine mit Honig und Kardamom in einem Mixer pürieren. Die Honigmenge richtet sich danach, wie süß die Apfelsine ist. Sahne mit dem Handrührgerät steif schlagen, dann das Orangenpüree und die Kerne zusammen mit 25 g Orangeat gründlich unterheben. 6 kleine Muffinförmchen aus Silikon auf ein Frühstücksbrett stellen, mit je 2 Esslöffel der Obstsahne füllen. Mit etwas Orangeat dekorieren.
Auf dem Brett einfrieren. Sobald das Eis gefroren ist, Förmchen in eine fest verschließbare Plastikdose geben. Entweder 2-3 Std. nach der Herstellung essen oder 15 Min. vor dem Verzehr bei Raumtemperatur antauen lassen.

🍃 Rotes Schokoladeneis

65 g Banane | 25 g Kakaonibs
1 Esslöffel Haselnussöl
10-20 g Rosenwasser
55 g Cashewnussmus
10 g Nackthafer
20 g Rote Bete
190 g Eiswürfel

Alle Zutaten bis auf die Eiswürfel in einem Hochleistungsmixer cremig schlagen. Eiswürfel hinzugeben und mit dem Stößel o.ä. so lange verarbeiten, bis sich ein cremiges Eis ergibt. „Formbarer" wird das Eis mit 290 g statt 190 g Eiswürfeln, dann ist der Geschmack aber nicht mehr sehr intensiv. Wer möchte, kann die Eismasse mit Honig anreichern.

🍃 Schoko-Ingwereis vegan

1 geh. EL Kakao (13 g)
20 g Sonnenblumenöl
75 g Wasser
60 g getrocknete Birnen
65 g Sonnenblumenkerne
5 g Ingwer, ungeschält
160-190 g Eiswürfel

Alle Zutaten, bis auf die Eiswürfel, in der vorgegebenen Reihenfolge in einen Hochleistungsmixer geben. Bei langsamer Geschwindigkeit beginnen und dann auf der Höchststufe pürieren, mit dem Stößel nachhelfen. Zum Schluss mit dem Stößel die Eiswürfel einarbeiten.

Rotes Schokoladeneis

SÜSSSPEISEN

Süßes mit Obst und Gemüse

✺ Ananasstern

Apfel achteln, mit Zitronensaft, Vanille, Kardamom und Cashew-nussmus in einem kleinen Mixer zu einer glatten Paste schlagen. Ananas schälen, vier Mal durchschneiden, ergibt acht Dreiecke. Die Ecken mit den Spitzen zueinander gerichtet, aber mit einer Lücke in der Mitte auf einen Dessertteller legen. Die Lücken mit dem Apfel-gemisch füllen, in die Mitte die Mandeln mit der Spitze zueinander legen.

1 kleiner Apfel (85 g)
10 g Zitronensaft
1 MS Vanille
1 MS gem. Kardamom
20 g Cashewnussmus
1 Scheibe frische Ananas (70 g netto)
3 Mandeln

✺ Bananenpudding

Reis in der Mühle fein mahlen. Mit Banane, Zitronensaft und Nuss-mus in einem kleinen Mixer fein pürieren. In eine kleine Schüssel umfüllen, mit einigen Stücken Cashewnuss dekorieren.

10 g Rundkorn-Naturreis
1/2 Banane | 1 EL Zitronensaft (10 g)
20 g Cashewnussmus
einige Cashewnussstücke

✺ Exotische Kürbiscreme

Kürbis mit Sonnenblumenkernen, Honig, Dinkelmehl und Va-nillestange in einem Hochleistungsmixer solange pürieren, bis die Masse stockt (entspricht: kochen). Ananas schälen, klein schneiden und auf vier Tellerchen verteilen. Darüber den Pudding geben. Kaki längs halbieren, in feine Scheibchen schneiden und leicht versetzt auf den Pudding legen, mit Pistazien bestreuen. Ohne starken Mixer: Die entsprechenden Zutaten zerkleinern (Pürierstab, Mixer) und in einem Topf unter Rühren aufkochen.

200 g Hokkaido-Kürbis, ungeschält
50 g Sonnenblumenkerne
50 g Honig
20 g Dinkelmehl
2 cm Vanillestange
300 g Ananas (brutto)
1/2 Kaki (100 g netto)
40 g Pistazien

✺ Kürbisreis (4 Personen)

Kürbis in Stücke schneiden, Vanillestange zweimal durchbrechen. Reis mit Kürbis, Vanille, Zimt, Wasser und Öl im Schnellkochtopf auf dem 1. Ring 25 Min. kochen. Auf der ausgestellten Herdplatte abdampfen lassen. Vanille- und Zimtstange entfernen, Honig und Pistazien unterrühren. Auf 3-4 Schüsselchen verteilen, inklusive der restlichen Flüssigkeit.
Ohne Schnellkochtopf muss der Reis doppelt so lange kochen; den Kürbis dann erst 20 Min. vor Ende der Kochzeit hinzufügen.

200 g Hokkaido-Kürbis
1 Vanillestange
150 g Rundkorn-Naturreis
1 Zimtstange
350 g Wasser
1 EL Distelöl
45 g Honig
15 g Pistazien

213

1 kleiner Apfel (110 g)
85 g Mango (netto)
30 g Quasi-Grundjoghurt
15 g Zitronensaft
1 EL Nackthafer
10 g Walnüsse

✍ Mango-Apfel-Creme

Apfel grob zerteilen. Mango entkernen, aber nicht schälen, und würfeln. Obst mit „Joghurt" und Zitronensaft im großen Becher eines kleinen Mixers pürieren. In eine kleine Schüssel umfüllen. Hafer flocken, Walnüsse grob zerkleinern. Beides im Kranz um die Creme legen.

15 g Kakaonibs
15 g Kokosraspeln
20 g Möhre
20 g Mandelnussmus
1/2 EL Walnussöl
2 EL Wasser
1 Prise gem. Vanille
1 Prise gem. Zimt

✍ Schokomöhren

Kakaonibs und Kokosraspeln mit dem flachen Messer in einem kleinen Mixer fein mahlen. Möhre raspeln. Alle Zutaten zusammen mit dem hochstehenden Messer in dem Mixer vermischen. Mit Teelöffeln auf einen Teller setzen. Zur Dekoration kann man noch ein paar gehackte Mandeln oder Kakaonibs darüber streuen.

Dieses Dessert ist so nur für denjenigen geeignet, der gewohnt ist, gar nichts Süßes mehr zu essen. Das hat den Vorteil, dass sich der Geschmack des Kakaos dann voll entfalten kann. Wer es gerne sehr süß mag, sollte nach Geschmack etwa einen Teelöffel Honig hinzufügen.

Für die Rota:
50 g Dinkel
1 Prise Salz
35 g Wasser

Für den Fruchtsalat:
1 kleiner Apfel (95 g)
1 Stück Kaki (95 g)
1/2 Banane (60 g netto)
2 TL Zitronensaft

Für die Soße:
50 g Cashew-Joghurt
1 Prise Kardamom
1/2 TL Mangopulver
1 Prise Zimt

✍ Rota (Fladen) mit Fruchtsalat

Dinkel fein mahlen. Mit Salz und Wasser zu einem feuchten, geschmeidigen Teig kneten. Teig zu einer Kugel formen und einige Minuten ruhen lassen.

Die Zutaten für den Fruchtsalat inklusive Zitronensaft im Zerkleinerer raffeln (nicht zu fein). In eine kleine Schüssel geben. Cashew-Joghurt, Kardamom und Mangopulver verrühren, auf den Fruchtsalat geben und mit ein bisschen Zimt bestreuen.

Teig in zwei Stücke teilen, mit Hilfe von Mehl zu zwei dünnen Fladen ausrollen. Eine beschichtete Pfanne leicht erwärmen, ganz dünn (am besten mit dem Finger) mit Öl einfetten. Dann erhitzen, den ersten Fladen hineingeben. Nach 10 Sek. die Oberseite des Fladens dünn mit Öl einpinseln. Es bilden sich Blasen. Umdrehen, flach drücken. Auch diese Seite bepinseln und nochmals umdrehen. Noch ein- oder zweimal umdrehen, die Blasen flach drücken. Herdplatte jetzt etwas herunterschalten (auf mittelhohe Einstellung) und den 2. Fladen auf dieselbe Weise backen. Alles zusammen servieren.

Gemischte Desserts

✿ Carobcreme

20 g Cashewnüsse | 2 TL Carob (10 g)
2 EL Sahne
1 größere Banane (135 g netto)
Zum Dekorieren: wilde Erdnüsse

Nüsse fein mahlen. Mit Carob, Sahne und Banane in einem kleinen Mixer mischen und in eine kleine Schüssel geben. Mit ein paar wilden rohen Erdnüssen bestreuen. Wer die nicht hat, nimmt Cashewnüsse.

✿ Gulab Jamun (typisch indische Süßigkeit)

Für 10 Bällchen:
250 g + 90 g Wasser
150 g Honig
20 g Cashewnüsse
10 g Sonnenblumenöl
100 g Dinkel
25 g Rotkornweizen
1 TL Weinstein-Backpulver
1 TL gem. Kardamom
1 Prise Salz
400-500 g Kokos- oder Erdnussöl zum Ausbacken

Hinweis: Ist aller Sirup aufgesogen, wenn die fertigen Kugeln damit übergossen wurden, kann man noch etwas heißes Honigwasser (1 TL Honig / 1 Tasse heißes Wasser) hinzugeben.

250 g Wasser und Honig in einem Topf zum Kochen bringen, 5 Min. köcheln lassen und den entstandenen Sirup in eine flache Schale geben. Cashewnüsse, Öl und 90 g Wasser in einem kleinen Mixer zu einer dickflüssige Milch mixen. Getreide zusammen mahlen, mit Backpulver, Kardamom und Salz mischen. Nach und nach die „Milch" einrühren und zu einem recht weichen Teig kneten. Hände leicht einölen, mit einem Teelöffel Teigbröckchen abnehmen, zwischen den Händen zu Kugeln formen. Auf ein mit Haushaltsfolie umspanntes Brettchen setzen.
Kokosöl in einem kleinen Wok erhitzen und die Kugeln 15 Min. im Öl braten. Die Hitze sollte nicht zu stark sein, sonst werden die Kugeln zu schnell dunkel. Sind sie am Ende nicht dunkel genug, nochmals 2 Min. bei starker Hitze weiter backen.
Mit einem Schaumlöffel die fertigen Kugeln aus dem Fett heben, abtropfen lassen und in den Sirup legen. Es zischt! Mit einer Zange die Kugel im Sirup drehen.
Wenn alle Kugeln im Sirup sind, 10 Min. warten. Aus dem Sirup nehmen und bis zum Essen auf einem Teller aufbewahren.

✿ Kürbiskokoskonfekt

50 g Kürbiskerne
25 g Kokosraspeln
15 g Kokosöl
25 g Honig
ca. 30 g Kokosraspeln zum Wälzen

Kürbiskerne und Kokosraspeln fein mahlen, z.B. nacheinander in einem kleinen Mixer. Im Mixer mit weichem Kokosöl und Honig zu einer glatten Masse schlagen. Zwischen den Händen Kugeln formen, die etwas kleiner als Walnüsse sind. Raspeln auf einen flachen Teller streuen, die Kugeln darin wälzen und in Papierförmchen setzen. Im Kühlschrank in einer fest schließenden Plastikdose aufbewahren. Hält sich im Kühlschrank einige Wochen.
Hinweis: Kokosöl ist im Sommer schon bei Umgebungstemperatur fast flüssig und härtet dann im Kühlschrank.

SÜSSSPEISEN

✿ Dattel deluxe fix

Dattel längs durchschneiden, Stein entfernen. Hälften mit der Schnittfläche nach oben auf einen Teller legen. Jede Hälfte mit etwas Nussmus füllen. Mus und Teller mit etwas Zimt bestreuen.
Ein echter Knüller – und so schnell hergestellt, dass kein Besuch mehr zur unrechten Zeit kommt ;-)

Pro Person:
1 große Dattel
2 gestr. TL Edles CC-Nussmus
etwas Zimt

✿ Möhrenhalva Menge für 2 Portionen:

„Milch" wie folgt im großen Becher eines kleinen Mixers mit dem flachen Messer herstellen: 1 g Öl, 5 g Cashewnüsse, Salz mit 50 g Wasser sehr gut verquirlen, bis keine Körnchen mehr vorhanden sind. 150 g Wasser hinzufügen und nochmals 30 Sek. mixen.
Möhre reiben (z.B. mit einem Zerkleinerer). Mit „Milch", Honig und Kardamomkapsel aufkochen. Auf mittlerer bis mittlerer Hitze kochen lassen, bis alle Flüssigkeit verdampft ist, gelegentlich umrühren. Das dauert ca. 15 Min.
15 g Öl in eine Pfanne (20 cm) geben und erhitzen. Rosinen, Nussbruch und Kokosraspeln hinzugeben, dann die gegarten Möhren. Auf nicht zu niedriger Hitze unter ständigem Rühren ca. 10 Min. braten, bis die Mischung recht trocken und kräftig gefärbt ist.
Warm oder kalt servieren.

1 g Sonnenblumenöl
5 g Cashewnussbruch
3-4 Salzkörnchen
50 g +150 g Wasser
1 Möhre (110 g)
30 g Honig
1 Kardamomkapsel
15 g Sonnenblumenöl
15 g Rosinen
15 g Cashewnussbruch
10 g Kokosraspeln

Carobcreme

✇ Samtcarobcreme

40 g Mandel-Cashewmus
10 g Rosenwasser | 1 TL Carob (5 g)
1 TL Honig (5 g)
Kokoschips zur Dekoration

Zutaten mit einem Teelöffel verrühren und mit Kokoschips dekorieren. Wird sehr zart und ist fix zubereitet!

✇ Schokoladenpudding

1 Kaki (300 g) | 20 g Nussmus
10 g Kakao | 15 g Rosenwasser
2 Prisen gem. Kardamom
1/2 TL weißer Mohn als Dekoration

Kaki achteln. Alle Zutaten bis auf den Mohn in einem Hochleistungsmixer zu einer glatten Creme schlagen. In eine kleine Schüssel umfüllen und mit weißem Mohn dekorieren!

✇ Süße Safranhirse

80 g Hirse
200 g + 50 g Wasser
1 Prise Safranfäden
1 EL Sahne
2 EL Mandelöl
35 g Honig
30 g grüne Rosinen
25 g Cashewnüsse
1 TL gem. Kardamom

Hauptspeise für 1 Person oder Nachspeise für 3-4 Personen.
Hirse in einem Topf mit 200 g Wasser zum Kochen bringen, auf kleinster Einstellung (Deckel geschlossen) 10 Min. erhitzen. Safran zwischen den Fingern zerkrümeln und mit der Sahne verrühren.
Öl und Honig unter die Hirse rühren, dann Safransahne und 50 g Wasser. Eine Minute erhitzen, dann Rosinen, Cashewnüsse und Kardamom unterrühren. Unter ständigem Rühren 5 Min. erhitzen (eventuell die Hitze ein kleines bisschen erhöhen).
Ergänzung: Auch die Hälfte Honig (ca. 15-20 g) reicht, wenn Sie nicht ausgesprochen gerne süß essen.
Wer vegan lebt, ersetzt die Sahne durch einen Esslöffel heißes Wasser. Braune Rosinen oder klein geschnittene Datteln eignen sich ebenfalls anstelle der grünen Rosinen.

✇ Hirse mit Banane

45 g Kokosraspeln
260 g Wasser
3 cm Vanillestange
40 g Hirse
1 Prise Salz
20 g Honig
1 Banane (130 g brutto)
einige Kokoschips als Dekoration

Eine Mahlzeit für eine Person oder Nachtisch für 2-3 Personen, es ist ziemlich sättigend.
Kokosraspeln mit Wasser und Vanillestange in einem Mixer schlagen, bis sich eine milchig-sahnige Flüssigkeit ergibt. Mit Hirse, Salz und Honig in einen Topf geben, unter Rühren zum Kochen bringen. Auf kleinste Einstellung drehen und rühren, bis es nur noch ganz sanft köchelt. Deckel auflegen, Herd ausschalten und 15 Min. quellen lassen. Die Banane schälen, in Scheiben schneiden und 2 Scheiben beiseite legen. Den Rest 2-3 Min. vor Ende der Quellzeit vorsichtig unter die Hirse rühren. In eine Schüssel umfüllen und mit den Bananenscheiben und einigen Kokoschips dekorieren.

SÜSSSPEISEN

Plätzchen und Kuchen

Zimttaler mit grünen Rosinen

Erdnüsse in einem Mixer, Dinkel in einer Mühle fein mahlen und mit den anderen Zutaten zu den gemahlenen Nüssen geben und gut durchkneten (2-3 Min. in einer Maschine).

Zwischen den Händen kleine Fladen (ca. 3x4 cm große Ovale) formen und nebeneinander auf insgesamt drei mit Dauerbackfolie ausgelegte Backbleche legen.

In den kalten Ofen (Umluft) schieben. Bei 175 °C etwa 20 Min. backen. Auf einem Kuchengitter auskühlen lassen.

200 g Erdnüsse (ungesalzen, ungeröstet) | 350 g Dinkel
1 Päckchen Weinstein-Backpulver
250 g Olivenöl | 200 g Honig
150 g Nackthafer
100 g grüne Rosinen
1 TL Zimt
1 Prise Salz

Dattel-Aprikosenkuchen

(Als Erstes die Trockenfrüchte für Belag 1 einweichen.)

Hafer und Emmer fein mahlen, mit der Hand zusammen mit den restlichen Teigzutaten zu einem glatten Teig kneten. Eine Springform (26 cm) mit Backpapier überspannen, den Teig darin gleichmäßig verteilen. Hilfreich ist hier ein kleiner Pizzateigroller. Einen kleinen Rand hochziehen.

Datteln entsteinen, Datteln und Aprikosen grob zerkleinert in 200 g heißem Wasser mehrere Stunden einweichen. Mandeln in der Küchenmaschine, Buchweizen in der Mühle mahlen und alle Zutaten gut miteinander verkneten. Auf dem Teigboden gleichmäßig verteilen. In den kalten (Heißluft-)Ofen schieben, mit Dauerbackfolie abdecken und 25-30 Min. bei 175 °C backen. Abkühlen lassen.

Einen dünnen Streifen von der Apfelsine abraspeln. Apfelsine schälen. Fruchtfleisch mit Zitronensaft, Honig, Kokosöl und Kokosraspeln in einem Hochleistungsmixer zu einer feinen Paste verarbeiten. Dann die abgeraspelte Apfelsinenschale zugeben und unterrühren. Auf den abgekühlten Kuchen streichen, mit Macadamianüssen dekorieren und in den Kühlschrank stellen.

Hält im Kühlschrank gut eine Woche.

Teig:
115 g Hafer | 35 g Emmer
35 g Distelöl | 40 g Wasser
1 Prise Salz

Belag 1:
200 g getr. Datteln (netto)
200 g getr. Aprikosen
200 g Wasser | 200 g Mandeln
200 g Buchweizen | 1 Prise Salz
2 TL Zitronensaft
1 TL Mangopulver
1-3 Prisen Kardamom

Belag 2:
1 Apfelsine (200 g netto)
2 EL Zitronensaft | 75 g Honig
100 g Kokosöl | 100 g Kokosraspeln
50 g Macadamianüsse

Dattel-Aprikosenkuchen

GETRÄNKE

Dieses Kapitel fällt ein wenig aus dem Rahmen. Alle anderen Rezepte sind mehr oder weniger unter indischem Einfluss entstanden, d.h. ich habe in indischen Kochbüchern gelesen, Rezepte danach ausprobiert, die Charakteristika erarbeitet und dann in andere, eigene Rezepte umgesetzt. Das habe ich hier nicht getan. Ich habe einfach nichts gefunden, was ich direkt umsetzbar fand. Online gibt es ein paar Limonaden; die Getränke der Rezepte, die ich gelesen habe, sind aber meist sehr süß oder mit Joghurt versetzt. Sie passen somit weder in den vollwertigen noch den veganen Rahmen. Deshalb habe ich eigene Getränkerezepte kreiert und meist den indischen „Touch" durch die Wahl der Gewürze erreicht. Dem Leser sei hier überlassen, eifrig weiter zu experimentieren.

Wer keinen Hochleistungsmixer hat, muss ein bisschen anders vorgehen: Trockenfrüchte vorher in der angegebenen Flüssigkeit einweichen, trockene Zutaten getrennt vorher mahlen und, statt „heiß laufen" zu lassen, das Getränk mit kochendem Wasser zubereiten.

Blütentee

Fruchtige Drinks

✿ Apfelkraftdrink

20 g Haselnüsse
10 g Buchweizen
20 g Zitronensaft
4 g frischer Ingwer, ungeschält
1 kleiner Apfel
500 g Wasser

Haselnüsse mit dem Buchweizen in einem kleinen Mixer fein mahlen. Mit Zitronensaft, dem in Achtel geschnittenen Apfel, dem Ingwer und 150 g Wasser in einem kleinen Mixer (großer Becher) 40 Sek. schlagen. Mit Wasser auffüllen und nochmals kurz durchmixen.
Hinweis: Auch hier lässt sich das Obst – der Apfel – durch jede beliebige Sorte ersetzen. Sehr saures Obst erfordert möglicherweise zusätzliches Süßen mit eingeweichten Trockenfrüchten oder etwas Honig. Ein Drink, der uns auf diese Weise durch das ganze Jahr begleiten kann.

✿ Erdbeerlassi

1 EL Mandel-Joghurt
50 g Erdbeeren (frisch oder gefroren)
100 g Eiswürfel
150 g Wasser
2-3 Prisen gem. Kardamom

Wer gefrorene Erdbeeren nimmt, sollte statt Eiswürfeln Wasser nehmen. In einem starken Mixer alle Zutaten zusammen auf höchster Stufe schlagen. Wer nur einen kleinen Mixer hat, arbeitet mit eisgekühltem Wasser statt Eiswürfeln.

✿ Kürbisdrink

100 g Kürbis ungeschält
2 g Ingwer, ungeschält
10 g Mandeln
3 cm Vanillestange
20 g Honig
350 g Wasser

Alle Zutaten in einen Hochleistungsmixer geben und laufen lassen, bis es schön heiß und cremig ist.
Ohne starken Mixer: Die festen Zutaten pürieren, gemahlene Vanille nehmen und dann mit kochendem Wasser auffüllen.

✿ Maca-Apfeldrink

1 kleiner Apfel (90 g)
350 g Wasser
1 TL Gierschhonig
1 EL Macadamianussmus
1 MS gem. Vanille

Apfel in Stücke schneiden. Alle Zutaten in einem starken Mixer auf höchster Geschwindigkeit gut durchschlagen.
Sie können diesen Drink in jedem Mixer herstellen, sollten ihn dann allerdings bald servieren, weil er sich sonst wieder auftrennt, denn es setzt sich unten im Glas Fruchtfleisch ab. In einem Hochleistungsmixer bleiben aufgrund der hohen Umdrehungszahlen die Zutaten miteinander verbunden.

GETRÄNKE

Kakao-Getränke

✿ Brotkakao

Brot zerkleinern. Alle Zutaten in einen Hochleistungsmixer geben und 5 Min. auf Höchststufe mixen.
Ohne Hochleistungsmixer: Siehe Beschreibung auf der Eingangsseite dieses Kapitels.

50 g Brot
5 g Ingwer, ungeschält
10 g Kakaopulver
15 g Mandeln
30 g Honig
500 g Wasser

✿ Maronenkakao

Datteln entsteinen. Alle Zutaten bis auf das Rosenwasser in einem Hochleistungsmixer 5 Min. pürieren. Ohne Hochleistungsmixer: Zutaten pürieren, 600 g kochendes Wasser hinzugeben und verrühren. Zum Schluss das Rosenwasser unterrühren. Ohne Hochleistungsmixer: Siehe Beschreibung auf der Eingangsseite dieses Kapitels.

4 Datteln (55 g netto)
40 g gekochte Maronen
1 EL Kakaonibs (18 g)
1 Kardamomkapsel
2,5 cm Vanillestange
600 g Wasser
15 g Rosenwasser

✿ Gechiliter Kakao

Datteln entsteinen. In einem starken Mixer alle Zutaten zusammen auf höchster Stufe schlagen, bis das Getränk heiß ist (ca. 4-5 Min.).
Ohne Hochleistungsmixer: Siehe Beschreibung auf der Eingangsseite dieses Kapitels.

2 Datteln (30 g netto)
1 EL Kakaonibs (18 g)
1 EL Rundkorn-Naturreis
1 EL Cashewnussbruch
1/2 TL Chiliflocken
500 g Wasser

✿ Kakao Indian-Style

Alle Zutaten in einem Hochleistungsmixer auf höchster Stufe schlagen, bis das Getränk heiß ist (ca. 4-5 Min.).

2 Kardamomkapseln
3 cm Vanillestange
1 EL weißer Mohn
1 gestr. EL Rundkorn-Naturreis
1 gestr. EL Kakaopulver
1 gestr. EL Honig
300 g Wasser

Apfelkraftdrink

🌿 Maronenkakao

45 g gekochte Maronen
1 EL Carob
1 EL Kakaopulver
3 Kardamomkapseln
7 g Ingwer, ungeschält
15 g Honig
1 EL Nackthafer
600 g Wasser

Alle Zutaten in einem Hochleistungsmixer auf höchster Stufe schlagen, bis das Getränk heiß ist (ca. 4-5 Min.).

🌿 Maronendrink

3 ungeschälte (!) Maronen
8 g Ingwer, ungeschält
1 EL Carob
1 EL Mandeln
1 EL Nackthafer
600 g Wasser

Zubereitung wie Maronenkakao.

🌿 Weißer Kakao

1 große Dattel, entsteint
1 EL weißer Mohn
1 geh. EL Kokosraspeln
3 cm Vanillestange
320 g Wasser

Alle Zutaten in einen Hochleistungsmixer geben und auf höchster Stufe 5 Min. laufen lassen. Ohne Hochleistungsmixer Zutaten ggf. einzeln mahlen, mit etwas Wasser pürieren und mit kochendem Wasser aufgießen.

Getreide- und Nuss-Getränke

Cashew-Eisshake

Cashewnüsse, Reis und Buchweizen zusammen fein mahlen. Dann mit Vanille und Wasser solange mixen, bis die Flüssigkeit lauwarm ist. Eiswürfel hinzugeben und solange schlagen, bis nur noch eine Schaum-Eismasse obenauf sitzt.

30 g Cashewnüsse
10 g Rundkorn-Naturreis
20 g Buchweizen
1/2 Stange Vanille
250 g Wasser
250 g Eiswürfel

Gerstensaft

Gerste flocken oder mahlen. Mit den restlichen trockenen Zutaten in einem kleinen Mixer zerkleinern. Dann einen Teil des kochenden Wassers hinzugeben, gut mixen. In eine große Tasse füllen, mit kochendem Wasser auffüllen und mit einem Löffel durchrühren. Ich mag das Getränk gerne ungesüßt, 1-2 TL Honig passen aber genauso gut dazu wie 1 EL Rosenwasser.

1 EL Nacktgerste
1 EL Sonnenblumenkerne
½ TL gem. Kardamom
1 gestr. TL gem. Ingwer
350 g kochendes Wasser
evtl. 1-2 TL Honig
evtl. 1 EL Rosenwasser

Indische Rose

Nackthafer, Kardamom und Kurkuma mit einem kleinen Mixer sehr fein mahlen. Honig, Rosenwasser, Nussmus und 100 g heißes Wasser hinzufügen, schaumig schlagen. In eine Tasse geben und mit kochendem Wasser auffüllen.

1 EL Nackthafer
4 Kardamomkapseln
1 MS gem. Kurkuma
1 TL Honig
1 geh. TL Cashewnussmus
1 EL Rosenwasser
600 g kochendes Wasser

Maronenkakao | Weißer Kakao | Kakao Indian-Style

✿ Kokos-Carobolade

2 Carobschoten
20 g Sonnenblumenkerne
20 g Rundkorn-Naturreis
20 g Kokosmus (Coconut Butter)
250 g kaltes Wasser
250 g Eiswürfel

Die Herstellung ist in einem Hochleistungsmixer besonders einfach: Carobschoten, Sonnenblumenkerne, Reis und Kokosmus mit 250 g kaltem Wasser in den Mixer geben. Bei steigender Geschwindigkeit mixen, dann auf der Höchststufe 2 Min. laufen lassen. 125 g Eiswürfel hinzugeben, nochmals laufen lassen. Mit der zweiten Portion Eiswürfel wiederholen. Eventuell kalt stellen.

Mit anderen Mixern wie folgt vorgehen: Carobschoten fein mahlen (oder Pulver nehmen) und die glasharten Kernstücke heraussieben. Sonnenblumenkerne mit dem Naturreis fein mahlen. Alle Zutaten zusammengeben und 2-3 Min. durchschlagen.

Tipps: Wer keine Carobschoten hat, nimmt 1 Esslöffel Carobpulver. Das ist besonders bei einfachen Mixern auch praktischer.
Statt Rundkornreis geht auch jeder andere (Natur-)Reis.
Wer kein Kokosmus hat, nimmt 2 Esslöffel Kokosraspeln.
Wer sich an die Anleitung für Hochleistungsmixer hält, hat ein Getränk in Rohkostqualität.

✿ Kürbiskaffee

100 g Hokkaido-Kürbis, ungeschält
3 g Ingwer, ungeschält
20 g Giersch-Honig | 20 g Rundkorn-Naturreis | 2 Kardamomkapseln
600 g Wasser

Alle Zutaten in einen Hochleistungsmixer geben und laufen lassen, bis es schön heiß und cremig ist (ca. 4-5 Min.).
Ohne Hochleistungsmixer: Siehe Beschreibung auf der Eingangsseite dieses Kapitels.

✿ Weißer Carob-Drink

1 Dattel (20 g brutto)
1 EL weißer Mohn
1 bohnengroßes Stück Ingwer
1/2 EL Carob
1 knapper EL Mandeln
320 g Wasser

Dattel entsteinen. Alle Zutaten in einen Hochleistungsmixer geben und auf höchster Stufe 5 Min. laufen lassen. Ohne Hochleistungsmixer Zutaten ggf. einzeln mahlen, mit etwas Wasser pürieren und mit kochendem Wasser aufgießen.

✿ Scharfer Maronendrink

40 g Maronen, gekocht oder roh
7 g Habanero-Honig
10 g Cashewnüsse
2 TL weißer Mohn
evtl. 1 Dattel (20 g brutto)
etwa 350 g Wasser

Alle Zutaten in einen Hochleistungsmixer geben und auf höchster Stufe 5 Min. laufen lassen. Ohne Hochleistungsmixer Zutaten ggf. einzeln mahlen, mit etwas Wasser pürieren und mit kochendem Wasser aufgießen.

Hinweise: Mit der Dattel wird es sehr süß; besonders scharf wird es mit etwas Peperoni, Chili oder mehr Habanero-Honig. – Rohe Maronen können in einem Hochleistungsmixer ungeschält verwendet werden.

GETRÄNKE

Tee

✿ Blütentee

Blüten zusammen in eine große Tasse oder ein Teeglas geben und mit etwa 80 °C heißem Wasser aufgießen. 5-10 Min. ziehen lassen, durch ein Sieb gießen. Schmeckt auch nach Stunden noch, wenn der Tee abgekühlt ist.
Die Malvenblüten verleihen dem Getränk vor allem zu Beginn eine überraschend blaue Farbe. Wer will, kann die Blüten selbst sammeln. Ich habe sie mir bei einer Kräuterapotheke bestellt.

1 geh. TL Malvenblüten
1 geh. TL Orangenblüten
1 geh. TL Gänseblümchenblüten
(alle Blüten sind getrocknet)
je nach Tassengröße 350-450 g kochendes Wasser

✿ Ingwer-Zitronentee

Dieses schöne wärmende Getränk ist inspiriert von der Ayurvedischen Küche.
Zitronenscheibe achteln. Ingwerscheiben eventuell auch kleiner schneiden. Zusammen in eine große Tasse oder ein Teeglas geben und mit kochendem Wasser aufgießen. 5-10 Min. ziehen lassen. Schmeckt nicht nur heiß, sondern auch kühl: Vor allem im Sommer ist dieser Tee aus dem Kühlschrank sehr erfrischend.

1 Scheibe Zitrone, geschält, ohne Kerne (ca. 20 g)
2-3 Scheiben Ingwer (etwa 8 g)
je nach Tassengröße:
350-450 g kochendes Wasser

Ingwer-Zitronentee

ANHANG

Austauschtabelle

Hier finden Sie alle „exotischen Zutaten", entweder mit einem Verweis darauf, dass Sie sie über das Register hier in diesem Buch finden oder Sie erhalten einen Tipp für eine Ersatzmöglichkeit (kursiv mit dem Blickfangpunkt). Sobald in einem Rezept eine Zutat ausgetauscht wird, ändert sich möglicherweise der Geschmack. Das heißt aber nicht, dass es nicht mehr schmeckt – es schmeckt einfach anders. Das ist dann immer noch besser, als wenn man etwas gar nicht kochen kann, weil es gerade nicht im Haus ist.

Indische Zutaten finden Sie in vielen Online-Shops, auch bei Ebay kann man fündig werden. Wenn möglich, sollten Sie sich um Bioware bemühen. Lebensmittel wie Augenbohnen oder Mattenbohnen habe ich noch nicht in Bioqualität gefunden.

ANHANG

Ajowan
Spezielles indisches Gewürz, das auch die Verdaulichkeit von Hülsenfrüchten verbessern soll. Gibt es unter anderem in asiatischen Läden.
➔ *Thymian*

Arganöl
Nussig schmeckendes Öl aus Marokko, selten in Rohkostqualität.
➔ *ein anderes beliebiges Öl*

Arganöl aus gerösteten Nüssen
Siehe Arganöl, nur wurden die Nüsse vor der Ölherstellung geröstet.
➔ *ein anderes* beliebiges *Öl*

Asafoetida
Indisches Gewürz, das nur in sehr kleinen Mengen Verwendung findet.
➔ *weglassen*

Asiakräuter
Fertig zu kaufende Kräutermischung.
➔ *Zitronengras*

Avocado-Öl
➔ *ein anderes* beliebiges *Öl*

Balsamico Bianco
Ein Balsamico, der weiß bis hellrosa ist und meines Wissens keinerlei Zucker enthält.
➔ *Apfelessig*

Basilikumkonzentrat
Rezept hier im Buch.
➔ *Öl und getrocknetes Basilikum*

Batate / Süßkartoffel
Ein Gemüse, das mit unserer Kartoffel nur sehr entfernt verwandt ist, leicht süßlicher Geschmack.
➔ *Kartoffel*

Beinwell-Öl
Geriebener Beinwell in Öl bzw. mit Öl pürierter Beinwell.
➔ *anderes Kräuteröl*

Butternusskürbis
Kürbis ähnlich einfach zu verwenden wie Hokkaido, noch etwas feiner und süßlicher im Geschmack.
➔ *Hokkaido- oder Muskatkürbis*

Cashewbruch
Nicht mehr intakte Cashewnüsse, deshalb meist preiswerter.
➔ *Cashewnüsse*

Cashewjoghurt
Rezept aus diesem Buch.
➔ *ein anderes Joghurt aus diesem Buch oder weglassen*

Cashewnussmus
➔ *ein anderes Nussmus oder fein gemahlene Cashewnüsse*

Chiliessig
Essig, der zum Einlegen von getrockneten Chilischoten verwendet wurde.
➔ *Peperoniessig; Essig + etwas Chilipulver*

Chiliflocken
Getrocknete Chilistücke.
➔ *frischer oder getrockneter Chili, Chilipulver oder Cayennepfeffer*

Curryblätter
Getrocknete Blätter der Currypflanze; diese Pflanze ist aber nicht Bestandteil der als Curry bekannten Würzmischung.
➔ *frische Curryblätter, getrocknete Lorbeerblätter*

Delikata
Eine Gewürzmischung der Firma Brecht für herzhafte Speisen.
→ *eine eigene Würzmischung oder Pfeffer*

Dinkel Fallzahl 62
Dinkel, der für die großindustrielle Verarbeitung nicht geeignet ist; die Fallzahl ist ein Begriff aus diesem Bereich, der für den Anwender im Haushalt nicht relevant ist. Gehfähigkeit ist nicht so berechenbar, aber in Fladen etc. gut einsetzbar.
→ *Dinkel*

Distelöl
→ *jedes andere neutral schmeckende Öl*

Emmer
Getreide mit guten Klebereigenschaften, daher auch zur Nudelherstellung geeignet.
→ *Hartweizen, Kamut*

Erdnussmus
Ganz fein geschlagene Erdnüsse; Herstellung siehe Kapitel Basics / Nussmuse.
→ *ein anderes Nussmus oder fein gemahlene Nüsse*

Erdnussmus, herzhaft
Erdnussmus (siehe dort) aus gerösteten gesalzenen Erdnüssen.
→ *fein gemahlene Erdnüsse*

Frische grüne Chilischote
Gibt es in Asialäden. 2 frische Schoten entsprechen etwa einer getrockneten.
→ *getrocknete Schoten, Chiligewürz*

Frischer Koriander
= Frische Korianderblätter. Gibt es häufig schon in der Kräuterabteilung größerer Supermärkte.
→ *frische glatte Petersilie (ist aber nur für die Optik ein Ersatz)*

Galgantwurzel
Eine Gewürzpflanze aus der Familie der Ingwergewächse.
→ *sehr wenig Ingwer oder weglassen*

Gelbweizen
Eine spezielle Weizenart, die ein goldgelbes Gebäck ergibt.
→ *anderer Weizen, Dinkel*

Ghee
Spezielles indisches Butterfett. Nicht vollwertig, da ein Extrakt.
→ *ein gutes Öl*

Gierschhonig
Gewürzter Honig, Rezept hier im Buch.
→ *ungewürzter Honig*

Goldener Leinsamen
Auch: Gelber Leinsamen; helle und etwas mildere Leinsamensorte.
→ *brauner Leinsamen*

Grüne Rosinen
Spezielle Rosinensorte (aus dem Iran oder China), die nicht geölt werden muss und eine besonders schöne Süße hat.
→ *Rosinen, Sultaninen, Weinbeeren, Korinthen*

Grüner Pfeffer, eingelegt
Getrocknete grüne Pfefferkörner, die 2 Wochen in Essig eingelegt wurden.
→ *gem. Pfeffer*

Habanero-Honig
Honig, in den getrocknete Habaneros eingelegt wurden. Sehr scharf!
→ *Honig mit einer Prise Chilipulver*

ANHANG

Hanf-Curry
Rezept aus diesem Buch.
➔ *eine andere Currysorte*

Hanfsamen
Heute in der Biokost recht beliebt; ist nicht zu rauschähnlichen Zuständen nutzbar :-)
➔ *für den Knackeffekt: Buchweizen; sonst weglassen*

Honig
Veganer essen keinen Honig. Vor allem sie können wie folgt austauschen:
➔ *mit rohem Agavendicksaft*
➔ *mit in Wasser eingeweichten und pürierten Datteln (3 Teile Wasser auf 1 Teil Datteln)*

Joghurt
Normalerweise ein gesäuertes Milchprodukt. Hier im Buch gibt es im Kapitel „Basics" einige pflanzliche Alternativen.

Kamut
Siehe Emmer

Khus-Khus
Weißer Mohn, wird in der indischen Küche entweder zum Würzen oder zum Dicken von Soßen verwendet.
➔ *etwas Mehl zum Dicken und normaler Mohn zum Würzen*

Knoblauchschnittlauch
Das, was am Knoblauch überirdisch wächst.
➔ *normaler Schnittlauch*

Kochcreme
Kurzbezeichnung für Hirse-Käsecreme hier im Buch.
➔ *Cashew-Joghurt*

Kokoscreme , Kokosmus
Auch: Coconut Butter. Nicht zu verwechseln mit Kokosbutter! Gibt es in diversen Rohkost-Versandhäusern zu kaufen.
➔ *Kokosraspeln, im Mixer durchgeschlagen*

Kräuterwürze
Wie die Novemberwürze aus diesem Buch, jedoch mit beliebigen Zutaten der jeweiligen Saison.
➔ *Gemüsebrühextrakt oder Novemberwürze*

Kürbis-Erdnussmus
Nussmus (Rezept hier im Buch) aus Kürbiskernen und Erdnüssen.
➔ *Kürbiskernmus, Erdnussmus oder entsprechende fein gemahlene Kerne und Nüsse*

Liebstöckelfeigen
Rezept aus diesem Buch.
➔ *Liebstöckel als frisches oder getrocknetes Kraut und etwas Honig; oder weglassen*

Limettensaft
➔ *Zitronensaft*

Macadamia-Nussmus
Siehe Erdnussmus.

Macadamia-Nussöl
➔ *ein anderes Nussöl*

Mandel-Cashewnussmus
Rezept aus diesem Buch.
➔ *ein anderes Nussmus oder fein gemahlene Nüsse*

Mandeljoghurt
Herstellung wie „Cashew-Joghurt" (hier im Buch), jedoch mit Mandeln statt Cashewnüssen.
➔ *ein anderes Nussjoghurt*

Mandelöl
➔ *ein anderes Nussöl*

231

Mandelpaste

Mandeln, die so fein gemahlen wurden, dass die Körnerstruktur aufgelöst ist, die jedoch noch nicht verflüssigt sind. Nusspasten lassen sich auch mit weniger starken Mixern herstellen als Nussmuse.

→ *Mandelmus oder eine andere Nusspaste*

Mangopulver = Anchor

Rezept aus diesem Buch. Erhältlich in Asialäden usw., auch in Bioqualität.

→ *je ein Teelöffel Zitronensaft*

Mattenbohnen

Kleine braune Bohnensorte, deren Keime auch roh gegessen werden können. Gibt es in Asialäden.

→ *Linsen*

Meerrettichcreme

Mit Öl und etwas Salz fein geriebener Meerrettich, Rezept hier im Buch.

→ *Senf*

Mohnöl

→ *Sesamöl*

Nacktgerste

Keimfähige Gerste, deren Spelze beim Dreschen vollständig abfällt. Für den Vollwertler ist die Keimfähigkeit eines Getreides sehr wichtig.

→ *andere Getreide ohne Kleber wie Buchweizen, Quinoa, Amaranth, Nackthafer*

Nackthafer

Keimfähiger Hafer, dessen Spelze beim Dreschen vollständig abfällt. Siehe Nacktgerste.

Orangeat

Rezept hier im Buch.

→ *Zitronat/getrocknete Schale*

Orangenschale, getrocknet

Es gibt drei Varianten. Für zwei (2 + 3) erfolgt die Herstellung mit einem kleinen Mixer. Bei größeren Mengen eignet sich auch der Thermomix oder Vitamix.

(1) Mit einer mikrofeinen Reibe die Schale der Orange abreiben. Auf einem Tellerchen auf die Heizung stellen und trocknen lassen.

(2) Mit einem Kartoffelschälmesser vorsichtig die Außenschicht abschälen. Auf einem Tellerchen auf die Heizung stellen, trocknen lassen und dann mit dem flachen Messer des Magic Maxx mahlen, bis es ganz fein ist.

(3) Schälen (auch eine Zitrone wie eine Apfelsine schälen), d.h. das Weiße verbleibt an der Schale. Auf einem Tellerchen auf die Heizung stellen, trocknen lassen und dann mit dem flachen Messer des Magic Maxx mahlen, bis es ganz fein ist.

Variante 1 ist meiner Erfahrung nach besonders aromatisch. Lange haltbar sind alle Varianten. Andere Zitrusfrüchte eignen sich natürlich genauso. Wer Wert auf Rohkostqualität legt, trocknet im Dörrgerät bei 41 °C.

→ *Zitronenschale getrocknet, frische Orangenschale*

Pampelmusenschale

Siehe Orangenschale.

Panchphoran

Gewürzmischung aus 5 ungemahlenen Gewürzen, Rezept hier im Buch.

Pecannussmus

Nussmus aus Pecannüssen, Rezept hier im Buch.

→ *ein anderes Nussmus oder fein geriebene Nüsse*

Peperoni

Synonym für Chili, im deutschen Handel aber meiner Erfahrung nach häufig etwas milder.

→ *Chili, getrocknete Peperoni/Chili*

ANHANG

Peperoni-Essig
Essig von eingelegten Peperoni (siehe Rezept „Red Pepper in Vinegar" im Kapitel Gewürze).
→ *Essig und etwas Chilipulver*

Peperoniflocken
Siehe Chiliflocken.

Petersilienwürze
Rezept hier im Buch.
→ *Salz und Trockenkräuter*

Pipali
Spezielle indische Pfeffersorte.
→ *schwarze Pfefferkörner*

Porreecreme
Rezept hier im Buch.
→ *ein beliebiges Pesto*

Porreepaste
Synonym für Porreecreme.

Quasi-Grundjoghurt
Ein einfaches Pseudojoghurt, das sich für alle Anwendungen eignet, in denen Joghurt gefordert ist; Rezept hier im Buch.
→ *eine dickliche Cashewmilch*

Rauchkräutersalz
Kräutersalz, in dem auch Rauchsalz verarbeitet wurde.
→ *Kräutersalz*

Red Pepper in Vinegar
Rezept hier im Buch.
→ *Chili oder Peperoni frisch und getrocknet*

Reisschmelzkäse
Rezept hier im Buch.

Rice Masala
Indische Gewürzmischung speziell für die Zubereitung von Reis; besteht aus Koriander, Nelken, Kardamom, Zimt, Muskat und Vanille.
→ *aus den obigen gemahlenen Gewürzen selbst herstellen oder weglassen*

Romanesco
Kleine grüne Blumenkohlsorte.
→ *Blumenkohl*

Rosensalz
Rezept hier im Buch.
→ *nicht-aromatisiertes Salz*

Rosmarin in Essig
Mit etwas Peperoni in Essig eingelegtes Rosmarin.
→ *frisches Rosmarin oder frische Petersilie*

Rotkleesamen
Samen des Rotklees. Keimfähig.
→ *Weglassen*

Rotkornweizen
Alte Weizenform, die mittlerweile wieder in Deutschland angebaut wird.
→ *Dinkel, Weizen*

Rotweiß-Sauerkraut
Sauerkraut aus Weiß- und Rotkohl gemischt. Herstellung siehe unter „Sauerkraut" weiter unten.
→ *ein anderes Sauerkraut oder ein säuerliches Pesto*

Salatcreme
Rezept hier im Buch.
→ *ein Salatdressing*

Salbeicreme
Mit Öl und Salz verquirlter frischer Salbei (100 g Öl auf 100 g Salbei + 10 g Salz).
→ *frischer oder getrockneter Salbei*

233

Sauerkraut

Standzeit: 1 Stunde; Wartezeit 6-8 Wochen
1800 g Weißkohl
40 g Salz
5 Lorbeerblätter
2 Teelöffel Senfkörner

Die äußeren Blätter des Kohls entfernen und zur Seite legen. Weißkohl in 4 Portionen teilen, diese jeweils grob zerschneiden und (z.B. in einer Küchenmaschine) raffeln. Portionsweise in eine große Schüssel geben, jeweils mit entsprechendem Anteil Salz vermischen. Dann mit der Hand einmal gut durchkneten. Mit einem Tuch abdecken und eine Stunde stehen lassen.

Ein entsprechend großes Glas, Füllvolumen 2 Liter, mit kochendem Wasser ausspülen. Kohl hineingeben, zwischendurch Lorbeerblätter und Senfkörner einstreuen. Immer wieder nach unten drücken. Auf die Oberfläche ein gefaltetes Kohlblatt legen und den Stößel auf die Oberfläche drücken, verschließen.

2-3 Tage dunkel bei Raumtemperatur (z.B. in einem Schrank in einem beheizten Raum) angären lassen, dann im Keller dunkel 6-8 Wochen stehen lassen.

Scharfe Basilikumpaste

Rezept hier im Buch.

Scharfe Soße

Rezept hier im Buch.
→ *etwas Öl und Chili*

Scharfer Essig

Der Essig vom Rezept „Red Pepper in Vinegar".
→ *Essig und etwas Chilipulver oder Cayennepfeffer*

Schwarze Johannisbeeren, getrocknet

→ *Korinthen*

Schwarze Kichererbsen

Eine etwas herbere Kichererbsensorte; gibt es in Asialäden. In Bio-Qualität habe ich sie nicht gefunden.
→ *(Gelbe) Kichererbsen*

Schwarzes Salz

(Kala Namak) ist ein vulkanisches Steinsalzmineral, das zum größten Teil aus Natriumchlorid besteht. Typisch sind die Verunreinigungen, von denen es seine spezifische auberginenähnliche Farbe und den Geruch nach Eiern hat.
→ *Normales Meersalz*

Schwarze Zwiebelsamen (Kalonji)

Schwarze Zwiebelsamen, auch Nigella Sativa genannt, sind die Samen einer Blume mit Ursprung in Südwest-Asien. Die Samen sind geruchlos, aber sobald sie gemahlen sind, verbreiten sie einen Duft nach Oregano. Der Geschmack ist nussig und pfefferig. Nigella ist ein typisches Gewürz der indischen Küche. Es ist Bestandteil der Gewürzmischungen Garam Masala und Panchpharon. Nigella-Samen werden vor dem Backen auf Naan Brot verteilt. Die englische Bezeichnung ist „Black Onion Seed", darunter können wir sie in Asialäden finden. In Lexika findet man dafür auch den Namen Schwarzkümmel. Ich habe allerdings in der Schärfe einen deutlichen Unterschied zwischen „Schwarzkümmel" (Brecht) und „Black Onion Seed" (Asialaden) festgestellt.

Schwarzkümmel

Bereits seit mehr als 2.000 Jahren wird Schwarzkümmel im Orient als pfefferartiges Gewürz und Medizin verwendet. Geschmacklich erinnert Schwarzkümmel leicht an Sesam mit einer dezenten Kreuzkümmelnote. Ein Tipp bei Erkältungen: 1 EL Schwarzkümmel in ein Taschentuch geben. Das Tuch zudrehen und die Samen zusammendrücken und das Tuch mit den Samen an die Nase halten. Gelernt habe ich das bei Frau Richter im Praxiskurs bei der GGB in Lahnstein.

ANHANG

Sechskorngetreide

Eine Getreidemischung aus sechs verschiedenen Getreidearten. Bei mir sind das: Weizen, Hirse, Roggen, Gerste, Hafer und Dinkel. Lässt sich auch selbst mischen und in der Zusammensetzung variieren.

Senf

Senf lässt sich recht einfach selbst herstellen. Als Zutaten nimmt man:

50 g gelbe oder braune Senfkörner | | 1/2 TL Koriander ungemahlen | 1 gestr. TL Salz (5 g)

20 g Honig (nicht zu flüssig) | 30 g Apfelessig (5 % Säure) | 45 g Wasser

Senfkörner mit Salz und Koriander in einem kleinen Mixer fein mahlen (2 x 30 Sekunden, dazwischen einige Minuten Pause). Honig, Essig und Wasser hinzugeben, mit einem Löffel durchrühren und dann noch mal 30 Sekunden mixen.

In ein passendes sauberes Gläschen füllen, 12-24 Stunden offen stehen lassen (fermentieren), dabei gelegentlich umrühren. Die Schärfe lässt mit wachsender Standzeit nach.

➔ *gemahlene Senfkörner, etwas Meerrettich*

Senföl

Senföl ist in der indischen Küche weit verbreitet, jedoch nicht uneingeschränkt zu empfehlen, da im rohen oder ungenügend erhitzten Senföl Glyceride der Erucasäure enthalten sind, die auf Dauer zur Herzverfettung führen können. In Indien wird Senföl normalerweise kurz und sehr stark bis zum Rauchpunkt erhitzt, was die Gesundheitsgefahr verringert. Dies ist aber im vollwertigen Sinne nicht zu empfehlen. Es gibt nur wenige Möglichkeiten, natives kalt gepresstes Senföl zu kaufen. Hin und wieder als Geschmacksexperiment ist es spannend. Senföl darf in der EU nur dann als Lebensmittel verkauft werden, wenn der Erucasäureanteil unter 5 Prozent liegt.

➔ *Erdnussöl*

Shiitake

Pilzsorte, die es häufig getrocknet gibt.

➔ *Kräuterseitlinge, Austernpilze*

Sonnenblumenjoghurt

Rezept hier im Buch.

➔ *andere Joghurt-Rezepte oder saure Sahne*

Sonnenblumenkernmayonnaise

Rezept hier im Buch.

➔ *eine Mischung aus Öl und Essig 1:1 mit etwas Salz und etwas Nussmus*

Sonnen-Erdnussmus

Nussmus aus Sonnenblumenkernen und Joghurt, Rezept hier im Buch.

➔ *ein anderes Nussmus*

Sonnenjoghurt

Siehe Sonnenblumenjoghurt.

Sonnenmayonnaise

Siehe Sonnenblumenkernmayonnaise.

Soßenfix

Eine gut pürierte Mischung aus Gemüseresten, Öl und Salz. Zum Beispiel:

50 g Nussmus | 10 g Ingwer, ungeschält

10 g Knoblauchzehen, geschält | 40 g Apfelessig

6 Datteln ohne Stein | 1 gestr. TL Paprikapulver edelsüß | 1 geh. TL Salz | 200 g Gemüse oder Gemüsereste | 55 g Sonnenblumenöl | 40 g Mandeln Herstellung ist besonders einfach in einem Hochleistungsmixer. Ansonsten sind die Mengen zu halbieren oder zu vierteln. Die Zutaten in der angegebenen Reihenfolge in den Mixer geben und ggf. mit Hilfe des Stößels pürieren. In ein größeres leeres Glas mit Schraubdeckel füllen und im Kühlschrank aufbewahren.

➔ *ein Pesto*

235

Sumach
Nordafrikanische, leicht säuerliche Gewürzmischung.
→ *Zitronensaft*

Tahin
Sesammus; selbst im Mixer hergestellt oder gekauft.
→ *gemahlene Sesamsamen*

Tamarindenpaste
Tamarinden sind die Schoten des Tamarinden-baums. In Asialäden erhält man sie als Paste (ein-fach zu verwenden) oder als Block, der aufgelöst werden muss. Tamarindenpaste gibt dem Essen einen säuerlichen Geschmack. Mich erinnert der Geschmack an Apfelkraut.
→ *Zitronenkonzentrat oder ZItronensaft*

Tandoori-Gewürz
Gewürzmischung der Firma Brecht, Bestandteile: Kurkuma, Paprika, Kardamom, Knoblauch, Kori-ander, Kreuzkümmel, Pfeffer, Chilis, Safran, Mus-katnuss, Zimt, Gewürznelken.
→ *Kurkuma, Paprika und Koriander*

Topinambur
Nutzpflanze, deren Wurzelknolle für die Ernäh-rung genutzt wird. Stark blähend.
→ *Kartoffeln, Pastinaken*

Traubenkernöl
→ *ein anderes hitzebeständiges Feinschmecker-Öl*

Urad Dal (weiße Linsen)
Geschälte schwarze Linsen. In kleinen Mengen werden sie häufig in indischen Gewürzmischun-gen verwendet.
→ *gelbe Linsen*

Vanille-Öl
Rezept hier im Buch
→ *Sonnenblumenöl und 1 Prise gem. Vanille*

Vanillestange
→ *für den Geschmack: gemahlene Vanille*

Viernussmus
Rezept hier im Buch.
→ *ein anderes Nussmus, fein gem. Nüsse*

Walnussöl
→ *ein anderes Nussöl*

Weißer Mohn
Siehe Khus Khus.

Weizenkeimöl
→ *ein anderes Öl*

Wildpesto
Pesto, bei dessen Herstellung Wildkräuter verwendet werden, siehe „Wildkräuterpesto" in diesem Buch.
→ *ein beliebiges Pesto*

Wirsingpaste
Rezept hier im Buch.
→ *ein beliebiges Pesto*

Zitronenkonzentrat
Rezept hier im Buch.
→ *Zitronensaft*

Zitronensalz
Getrocknete Zitronenschalen im Mixer mahlen, mit Salz im Verhältnis 1:4 nochmals gut durchmixen.
→ *Salz*

Zucchinichutney
Rezept hier im Buch.
→ *ein anderes Chutney*

Zwiebelchutney
Rezept hier im Buch.
→ *anderes Chutney; gedünstete Zwiebeln*

Was ist das?

Die hier vorgestellten Rezepte kann jeder nachmachen, so betone ich ja schon im Titel. Nicht alle Leser und Leserinnen dieses Buchs sind also notwendigerweise Vollwertler, Rohköstler oder Veganer oder wissen überhaupt, was das bedeutet. Diesem Leserkreis sind die folgenden Erläuterungen gewidmet.

Das Vollwert-Einmaleins

Wenn ich so ein wenig über Vollwert plaudere, vor allem Fragen beantworte, was ich so alles esse und was nicht, kommt häufig der Einwurf: „Oh je, das ist ja furchtbar kompliziert, da musst du ja bei jedem Bissen überlegen, ob du das essen darfst oder nicht, weil es so viele Regeln zu beachten gilt."

Das ist ein falscher Eindruck. Die Grundzüge der Vollwerternährung sind einfach. Da gibt es einmal den Satz von Prof. Werner Kollath (1892-1970): „Lasst unsere Nahrung so natürlich wie möglich." Daraus folgt, dass wir viel Frisches essen und Verarbeitung, vor allem industrielle Verarbeitung, meiden sollen. Dr. Max Otto Bruker (1909-2001) hat darauf aufbauend die vier „JA" und die vier „NEIN" der Vollwertkost erarbeitet:

NEIN: Vermeiden sollen wir:
➜ Industriezucker (weißer Zucker, brauner Zucker, Dicksäfte usw.)
➜ Auszugsmehle
➜ Industriefette (also auch Margarine)
➜ Säfte (dies gilt vor allem für empfindliche Menschen)

JA: Jeden Tag zu uns nehmen sollen wir:
➜ ein Frischkorngericht
➜ Vollkornbrot
➜ frisches Obst und Gemüse (mindestens 30 %, möglichst 50 bis 70 % unseres Essens sollten ungekocht sein)
➜ gesunde Fette (kaltgepresste Öle, Butter, Sahne)

Zwei Fragen, die dann häufig gestellt werden:
Womit wird gesüßt? Antwort: Mit kalt geschleudertem Honig oder mit – wer sie verträgt – Trockenfrüchten.
Warum sind Säfte schädlich? Antwort: Säfte sind konzentrierte Lebensmittel, die den Körper mit Vitalstoffen überschwemmen, die er kaum verarbeiten kann und die dann vor allem empfindlichen Menschen Schwierigkeiten bereiten. Beispiel: In einem Glas Orangensaft, das wir ja relativ schnell trinken, stecken mehrere Apfelsinen, zu deren Verzehr wir wesentlich länger benötigen würden. Außerdem fehlt meist auch noch das Fruchtfleisch, das viele wertvolle Stoffe enthält.

ANHANG

Vegetarismus
Vegetarier essen nichts vom toten Tier.

Veganismus
Veganer essen und verwenden keine Produkte vom Tier, egal ob es tot oder lebendig ist. Menschen, die sich als Veganer bezeichnen, essen keinerlei Tierprodukte und lehnen auch die Verwendung von Tierprodukten für Kleidung, Möbel usw. ab. Logischerweise essen sie auch keinen Honig. Da die vegane Einstellung ethisch, und nicht gesundheitsbedingt begründet ist, gibt es viele Veganer, die sich um den Wert ihrer Ernährung weiter keine Gedanken machen. Sie ersetzen z.B. einfach den Honig durch Zucker. Vegan lebende Vollwertler sind bei den Süßungsmitteln auf Trockenfrüchte beschränkt. Deshalb empfehle ich für vegane Vollwertler auch die Verwendung von rohem Agavennektar, wenn die Mengen klein sind.

Tiereiweißfreie Ernährung
Bei „tiereiweißfrei" müssen wir unterscheiden zwischen der völligen (= 100%igen) Tiereiweißfreiheit und der tiereiweißfreien Vollwerternährung nach Dr. Bruker. Die Bezeichnung „100 % tiereiweißfrei" ist selbsterklärend, wir könnten auch andersherum sagen: Wer sich 100 % tiereiweißfrei ernährt, ist ein Veganer, der Honig akzeptiert.
Dr. Bruker lässt in der tiereiweißfreien Ernährung (vor allem wichtig für Allergiker und Rheumatiker) Produkte wie Butter, Sahne, Creme fraiche und Schmand zu, weil der Eiweißanteil dieser Lebensmittel im Produkt und dann auf die Gesamternährung bezogen vernachlässigbar gering ist. Besser würden wir hier sagen: tiereiweißarm, das ist dann leichter verständlich und unmissverständlich.

Rohkost-Ernährung
Die Definition von Rohkost ist ganz einfach: Ein Rohköstler isst nichts, was irgendwann in der Herstellungskette über 40-42 °C erhitzt wurde. Über dieser Temperatur wird Eiweiß denaturiert, oder vereinfacht ausgedrückt: Über dieser Temperatur stirbt das Wertvolle im Lebensmittel ab.
Die meisten Rohköstler leben außerdem auch ohne Tierprodukte. Wobei es durchaus auch Richtungen gibt, die rohes Fleisch bejahen, das streng genommen unter diese Kriterien fällt. Die Rohkost wird in verschiedenen Ausrichtungen praktiziert, die Grunddefinition ist immer gleich.

Erdbeerlassi

Quellen für Fotos

Mit Ausnahme der Bilder auf den folgenden Seiten habe ich alle Fotos selbst aufgenommen.

Stockfood
U1; U 4 Mitte; 2, oben rechts und links; 3; 6; 9; 15; 24 Mitte; 31 oben links, unten rechts; 45; 47; 53; 57; 120; 123; 151 Mitte; 167 oben links und rechts; 173; 181; 196; 207; 237

Schmuckelement: rechtefrei

Süßkartoffeln mit Hommus

ANHANG

Literaturverzeichnis

Ich habe nicht bei allen Büchern die Jahreszahlen dazugeschrieben. Bei wissenschaftlicher Literatur ist das wichtig, für Kochbücher finde ich das nicht (wenn sie nicht besonders alt oder besonders jung sind). Mit Titel und Autor lassen sich alle Bücher leicht in einem größeren Online-Buchladen recherchieren.

Aithal Yashoda. Vegetarisch kochen – indisch, 2001

Baljekar Mridula. Die vegetarische Küche Indiens, 2012

Baljekar Mridula. Kochen wie in Indien: eine kulinarische Entdeckungsreise, 2009

Baljekar Mridula. Schätze der Indischen Küche.

Batra Neelam. 1000 Indian Recipes

Bharadwaj Monisha. Die Indische Küche, 2000

Bharadwaj Monisha. Indiens vegetarische Küche: 140 Originalrezepte aus allen Regionen, 4. Aufl. 2010

Bharadwaj Monisha. Stylish India: 144 schnelle Rezepte aus der indischen Küche, 2. Auflage 2003

Billaudelle. Weltküche Indien

Chaudhry Ata. Indische Küche leicht gemacht

Currys: Das Kochbuch, Winnewisser, 2010

Dalal Tarla und Desi Khana. The Best of Indian Vegetarian Cooking, 2002

Das Bollywood Kochbuch, 2006

Das große vegetarische indische Kochbuch: 200 Rezepte aus dem Ursprungsland der gesunden Ernährung. 3. Auflage 12/2002

Dasa Adiraja.Vedische Küche, 1987

Devi Yamuna. Lord Krishna Cuisine: The Art Of Indian Vegetarian Cooking

Dhawan Sadhna. Indien; Kochen und Verwöhnen mit Originalrezepten

Dhawan Sadhna. Indische Küche, 2007

Dusy Tanja und R. Schenkel. Indien. Küche und Kultur

Dusy Tanja und Sebastian Dickhaut. Indien Basics, 2. Aufl. 2009

Dusy Tanja, Fastfood

Dusy Tanja. Indisch Kochen, 2006

Einfach nur lecker: Indische Köstlichkeiten. ohne Jahr

Ergün Nezire. Indische Küche: Unwiderstehliche Rezeptideen mit Schritt-für-Schritt-Anleitung

Essen & Genießen: Indische Küche

Fernandez, Rafi. Lust auf ... indisch. Step by Step, 2000

Gadia Madhu. The Indian Vegan Kitchen, 2009

Gandhi Jeeti. Indische Gewürzküche, 2003

Husein Shehzad. Indische Küche: Beste Rezepte, 2003

Indian Cookbook. Pushpesh Pant - Phaidon

Indien -aromatisch, würzig, feurigscharf

Indisch. Komet-Verlag, 2001

Indische Küche: pikant gewürzt & aromatisch

Issar. Indisch vegetarisch, 7. Aufl. 2010

Kochhar Atul. Simple Indian: The Fresh Tastes of India

Kolb Annette (Hrsg). Indien - Kochen toll in Form, oJ

Kumar. Indisch kochen: Rezepte aus dem Reich der Gewürze, 2007

Majzlik Linda. A Vegan Taste of India, 2002

Martens. Küche des Maharadscha, 2006

Mittal Vidhu. Indien: Die neue vegetarische Küche. 2009

Padmanabhan, C Dakshin. Vegetarian Cuisine from South India

Panjabi C. Indische Currys, 2008

Rau Santha Rama. Die Küche in Indien. Time-Life 1970/1984.

Ray Sumana. Vegetarische indische Küche: 100 ausgefallene Gerichte aus dem geheimnisvollen Osten. 2000

Razzaq Roshi. Indische Küche: 100 lecker leichte Rezepte. 1999

Riemenschneider-Isaacs Aruna J. Indisch kochen leicht gemacht: reizvolle Originalrezepte und Küchentips. 3. Aufl. 1991

Sabnis. Das große Ayurveda-Kochbuch, 4. Aufl. 2008

Sandmann Zabert. Currys, 2006

Sperling Veronica und Christine McFaden Indisch Kochen: Original-Rezepte, die sicher gelingen

Streetfood Indisch, Sephi Bergerson, 2009

Vegetarisch Kochen: Die besten Rezepte aus aller Welt, 2003

Veit Elisabeth. Die Ayurveda Küche, 2001

Vijayakar Sunil. 200 x Curry. 2008

Vijayakar Sunil. Indisch kochen: Die asiatische Küche frisch genießen

Wilson Anne. Indische Küche. 2006

World Food: Indische Küche.

Zeitun Nariman. Indische Küche: Südostasiatische Kochrezepte vom Himalaja bis zum indischen Ozean, 2007

Über die Autorin

Lebenslauf

Von Beruf bin ich Fachübersetzerin für Medizin und Pharma. Der Weg dorthin war ähnlich verschlungen wie mein Weg zu einer gesunden Ernährung: Nach dem Abitur habe ich Grafik-Design in Wuppertal studiert, danach Islamwissenschaften in Köln. In meiner Kölner Zeit habe ich in verschiedenen Instituten und Übersetzungsbüros gearbeitet. 1984 gründete ich mit Eric Mark Charlton die Firma „Charlton & Wilkesmann: Fachübersetzungen", die noch heute besteht.

Meine Aktivitäten für die Vollwert

Auf meiner Webseite *http://www.vollwertkochbuch.de* habe ich bisher (Dezember 2012) mehr als 5000 Rezepte eingestellt. Jedes Rezept habe ich während der Zubereitung dokumentiert und die meisten auch fotografiert. Ein- bis zwei Mal pro Monat veröffentliche ich einen Rezeptfilm.

Angeregt durch die vielen Besucher auf meiner Webseite habe ich 2007 begonnen, Bücher zu schreiben. Dort fand ich die Gelegenheit, mit Kochen und Backen das zu kombinieren, was mir Freude macht: verbal und graphisch gestalten. 2011 konnte ich den Verlag Dort-Hagenhausen dafür gewinnen, ein Buch von mir zu veröffentlich, das dort im Februar 2012 erschien (siehe Liste meiner Bücher unten).

Seit Mitte 2008 habe ich mich dem Filmen von Videos zugewandt und das auch für die Vollwertigkeit umgesetzt: Neben den erwähnten Rezeptfilmen habe ich vier Jahre lang jeden Monat auf YouTube (*http://www.youtube.com/UMWrs*) in einem Film Fragen zu einem allgemeinen Vollwertthema beantwortet, bzw. seit 2012 beantworte ich Leserfragen.

Seit Mai 2009 veröffentliche ich täglich kleine Artikel über Dinge, die mich bewegen, auf einem Blog: *http://vollwert.wordpress.com*. Themen sind hauptsächlich: Gesundheit, Medien, Wissenschaft sowie natürlich Lebensmittel und alles, was damit zusammenhängt. Aus Zeitgründen beantworte ich Fragen telefonisch. Die Telefonstunde findet normalerweise dienstags von 18.30 bis 19.30 Uhr statt, die Telefonnummer können Sie auf meiner Webseite *http://www.vollwertkochbuch.de/tel.htm* nachlesen.

Meine Bücher

- **Immer öfter vegetarisch**, 2012 Dort-Hagenhausen-Verlag
- Brötchen statt Brot: Von Rohkost über vegan bis vollwertig backen, 2012 BOD (2. unveränderte Auflage)
- Gemüse in aller Munde: Mehr als 290 vegetarisch-vollwertige Köstlichkeiten, 2012 BOD (2. unveränderte Auflage)
- Hartz IV in aller Munde: 31 Tage Vollwertkost bei knapper Kasse, 2009 BOD
- Konfekt statt Sünde: 100 Naschereien aus der Vollwertküche, 2012 BOD (2. unveränderte Auflage)
- Mein Kollege kocht Vollwert: Ein Mann im Kampf mit Küche und PC, 2010 BOD
- OneBBO's Castle lädt ein: Schau uns über die Schulter, 2007 BOD (vergriffen)
- Rohkost statt Fasten: Ein Rohkosttagebuch für Normalos, 2012 BOD (2. unveränderte Auflage)
- Rohkost statt Fasten Teil 2: Rezepte für ein Rohkostjahr, 2012 BOD (2. unveränderte Auflage)
- Schokolade. Pralinenträume: Für Rohkost. Vollwert. Für alle., 2012 BOD
- Schrot statt Schrott: 365 mal Frischkorn zum vollwertigen Frühstück, 2012 BOD (2. unveränderte Auflage)
- Vollwert? Gold wert! Tipps für Anfänger, Interessierte und Zweifler, 2009 BOD
- Einige dieser Bücher gibt es mittlerweile auch als E-Books.

ANHANG

Rezeptregister

A

Akki-Rotti-Reisbrot, 82
Ananas-Chutney, 52
Ananasstern, 213
Apfeleis, 211
Apfelkraftdrink, 222
Apfel-Zwiebel-Chutney, 52
Aprikosenchutney, 52
Aprikosensoße, 53
Augenbohnencurry, 180
Augenbohnenklößchen mit saurer
    Soße, 182
Augenbohnen mit Wirsing, 180
Augenbohnen mit Zwiebeln, 181
Augenbohnenporree, 181
Augenbohnentopf, 180
Austernpilze senfig, 176
Austernpilz-Grünkohlpfanne, 172
Avocadocreme, 61

B

Bananenpudding, 213
Basilikumkonzentrat, 46
Bataten-Broccolisalat, 90
Bathura mit Arganöl, 76
Beinwellöl / Kräuteröl, 24
Belugalinsenkugeln, 183
Beluga-Ofen-Linsen, 183
Beluga-Salat, 90
Birnenchutney frisch, 53
Blasenfladen, 76
Blätterflädchen, 68
Blumenkohl, 140
Blumenkohl-Kartoffel-Pfanne, 144
Blumenkohlsalat mit Seasoning, 90
Blütentee, 227
Bratbataten, 152
Bratreis mit Austernpilzen, 171
Braunhirse-Möhren-Eintopf, 133
Broccoli mit lieblicher Soße, 144
Brotkakao, 223

Brot-Quiche, 137
Brotsalat, 91
Brotwürfel in Soße, 137
Buchweizen-Curry-Klößchen, 131
Buchweizen mit Broccoli in Tahin-
    mayonnaise, 131
Butternusskürbis in mung-reisiger
    Begleitung, 155
Butternusskürbus unter Brot
    gekuschelt, 150

C

Carobcreme, 216
Cashew-Eisshake, 225
Cashewnuss-Joghurt (recht mild),
    26
Champignonpfanne mit Kokosbrot,
    172
Champignons auf mungäner Erd-
    nusssoße, 176
Chapati Happy, 64
Chili Harrissari, 46
Chilikartoffeln, 162
Chili-Öl, 25
Chilipaste, 45
Chilipaste grün, 45
Chilis in Öl, 42
Chinakohlsalat, 91
Chinakohlsalat mit Ingwerdressing,
    92
Colombo-Paste, 49
Curry extra scharf, 36
Currykartoffeln, 158
Curry scharf, 36

D

Dattel-Aprikosenkuchen, 219
Dattelchutney mild, 54
Dattelchutney scharf, 54
Dattelchutney supersüß, 54
Dattel deluxe fix, 217

Dattelsoße, 54
Dekorierter Milchreis, 208
Doppelreis mit Senfbatate,120
Dosa mit Kohlrabi, 81
Dosa ohne alles, 81
Dreiecksfladen, 69
Dünstkartoffeln mit Seasoning, 170

E

Edles CC-Mus, 22
Einfaches Fladenbrot, 65
Eingelegte Auberginen, 43
Eingelegter Knoblauch (Essig), 30
Eingelegter Knoblauch (Öl), 30
Emmer-Luchi, 74
Emmernudeln mit Bohnencurry,
    135
Emmernudeln mit Champignons,
    135
Erbsen mit Maronen, 189
Erdbeerlassi, 222
Essig-Peperoni, 42
Exotische Kürbiscreme, 213

F

Feigenchutney, 55
Fenchelgemüse mit Nudeln, 150
Fladenpfannenbrot (Chapati), 68
Folienkartoffeln mit Petersiliendip,
    168
Fruchtchutney, 55

G

Garam masala, 38
Garam masala kalt, 38
Gebratener Hokkaido mit rosa Boh-
    nenreis, 152
Gechiliter Kakao, 223
Gefüllte indische Pfannkuchen, 132
Gefüllte Sesamkartoffel, 169
Gelbe Linsen mit Zwiebeln,184

243

Gelbweizenklößchen mit Steckrüben, 134
Gelbweizen-Parathas, 72
Gemüsebrühextrakt, 44
Gemüse mit Rosakichercreme, 95
Gemüsepfanne, 141
Gemüsepfanne mit Tahinsoße, 143
Gemüsesalz, 32
Gemüsesuppe mit Buchweizen, 103
Gerstensaft, 225
Gesteckter Rotchutney, 55
Gewürzreis 1, 112
Gewürzreis 2, 112
Gewürzreis 3, 112
Gewürzreis 4: aus dem Schnellkochtopf, 113
Gierschhonig, 30
Goda masala, 39
Grüne Linsen, 184
Grünkohl-Lauch-Kartoffelpfanne, 146
Grünkohl mit Kürbis, 145
Gulab Jamun, 216

H

Haferbrei deluxe, 210
Haferdreiecke, 71
Haferfladen, 66
Haferpotpourri, 210
Halbgrüne Roti, 78
Hanfcurry, 36
Hefeflädchen, 66
Hefefladen, 69
Hirse-Augenbohne-Topf, 124
Hirse-Käsecreme, 27
Hirsemaronen, 124
Hirse mit Banane, 218
Hirse mit Blumenkohl gebacken, 123
Hirse mit Champignons, 126
Hirse mit Doppel-B, 125
Hirse mit scharfem Blumenkohl, 129

Hirsepfanne mit Rosenkohl, 126
Hirsetopf, 127
Hir-Sing mit Maronen, 125
Hokkaidonockerln mit scharfer Soße, 96

I

Idli, 114
Indamelkartoffeln Nr. 1, 159
Indamelkartoffeln Nr. 2, 159
Indian Style Hefebrot, 82
Indische Rose, 225
Indisches Risotto, 122
Indisch gewürzte Fladen, 70
Ingwer-Öl, 25
Ingwer-Zitronentee, 227

K

Kakao Indian Style, 223
Kaki Raita, 98
Kamutbrötchen, 86
Kamut-Petersilienballons, 75
Kardamomeis, 211
Kartoffelbohnen in weißem Mohn, 157
Kartoffelbohnen mit Seasoning, 163
Kartoffel-Bohnen-Pfanne, 160
Kartoffelgemüse (Aloo Masala), 158
Kartoffelgratin, 168
Kartoffel-Linsensuppe, 106
Kartoffel-Möhren-Suppe mit Brotwürfeln, 102
Kartoffeln in Koriander, 158
Kartoffeln in roter Soße, 159
Kartoffeln mit Kichererbsendip, 160
Kartoffeln mit Tahin-Soße, 166
Kartoffeln säuerlich, 161
Kartoffeln sauer-scharf, 160
Kartoffelpfanne, 160
Kartoffelplätzchen Sari, 164
Keime und Sprossen, 33
Kicheraustern, 173
Kicherbataten, 189

Kichererbsencurry Nr. 1, 190
Kichererbsencurry Nr. 2, 191
Kichererbsen-Fladen, 65
Kichererbsen-Gnocchi in Soße, 191
Kichererbsen in Pilzsoße, 192
Kichererbsen-Kartoffelsuppe, 108
Kichererbsen-Linsen-Bratlinge, 192
Kichererbsen mit Blumenkohl und Kokosnuss, 192
Kichererbsen mit Rosenkohl in Senfsoße, 190
Kichererbsen, Reis und Butternusskürbis, 150
Kichererbsen-Suppe im Eiltempo, 104
Kichererbsen süßsauer mit Steinpilzen, 173
Kicherkartoffeln in Soße, 161
Kidneybohnen mit Reis und Spinat, 201
Klößchensuppe, 109
Klößchen topinamburt überbacken, 133
Knoblauch-Ingwer-Paste, 28
Knoblauch-Ingwer-Paste fix, 29
Knoblauch-Parathas, 72
Kohlrabisalat, 92
Kokos-Carobolade, 226
Kokoskartoffeln, 161
Kokosnussbrot, 82
Kokosnusschutney, 56
Kopfsalat mit Kopfbedeckung, 94
Korianderfladen, 66
Korianderkartoffeln zum unscharfen Einstieg, 162
Krautchutney, 56
Kräutersalz, 32
Kräuterseitlinge mit Curryhirse, 174
Kugelknoblauchbrot, 74
Kürbiscassata, 212
Kürbisdrink, 222
Kürbiskaffee, 226
Kürbiskokoskonfekt, 216

244

ANHANG

Kürbisplätzchen mit Rosen-Grün-
kohl, 153
Kürbisreis, 213
Kürbissuppe roh, 102

L

Lavendelcurry, 37
Liebstöckelcreme, 61
Liebstöckelfeigen, 43
Linsencurry mit Champs, 185
Linsenfladen, 68
Linsen gedünstet, 185
Linsen-Grünkohl-Auflauf, 185
Linsenkartoffeln unscharf, 183
Linsen mit Rosenkohl Nr. 1, 186
Linsen mit Rosenkohl Nr. 2, 186
Linsenpüree, 187
Linsensuppe, 104
Linsentopf, 187
Luchi gewürzt, 74

M

Maca-Apfeldrink, 222
Mandelcashewnussmus, 22
Mango-Apfel-Creme, 214
Mangold-Dal, 156
Mangopulver, 40
Maronendrink, 224
Maronenkakao, 223
Maronenkakao, 224
Masala Dhalute, 186
Mattenbohneneintopf, 202
Mattenbohnen mit Blumenkohl-
grün, 204
Mattenbohnensuppe, 106
Meerrettichcreme, 61
Mein erstes indisches Fladenbrot, 71
Mischhommus mit Süßkartoffel, 96
Mischtopf, 140
Mixed Pickles, 43
Möhren-Grünkohl-Hirse, 127
Möhrenhalva, 217
Mungäne Champignons, 96

Mungbohnenkeimlinge aus dem
Wok, 197
Mungbohnen mit Kokoshauch, 197
Mungbohnen mit Rotkohl, 200
Mungbohnen mit Suppengemüse-
Seasoning, 197
Mungbohnen mit Wirsing, 199
Mungbohnen mit Wirsing im
Schnellkochtopf, 198
Mung Dal, 187
Mungkartoffeln, 164
Mungreis mit Porree in Erdnuss-
soße, 119
Mung-Reis-Pfannkuchen mit Seit-
lingsoße, 200
Mung-Rosenkohl, 198
Mungtopf mit Seasoning, 196
Muskatkürbis-Gemüse, 151

N

Novemberwürze, 44
Nudeln mit Zwiebeln und Linsen, 135
Nussmus / Nusspaste, 22

O

Orangeat, 32

P

Pakora (frittiertes Gemüse), 141
Panchphoran, 40
Panchphoran erweitert, 40
Papadam, 84
Parathas mit Ajowan, 73
Parathas mit Sahne, 73
Pastinakenplatte, 97
Peperonipaste Fingerschleck, 46
Peperonipaste Trockenfrucht, 47
Peperonisalz, 40
Petersilien-Parathas, 72
Petersilienwürze, 44
Pfannenkartoffel mit Kichererbsen-
soße, 165
Pfannen-Naan mit Joghurt, 80

Pfannen-Naan mit Kichererbsen, 80
Pfefferkartoffeln, 162
Pilzbohnen, 174
Pilz-Kartoffel-Pfanne, 175
Pilzreispfanne bequem, 175
Pilze Vindaloo, 175
Pintobohnensuppe mit Sellerie, 105
Plunderbrezel, 84
Porreecreme, 29
Porree-Dal, 148
Pura (indischer Pfannkuchen) mit
Kartoffeln, 195

Q

Quasi-Grundjoghurt, 26
Quetschkartoffeln, 166
Quinoahäufchen mit Maronen, 130
Quinoa-Hirse mit Zwiebel-
Maronen, 131

R

Rauchkräutersalz, 30
Red Pepper in Vinegar, 42
Reis, Bohnen und Butternusskürbis,
117
Reisbrei für Eilige Nr. 1, 208
Reisbrei für Eilige Nr. 2, 208
Reiscurry, 118
Reisdublette mit Champs, 172
Reisflocken mit Kartoffeln, 115
Reisklöße mit Topinambursoße, 116
Reis mit Bohnen und Batate, 117
Reis mit dreierlei Gemüse, 117
Reis mit Grünkohl, 115
Reis mit Mungbohnen und Butter-
nusskürbis, 119
Reis mit scharfem Broccoli, 118
Reispudding, 209
Reis Roti, 79
Reis-Schmelzkäse, 27
Reiszwiebelcurry, 122
Restechutney, 58
Restecurry, 142

245

Rhabarberchutney, 58
Rohpizza, 95
Romanesco mit Bohnenreis, 144
Rosencurry hui-scharf, 37
Rosen-Kicherkohl-Erbsen, 194
Rosenkohl mit Reisduett, 146
Rosenkohl-Reis-Otto, 146
Rosensalz, 40
Rosinensoße, 58
Rota (Fladen) mit Fruchtsalat, 214
Rote-Linsen-Suppe, 108
Rote Roti, 77
Rotes Schokoladeneis, 212
Rotiporis, 78
Roti Ute-Style, 79
Rotkohlchutney Nr. 1, 59
Rotkohlchutney Nr. 2, 59
Rotkohl mit Kichererbsen, 148
Rotkohl mit zweierlei Reis, 147
Rotkornweizen-Chapati, 64

S
Safranzitronenreis mit marinierten
    Champs, 120
Salatcreme, 25
Salatplatte, 94
Salbeicreme, 61
Sambhar Nr. 1, 39
Sambhar Nr. 2, 39
Samtcarobcreme, 218
Sauerteigflädle, 64
Saure Linsen, 188
Saure Mungbohnen, 199
Scharfe Basilikumpaste Nr. 1, 47
Scharfe Basilikumpaste Nr. 2, 47
Scharfe Basilikumpaste Nr. 3, 47
Scharfe Basilikumpaste Nr. 4, 48
Scharfe Basilikumpaste Nr. 5, 48
Scharfe Basilikumpaste Nr. 6, 48
Scharfe Mungbohnen, 200
Scharfe Pilze, 43
Scharfer Maronendrink, 226
Scharfe Soße, 44

Schlaffe Bohnen kaum scharf, 202
Schlichte Mungbohnen, 196
Schnelle Kartoffelpfanne, 166
Schnelle Pizza, 136
Schoko-Ingwereis vegan, 212
Schokoladenpudding, 218
Schokomöhren, 214
Schwarze Kichererbsen mit Porree,
    193
Schwarze Kichererbsen mit Wir-
    sing, 194
Schwarze Kichererbsen mit Wirsing
    und Porree, 194
Seitling in Sahnesoße, 176
Selleriecreme, 29
Sellerie, Fenchel, Kartoffel, 142
Sellerieknäcke leicht scharf, 83
Senfkürbis mit Kichererbsenpüree,
    155
Sesamhörnchen, 85
Shepherd's Pie Indian Style, 170
Shiitake-Hirse mit Erdnusssoße,
    128
Shiitake-Pizza, 136
Sonnen-Erdnussmus, 22
Sonnenmayonnaise, 26
Sprossenschale, 99
Süße Safranhirse, 218
Süßkartoffelpfanne, 156
Süßsaurer Kürbis mit Reis, 154
Süßscharfe Salatsoße, 25

T
Tandoori-Hirse, 128
The Champion, 177
Thermomixfix, 94
Tomaten-Gurken-Raita, 99
Tomatensuppe, 103
Topinambur in Kokos, 149
Topinambur sauer-scharf, 149
Trockenchilis in Essig, 42
Tsatsiki auf Indisch, 92

U
Urad Dal, 202

V
Vanille-Öl, 25
Viernussmus, 22
Vindaloo-Möhren, 92
Vindaloo-Öl, 24
Vindaloopaste Nr. 1, 28
Vindaloopaste Nr. 2, 28
Vindaloo-Salat, 92

W
Walnuss-Chutney, 59
Weiße Bohnen mit Spinat, 203
Weiße Bohnen mit Tomaten, 203
Weiße Bohnen mit Wirsing, 204
Weißer Carob-Drink, 226
Weißer Kakao, 224
Wildkräuterpesto, 49
Wirsingpaste, 49
Wokgerührte Augenbohnen, 182
Würzcurry, 37
Wurzelsalat mit Seasoning, 94
Würzige Kichererbsen-Chole, 190
Würzpfeffer, 40

Z
Zimtcurry, 37
Zimthonig, 30
Zimttaler mit grünen Rosinen, 219
Zitronenhirse mit Nuss, 129
Zitronenkonzentrat, 29
Zitronenöl, 24
Zitronenschaum, 46
Zucchinichutney, 60
Zwiebelchutney kühl, 60

Anhang

Impressum

ISBN 978-386362-015-8

Redaktion: concepts4u, München
Umschlaggestaltung: Bora-dtp, München
Druck und Bindung: Printer Trento

Alle Rezepte und Bilder dieses Buches wurden mit Sorgfalt zusammengestellt und überprüft. Eine Garantie/Haftung kann jedoch nicht übernommen werden.

Alle Rechte vorbehalten. Die Verwertung der Texte und Bilder, auch auszugsweise, ist ohne Zustimmung des Verlages urheberrechtswidrig und strafbar. Dies gilt auch für Vervielfältigungen, Übersetzungen, Mikroverfilmungen und für die Verarbeitung mit elektronischen Systemen.

Copyright © 2013 Verlags- und Vertriebsgesellschaft Dort-Hagenhausen Verlag GmbH & Co KG, München

Printed in Italy 2013

Verlagswebseite: www.d-hverlag.de

Ebenfalls erhältlich von Ute-Marion Wilkesmann: Immer öfter vegetarisch, ISBN 978-3-86362-004-2